À L'EST DES RÊVES

Nastassja Martin

À L'EST DES RÊVES

Réponses even aux crises systémiques

LES
EMPÊCHEURS
DE PENSER
EN ROND

Collection dirigée par Philippe Pignarre

Composé par DV Arts Graphiques à La Rochelle
Création graphique de la couverture : Valérie Gautier
Dépôt légal : septembre 2022

Si vous désirez être tenu régulièrement informé de nos parutions, il vous suffit de vous abonner à notre lettre d'information sur notre site **www.editionsladecouverte.fr**.

ISBN 978-2-35925-124-1

Pour Daria, Ivan, Julia, Vassilina et Volodia.
À leurs yeux ouverts au fond des bois.

Un jour, en 1989, la lumière s'est éteinte et les esprits sont revenus.

Daria Banakanova

Après l'extinction des feux et le rejet des outils inefficaces, si le mot *fin* apparaissait sur la porte d'aurore d'un *destin* retrouvé, la parole tenue ne serait plus crime et les barques repeintes ne seraient pas des épaves immergées au débarcadère du temps.

René Char

PRÉFACE

Fort Yukon, Alaska
Février 2012

Les flocons tourbillonnent dans le jour blanc, nous progressons difficilement sous le couvert des arbres. Dacho et Clint devant, moi derrière. Des gouttes de sueur perlent sur nos fronts, la neige crisse sous nos pieds. Ne pas sortir de la trace, je pense à chaque fois que j'enfonce à nouveau jusqu'à mi-cuisse. Au bout d'une heure de marche, dos ployés et cous enfouis dans les épaules, le paysage change, les épinettes noires se font plus éparses. Le vent se durcit à mesure que nous perdons la protection des arbres, j'emmitoufle mon visage sous les oreilles de ma chapka. Vas-tu me dire où on va ? je crie à Dacho en tentant de couvrir les bourrasques. On arrive, il répond, encore un peu de patience, tu vas bien voir. Nous débouchons sur une clairière, Dacho et Clint s'arrêtent, je les imite. Je tourne la tête à droite, à gauche, et mon regard accroche enfin une forme floue dans le brouillard. Quelque chose de grand, de blanc, quelque chose qui n'est pas une maison ni un arbre. Allez viens, dit Dacho, nous y sommes. Nous marchons vers l'objet, dont les contours se définissent à mesure qu'on s'approche. Il s'agit d'une sphère blanche et facettée d'un diamètre imposant, juchée sur une structure métallique qui la tient suspendue dans l'air. L'édifice doit faire huit à dix mètres de haut. À son pied, une échelle monte vers une trappe située en bas de la sphère. Je reprends ma respiration, les gars allument une cigarette, manifestement contents d'eux. C'est quoi ça ? Ils attendaient ma question, nous sommes précisément venus jusqu'ici pour que je la leur pose. Ça, dit Dacho, c'est l'Amérique qui s'assure que les Russes ne vont pas leur reprendre l'Alaska !

Je dois faire une drôle de tête, vu les rires que ma mine provoque. Clint tire une bouffée sur sa cigarette, et se décide à éclairer ma lanterne. J'apprends que cette sphère est un radar de surveillance directement pointé sur la Russie. Je constate assez vite qu'il est toujours en service, ou au moins *on hold* – en témoignent les deux employés américains hirsutes qui sortent par la trappe pour nous saluer brièvement. Bonjour. Vous êtes la Française ? Bienvenue au bout du monde ! Ils rient et remontent aussi sec dans la sphère, on a du travail ici, la trappe se referme. Clint ironise, le sourire aux lèvres : t'inquiète, il n'y a pas que chez nous que de pareils vaisseaux ont atterri. Il y en a un dans chaque village indigène en Alaska. Ma curiosité augmente, d'un geste de la tête je lui demande de m'en dire plus. Il m'explique qu'il sait de source sure qu'en Sibérie les Russes disposent des mêmes équipements, pointés sur l'Alaska, et qu'ils sont aussi installés dans des villages autochtones. Ce radar et ses jumeaux sont les rescapés de la guerre froide. Tu veux savoir pourquoi ils les mettent chez les *natives* ? me demande-t-il sans attendre ma réponse. Parce que c'est plus discret, pas de tourisme ici, pas d'yeux étrangers pour dire que *ça* continue, que la guerre n'est pas vraiment finie, ou en tout cas qu'elle peut reprendre à tout moment. C'est comme le feu dans nos forêts malades et asséchées : il suffit d'une étincelle.

Nous gardons le silence un moment, ça bouillonne dans ma tête, je m'attendais à tout sauf à ça. Dacho est immobile, mains dans les poches, la vapeur de sa respiration monte en volutes au-dessus de sa tête. Je le regarde regarder le radar et je me dis que, dans sa tête aussi, quelque chose tourne. Quoi ? Je le questionne sans attendre. Rien, il répond. Juste, chaque fois que je viens ici, je me demande ce qu'ils en pensent, de l'autre côté du détroit. Son regard croise le mien, il détourne les yeux, les posent à nouveau sur le radar. Il reprend en baissant la voix. Quand ils passent devant, en partant à la chasse. Il souffle, la vapeur se densifie. Ou alors peut-être que là-bas les radars sont carrément dans les villages et pas à l'écart comme ici ? Peut-être même qu'ils peuvent les voir par leurs fenêtres ? Il fait volte-face et se tourne vers moi. Le beau visage brun de Dacho, ses yeux en amande, ses longs cheveux noirs auréolés du blanc de la sphère dans son dos. Tu crois qu'ils sont comme nous ? Qu'ils vivent comme nous ? Je cligne des yeux pour effacer la vision. Je sais pas Dacho. Je sais pas.

Il y a parfois sur un terrain – rarement – des moments qui sont comme des fulgurances. Brèves, infimes. Des points de détail. Qui se détachent pourtant du flux de l'expérience. Et qui font prendre à votre vie, à votre trajectoire de recherche, ou aux deux, un tournant décisif. Les yeux de Dacho posés sur le radar américain qui regarde la Russie sont de ceux-là. Ce fut à la fois beau et douloureux, comme une évidence trop longtemps tue qui éclate enfin au jour : le monde que j'avais essayé de décrire était désespérément plus ouvert, il débordait, encore une fois, les pauvres limites que j'avais tenté d'esquisser autour de lui pour mieux le saisir.

Le questionnement de Dacho se mua très vite en obsession pour moi. Le travail comparatif que j'avais entamé sur le triptyque alaskien des Gwich'in face à l'Occident et aux métamorphoses environnementales était dramatiquement insuffisant. Il allait falloir élargir le spectre, regarder plus loin. Au-delà du détroit de Béring. Là où, pour Dacho, il y avait peut-être des gens comme lui ou presque ; là où, pour moi, il y avait surement encore les traces d'une histoire géopolitique matérialisée dans le territoire comme chez ses habitants ; là où, pour Clarence, le père de Dacho, il y avait peut-être un « avant » qui valait encore la peine d'être raconté.

Nous les Gwich'in, aimait raconter Clarence, avons appris le même jour, il n'y a pas si longtemps[1], que non seulement nous étions des citoyens américains, mais aussi que nous avions été russes par le passé. Il disait encore que les Aleut du Sud s'en souvenaient jusque dans leurs chairs ; que les Tlingit du Sud-Est avaient vaillamment combattu ; que les Yupik du Nord-Ouest s'étaient laissé faire ; que les Inupiat au nord avaient vendu leurs baleines ; mais que les Russes n'étaient jamais arrivés jusqu'aux Gwich'in, que s'ils étaient arrivés, ils s'en seraient souvenus, parce que les Gwich'in sont des guerriers, parce qu'ils ne les auraient pas laissé prendre leurs terres, parce qu'ils... Clarence s'interrompait toujours quelque part dans cette phrase. De toute façon, reprenait-il, les Russes n'étaient pas remontés jusqu'à eux parce que le territoire Gwich'in était trop à l'ouest, trop loin dans la taïga subarctique, et aussi parce qu'ils avaient trop à faire sur la côte. Parfois, je disais au vieil homme qu'il radotait. Pour me faire taire, ou peut-être aussi pour m'impressionner, il remontait plus loin encore. Avant, vraiment avant, on est

1. En 1867, date du rachat de l'Alaska par les États-Unis, les Gwich'in étaient déjà en contact avec des missionnaires anglicans venus par la rivière Porcupine et la rivière Yukon du Canada. De 1796 à 1867, presque un siècle n'aura pas suffi pour que les Russes atteignent le nord-est de l'Alaska et en l'occurrence Fort Yukon.

sûrement venus de là-bas, par le grand pont de glace. On a laissé les Inupiat traverser en premier pour tester la glace du détroit. Il riait. On a vu que ça tenait, alors on est passés aussi. Vous leur avez laissé quelques milliers d'années d'avance, juste pour être sûrs ? J'ironisais mais il ne se démontait jamais. Bien sûr, nous avons de la suite dans les idées ! La côte et le blizzard, ça, c'est un truc d'Eskimo, nous avons passé notre chemin sans hésiter pour rejoindre la forêt. J'éclatais de rire. Pense à ça, il disait. Au voyage que nous avons accompli pour venir jusqu'ici, au choix de vivre parmi les arbres, et à ceux que nous avons laissés derrière. Oui Clarence, je répondais, je pense à ça. Je ne pense même qu'à ça. Au fil du temps, ces idées se sont muées en obsession : j'allais traverser le détroit, remonter le temps. J'emboîterais le pas à mes prédécesseurs de 1897, je suivrais le chemin intellectuel emprunté par Boas, Jochelson, Brodsky, Borgoras et les autres avec la Jesup North Pacific Expedition[2]. La cause était peut-être bien désespérée mais moi aussi, j'allais tenter de faire dialoguer les deux bords de Béring ; moi aussi, j'allais essayer de remonter vers les liens des lieux et collectifs avant que la colonisation ne les brise. Qui sait ? Peut-être que quelque part entre l'est et l'ouest, des ombres se dissiperaient. Et un jour, plus tard, je reviendrais à Fort Yukon pour raconter à Dacho et à son père. Comment c'était, là-bas.

Ce livre témoigne d'une folie intellectuelle et d'un voyage impossible dont j'ai conçu le désir un jour d'hiver comme tant d'autres à Fort Yukon. Ce livre est une réponse. Une réponse

2. American Museum of Natural History, *Publications of the Jesup North Pacific Expedition*, 1898-1903, Leyde, E. J. Brill, G. E. Stechert, 1905-1930.

à Dacho, à son père et à moi-même, aux âmes sauvages que j'ai écrites et qui n'étaient qu'un début, le début d'autre chose auquel je ne m'attendais pas.

INTRODUCTION
CHERCHER CEUX QUI SONT PARTIS

Région Icha, Kamtchatka, juin 2014

Nous y sommes, enfin. Dans la forêt sous le volcan, au bord de la rivière, entourés de visages différents des nôtres. Cela fait trois jours que nous attendons sous la yourte, il pleut des cordes. J'ai du mal à rappeler à moi l'excitation qui posséda mon corps il y a quelques jours seulement, alors qu'Andreï acceptait enfin de nous amener jusqu'aux portes du territoire d'Icha. Après d'incessantes négociations camouflées en discussions matins et soirs, Andreï avait cédé. Ou accepté. Il nous avait fallu plus d'une semaine, à Charles et moi, pour le rejoindre à Ketatchan. Après des heures de bus, de camion et de marche, nous avions fini par arriver à la base de recherche en botanique du parc national du Brystrinskij, dans l'ouest du Kamtchatka. Là, au pied du volcan Ichinsky, où prend sa source la rivière Icha, nous avions établi notre camp de base temporaire, dans ce lieu étrange où cohabitaient de jeunes « volontaires » inventoriant les plantes pour le parc et des éleveurs de rennes even qui s'y arrêtaient pour se ravitailler.

Andreï, métis even et koryak, n'a pas compris d'emblée pourquoi nous ne nous contentions pas de travailler ici, dans les alentours de Ketatchan, alors que justement, en cette fin de mois de juin, les éleveurs de rennes se trouvaient tous près, leurs routes de nomadisation autour du volcan les ayant poussés, eux et leurs troupeaux, à venir pâturer les plaines environnantes du camp. J'ai assez vite confirmé à Andreï, sous l'œil amusé de Charles, que c'était moi qui ne me satisfaisais pas des éleveurs et de leurs rennes, malgré l'intérêt scientifique manifeste qu'ils revêtaient ; malgré, aussi, la stimulation intellectuelle que les-dits animaux et leurs gardiens provoquaient chez mon collègue et ami. Quelque chose me poussait, m'obligeait, je ne pouvais plus m'arrêter si près du but. Depuis cette intuition alaskienne, je ne pensais qu'à ça. Et lorsqu'à Esso, le village où sont rassemblés la plupart des Even du Kamtchatka, nous avons eu la confirmation qu'*ils* existaient, qu'il y avait bien une famille qui avait décidé de repartir vivre en forêt après la chute de l'Union soviétique, j'ai cru sentir mon cœur exploser dans ma poitrine.

Pour la première fois dans ma vie d'anthropologue, quelque chose qui venait de l'intérieur s'actualisait avant d'avoir été éprouvé. Mon hypothèse de travail s'avérait, sinon juste, du moins valable. Après avoir essuyé de cuisants échecs en Alaska quant à l'efficacité de mes préconceptions théoriques, qui s'effondraient sur elles-mêmes lorsqu'elles venaient se heurter au terrain, je n'avais plus tellement confiance en mes élucubrations, tout informées d'histoire et de concepts soient-elles. Pourtant cette fois, c'était différent. Cette image flottante que j'avais formulée en pensée, celle d'un ancien monde renaissant de ses cendres pour faire face à une crise, existait, peut-être. Je nous revois, Dacho et moi, à Fort Yukon en Alaska, assis près du feu le soir, à contempler les flammes. J'entends encore sa voix, qui résonnait alors en moi comme autant de promesses d'un à-venir qui serait autre. Si une véritable crise survenait, disait-il, nous les Gwich'in repartirions vivre dans la forêt. Nous sommes prisonniers d'une économie boiteuse, d'un village ruiné avant même d'avoir été florissant. Un village qui nous fait croire à un semblant de « bien-être », quoique veuille dire ce mot ici dans la taïga postcoloniale, s'amusait-il, à un semblant de confort, de « civilisation », renchérissait-il, si tant est qu'à Fort Yukon la civilisation soit la manifestation visible de la perte de tout ce qui nous a constitué en tant qu'êtres humains à travers les temps. J'aimais nos discussions. Elles alimentaient l'optimisme qui m'habitait depuis petite, cet optimisme un peu naïf qui m'a toujours poussée à croire qu'une autre vie était possible. Quand cette poudre aux yeux s'effacera, disait Dacho, parce qu'elle s'effacera, que se passera-t-il ? Il m'épiait d'un regard espiègle, amusé. Où irons-nous ? Je lui souriais, parce que je connaissais déjà sa réponse. *Back in the woods of course.*

Je savais que des collectifs autochtones repartis en forêt pendant ou après l'implosion de l'URSS existaient en Russie[1]. De là à les trouver au Kamtchatka – parce que je tenais absolument à ce que mon nouveau terrain se déroule dans cette péninsule, j'expliquerai

1. Dans l'arctique sibérien, R. Willerslev a observé un retour généralisé à la forêt chez les habitants du village de Nelemnoye et une recrudescence sans précédent des pratiques traditionnelles de chasse après l'effondrement de l'URSS. Ce retour à la forêt s'accompagne d'un resurgissement du chamanisme dans ces sociétés : M. Pedersen fait état d'un véritable « réveil » des esprits lorsque la Mongolie du Nord-Ouest et ses habitants furent de nouveau livrés à eux-mêmes. En ce qui concerne la Yakoutie et la Bouriatie, R. Hamayon note, quant à elle, que « l'année 1992 semble consacrer officiellement le chamanisme comme religion – qualité qui lui avait été refusée pendant la plus grande part de l'ère soviétique – et lui donner une place de choix dans la politique culturelle ». Voir R. Willerslev, *Soul Hunters: Hunting, Animism, and Personhood Among the Siberian Yukaghirs*, Berkeley, University of California Press, 2007 ; M. Pedersen, *Not Quite Shamans. Spirit Worlds and Political Lives in Northern Mongolia after Socialism*, Ithaca, Cornell University Press, 2011 ; R. Hamayon, « À quel esprit se vouer ? Vicissitudes de la notion d'esprit chamanique en Sibérie post-soviétique », *in* F. Laugrand et J. G. Oosten (dir.), *La Nature des esprits dans les cosmologies autochtones*, Québec, Les Presses de l'université Laval, 2007.

plus loin pour quelles raisons – c'était une autre histoire. J'aurais pu embrasser ce vieux Nikolaï qui, entre deux verres de vodka dans l'obscurité d'une veille maison en bois à Esso, nous assura l'existence de cette famille even, tout en ne cachant pas son mépris pour ces gens, qui ne faisaient rien comme les autres, et qui en plus se croyaient supérieurs parce que reclus dans leur forêt. Des renégats, rien de plus. Des arriérés qui refusent le progrès, la marche de l'histoire, affirma-t-il encore. Je l'écoutais et regardais autour de moi tout en ressassant ce que j'avais compris ces derniers jours. Je ne pouvais m'empêcher de terminer sa phrase en pensée : qui refusent le sort de leurs camarades dans cet ancien kolkhoze qu'est Esso, qui se transforme, depuis ces dix dernières années, en une plateforme touristique prometteuse qu'il va bien falloir – qu'il faut déjà – égayer et agrémenter. Dans cette optique, la place des indigènes est toute trouvée, et ce depuis bien longtemps. À eux de colorer le *dalni-vostok* (le *far-east*, comme ses habitants surnomment eux-mêmes le Kamtchatka) de traditions et de folklore indigènes dont raffolent les touristes, qui bien qu'en quête de grande nature sauvage, se satisfont finalement assez mal de son vide trop angoissant.

Et Nikolaï, ce soir-là imbibé d'alcool, de nous dire que tout cela, le village, ses magasins, ses sources d'eau chaude, son musée et sa scène de danse, ces fous l'avaient quitté. Qu'ils ne dansaient plus, qu'ils ne chantaient plus, qu'ils ne participaient plus à la création du patrimoine en fabriquant des objets traditionnels. Plus tard dans la nuit, il avait cessé de les incriminer. Il ne restait qu'une infinie tristesse dans le fond de ses yeux. Ma famille a quitté la forêt depuis longtemps. Je n'ai plus de rennes, plus de territoire de chasse. Le silence entre ses phrases s'était épaissi. Alors voilà, on danse. Il avait baissé les yeux et rivé son regard sur les lattes brunes et élimées du plancher. Puis dans un murmure : mieux vaut oublier.

Le lendemain, Charles et moi embarquions dans ce voyage vers Icha ; trois jours plus tard, nous étions dans la cabane de Ketatchan aux côtés d'Andreï qui, sculpteur de métier, nous faisait parler sans cesser de faire courir son couteau sur une corne de bouquetin qu'il transformait en saumon surgissant des ondes. Notre affaire s'annonçait compliquée. Après nous avoir longuement écoutés raconter nos expériences respectives, en Alaska pour moi et à Touva pour Charles, Andreï avait décrété que nous étions des gens dignes d'intérêt. Il considéra donc ma requête de contacter ceux d'Icha. Un matin à dix heures, Andreï brancha la radio du camp sur une batterie et se mit sur la fréquence des camps de chasse even de la rivière. Il présenta notre cas, et « ils » (car nous ne savions pas encore quelle autorité s'exprimait) annoncèrent très clairement qu'ils n'avaient aucune envie d'accueillir des anthropologues chez eux. Je ne pouvais pas leur en vouloir. Moi non plus, à leur place, je n'aurais certainement pas souhaité que de prétendus scientifiques viennent m'investiguer alors que j'avais justement choisi une vie à l'écart des regards. Mais cela ne changeait rien, au contraire. Ma curiosité était attisée, et ma déception n'en fut que plus amère.

Nous passâmes plusieurs jours avec Andreï, dont les histoires ne tarissaient pas. Je m'efforçais de l'écouter attentivement pour faire le deuil de ceux que je ne connaîtrais sûrement jamais mais que j'avais tellement souhaité rencontrer.

Le temps a coulé, lentement. Nous avons sombré dans son rythme sans plus rien attendre. Et puis, un matin, Andreï s'est levé. Il a ouvert la porte de la cabane, et il a juste dit : on y va. Comme ça, sans plus. Faites vos affaires. Nous sommes tous les trois montés sur son quad rouge, nous avons parcouru dans la boue et la pluie les soixante-dix kilomètres qui nous séparaient d'Ublakatchan, le premier camp de chasse de la rivière d'Icha. Sur la route, en grignotant du *baluk*[2] fumé, il a ri. Chez vous en France, pour aller chez quelqu'un, il faut être invité n'est-ce pas ? J'ai esquissé un signe affirmatif de la tête. Ça sert à rien d'essayer de faire les choses comme chez vous, a-t-il dit. Dans la forêt, il faut juste arriver.

La nuit s'est abattue sur nous dans la toundra. Une pluie fine et glaçante faisait trembler nos corps alors que nous mettions pied à terre après plusieurs heures de voyage nocturne. Une faible lueur s'échappait d'entre les lattes de bois de la cuisine d'été. Andrura ! a crié Andreï dans le noir. Un grognement s'est fait entendre. Allons-y, a dit Andreï. J'ai avisé à ma droite deux peaux d'ours brunes et détrempées jetées sur une rambarde en bois. Nous sommes entrés dans la cabane sombre et enfumée. Là, deux Russes étaient attablés à la table basse face à des verres de vodka ; des peaux d'ours noir isolaient leurs membres du sol en terre battue. Une femme even, près du feu dans le coin de la pièce, préparait une soupe de têtes de saumons. L'accueil était plutôt froid, mais c'était un accueil quand même. Nous avons vidé nos verres, avalé notre soupe, et nous sommes effondrés sur des peaux d'ours odorantes dans le grenier d'une cabane dédiée aux gens de passage.

Je dois partir, a dit Andreï au matin. Il a ajouté qu'« ils » allaient certainement venir, puisqu'« ils » savaient maintenant, forcément, que nous étions là. Nous n'avions qu'à attendre. Que quelque chose se passe, que quelqu'un vienne. Quelques jours plus tard, un homme a passé la tête dans l'embrasure de la porte branlante et ajourée, et notre attente a momentanément pris fin. Ilo. Une cinquantaine d'années, grand corps agile et

2. Saumon fumé.

musclé, visage énigmatique sans l'ombre d'un sourire, yeux en amande n'exprimant pourtant que douceur, juchés sur de hautes pommettes brunes. Ilo, venu contre l'avis de son frère aîné Artium nous sortir de ce camp de chasse russe pour nous faire traverser la rivière, ligne-frontière qui s'écoule paisiblement entre deux mondes qui s'ignorent.

Nous avons laissé l'embarcation attachée à l'arbre derrière nous, nous nous sommes enfoncés sous les fougères grimpantes dans la forêt de bouleaux. Nous avons traversé une autre rivière. Pris pied sur une toundra. Rejoint un autre bois. Traversé un nouveau cours d'eau. Avisé une cabane, une cache de nourriture et une yourte. Pénétré à l'intérieur en clignant des yeux dans la fumée. Pris place sur les peaux de rennes autour du feu. La théière noire léchée par les flammes a sifflé. Le thé a infusé en silence. Ilo a levé les yeux vers nous. Ici, c'est Manach', a-t-il dit.

La pluie s'est mise à tambouriner sur la bâche recouvrant la yourte; nous nous sommes à nouveau installés dans l'attente. Mais cette fois, contrairement à toutes les autres, nous y avons plongé entièrement, en oubliant comment elle avait commencé et où elle finirait. Les gouttes éparses se sont changées en torrent. La torpeur m'a gagnée. Elle ne me quitte plus depuis trois jours que nous sommes arrivés, enfin, là où j'avais tellement souhaité aller.

Naissance d'un terrain

Tous les matins Ilo disparaît derrière les cordes de pluie pour aller relever ses filets dans la rivière, à vingt minutes de la yourte. Tous les midis il revient les bras chargés de saumons, qu'il prépare aussitôt, la moitié dans l'*apana*[3] des chiens, la moitié pour nous. Frit ou en soupe, sur le feu. Ilo nous parle des chanteurs français qu'il admire, d'Édith Piaf un peu, de Joe Dassin beaucoup. Le couteau sur l'écaille du poisson, il nous demande s'il y a des lions en France. On parle aussi de la terre, qui tourne même si c'est imperceptible, et du soleil qui se « couche » alors que c'est nous qui disparaissons sous l'horizon. Il pleut toujours et c'est étrange, de se sentir enfermés dehors en discutant de sujets improbables que mon impatience pathologique me fait ranger dans la catégorie des banalités.

Le matin, nous sommes réveillés par des voix qui grésillent dans un vieux poste de radio. Ilo est allongé sur une peau de renne dans un coin, l'émetteur de la radio dans une main, l'oreille toute proche de l'enceinte, il écoute. Dix paquets de thé noir *Beliki Tigr Klassitcheski*, cinq sachets de café Maxim's, vingt kilogrammes de farine, dix kilogrammes de sucre. Une autre voix répond, c'est noté. Prends un sachet de bonbons aussi, pour les enfants. Et deux cartouches de clopes. À ce stade, je ne sais pas encore qui parle, ni d'où, je comprends juste que cette radio est le moyen par lequel les Even d'Icha communiquent avec le monde extérieur et passent leurs commandes à ceux qui reviennent en forêt, que tous les camps de chasse ou presque sont reliés par cette radio, et que les éleveurs de rennes qui nomadisent dans la région le sont aussi. Ilo attend que les voix se taisent, puis demande si on a des nouvelles de la météo. Quelqu'un qui parle depuis le village d'Esso répond que oui, qu'ils ont regardé le bulletin et que ça va encore durer plusieurs jours, ce mauvais temps. *Igna*, dit Ilo en even. D'accord.

3. Préparation pour nourrir les chiens : tout ce qui n'est pas mangé par les humains (restes de viande, de poisson, épluchures de pommes de terre, etc.) mijote toute la journée sur le feu dans une grande marmite.

Il débranche la radio, reste pensif un instant, se lève, enfile ses bottes et disparaît à nouveau dans la pluie.

Artium, le frère d'Ilo, est revenu hier. La voix d'autorité dans la radio à Ketatchan c'était lui, notre présence l'indispose manifestement. J'ai envie de disparaître six pieds sous terre à chaque fois qu'il entre dans la yourte, mais je ne peux aller nulle part, je suis coincée dans le mal-être, forcée à sentir sa réprobation silencieuse et à essayer de me comporter au mieux pour atténuer l'effet que nous produisons sur lui. Artium est le chef à Manach' et ça se voit, c'est son camp de chasse, sa maison, son territoire. Je me blottis en pensée tout contre la douceur d'Ilo ; j'évite le regard de son frère le plus possible. La pluie continue de plus belle et je m'enfonce dans une profonde déprime. Cela fait une semaine que nous attendons, mais qu'attendons-nous au juste ? Personne ne le sait. Que quelque chose se passe, peut-être.

Je m'ennuie très sévèrement. L'après-midi touche à sa fin. Ilo remue mollement l'apana des chiens qui mijote sur les braises ; la fumée qui s'échappe de la théière monte doucement vers l'ouverture sommitale. L'eau tambourine sur les bâches, c'est assourdissant, abrutissant. Je griffonne sur mes carnets, ne trouve rien d'intelligent à dire, je suis vide de mots et encore plus vide de sens. J'écris : si seulement le voile de pluie insipide et morose pouvait s'atténuer ; si le ciel pouvait s'éclaircir ; si tout pouvait advenir. Je ne comprends rien à ce que j'écris. Et puis, d'un coup, tout bascule, comme ça. Je revois très distinctement le pan de yourte qui se rabat sur un côté du toit d'un mouvement brusque, le jeune homme en ciré orange trempé qui entre, qui avise les deux étrangers plantés là. *zdarova* lance-t-il, le sourire aux lèvres. Je m'appelle Ivan.

Comme il pleut toujours, nous sommes encore en train d'attendre, à demi couchés sur des peaux de rennes, une tasse de thé entre les mains. Ivan nous parle de sa mère, Daria, la sœur d'Ilo et d'Artium. Il dit qu'il va nous emmener chez elle, chez lui, à Tvaïan, le camp de chasse le plus éloigné, en aval de la rivière Icha, à soixante kilomètres d'ici. Quand le temps se calmera, quand on pourra partir. Et puis on s'arrêtera à Drakoon. Parce qu'entre Manach' et Tvaïan il y a Drakoon. C'est là que vit Memme, la mémoire de notre famille. Memme est très vieille, très sage, elle a tout vécu. Artium se déride à l'évocation de sa mère. Oui, conduis-les à Memme. Si quelqu'un a quelque chose d'intéressant à vous apprendre, dit-il, c'est elle.

Le lendemain, la pluie s'est calmée. Entre-temps, dans la nuit, des cousins d'Ivan sont arrivés à Manach', tout semble s'être précipité depuis hier alors que les jours coulaient, indistincts les uns des autres, depuis plusieurs semaines. Comme les cousins viennent du village, ils ont apporté avec eux quelques bouteilles de vodka, ce qui est à la fois une bonne et une mauvaise nouvelle. Notre départ vers Tvaïan par l'Icha se fait cahin-caha, tout à l'inverse de ce que je m'étais imaginé. Lentement, au rythme du moteur qui casse et qu'il faut réparer, du pneumatique qui se dégonfle et qu'il faut regonfler, des bouchons d'alcool de patate qu'il faut vider, nous descendons la rivière, sous le regard insondable des aigles pêcheurs perchés sur la cime des arbres au-dessus de nous. Après plusieurs heures de navigation (ou de dérive), et quelques pauses sur des îlots au milieu de la rivière pour évacuer l'eau de notre embarcation (et constater que notre matériel photo est ruiné), nous arrivons à une bifurcation. Un mince bras de rivière se dévoile sous les branchages, les têtes et les dos des passagers se ploient brusquement, Ivan coupe le moteur et sort les rames, nous flottons sous un tunnel de feuilles, tout le monde se tait. Brusquement des rires d'enfants se font entendre, des bruissements dans les fourrés, nous les apercevons enfin, pressés sur la rive, oncle Vanka, oncle Vanka, crient-ils à Ivan, ils sont cinq ou six, je me rappelle mal car je revois surtout Clava, la tante d'Ivan, qui nous accueille gentiment malgré l'ombre d'inquiétude qui plane sur son visage. Elle nous dit très vite que nous n'allons pas pouvoir rencontrer Memme aujourd'hui parce qu'elle dort, parce qu'elle est fatiguée, elle se repose dans la cabane. Plus tard, quand vous reviendrez de Tvaïan, vous vous arrêterez et là, vous pourrez lui parler. Je lui ai dit que vous alliez venir, dit-elle encore, elle est d'accord. Nous saluons Clava et reprenons la route.

À Tvaïan c'est la nuit lorsque nous accostons, Daria attend sur la berge. Daria dont je ne sais rien encore, surtout pas ce qu'elle deviendra pour moi ; Daria qui a soixante ans alors, le visage marqué par les épreuves mais les yeux d'une douceur infinie ; Daria qui nous serre la main et nous dit qu'elle est heureuse de nous rencontrer.

Nous sommes agglutinés autour du feu dans l'*at'ien*[4], Ivan prépare le caviar de saumon dans des bols, tranche le pain frais

4. Cuisine d'été qui remplace la yourte dans certains camps de chasse et de pêche. L'édifice est en bois, circulaire ou rectangulaire. En son centre le foyer du feu est ouvert, et la fumée s'échappe par une ouverture sommitale protégée d'un petit toit en retrait du toit principal. On mange et cuisine dans l'at'ien à chaque repas, mais des emplacements pour pouvoir y dormir sont aussi prévus, en retrait du foyer. En été, on appose des branchages fraîchement coupés sur le toit pour rafraîchir l'atmosphère à l'intérieur.

que sa mère vient de sortir des braises, attrape la bouteille sous la table, pose les petits verres en étain devant nous. C'est une belle soirée, nous voguons sur les vapeurs d'alcool et la discussion bat son plein, eux, réjouis d'accueillir leurs « premiers étrangers » et nous, heureux d'être enfin arrivés là où voulions aller, sans toutefois comprendre pourquoi c'est là que nous allions. Les peurs, l'impatience, les doutes, tout cela s'est dissipé dans les embruns de la rivière. Matchilda, le beau-fils de Daria, regarde le feu intensément. Quelque chose vient de se passer dit-il. Vous voyez ? il nous demande. Non, je réponds. Quelqu'un arrive ou quelqu'un part, je ne sais pas, ce n'est pas clair. Quelque chose en tout cas. *Primieta*[5]. Matchilda alimente le feu pour qu'il continue de lui parler mais le feu reste silencieux, il ne dira rien de plus ce soir. Ivan rit, arrête avec tes histoires de vieux. Il nous ressert un verre, et la fin de la nuit se passe comme ça, quelqu'un apporte un vieux poste de musique qui marche à moitié, Charles se met à chanter, je chante aussi, nous chantons tous les chants de nos terres dans toutes les langues que nous connaissons et rions aux éclats.

Je me lève avec la barre au crâne, contente mais pas très fraîche. Je sors de la tente, marche jusqu'à l'at'ien et pousse la porte. Le feu est éteint, il n'y a plus personne. Dehors, un drôle de vent souffle, un vent de désert qui soulève la poussière en tourbillons et chahute les rouleaux d'herbes sèches. Les bouts de métal cliquettent, les branches des arbres s'entrechoquent. Je suis prise de malaise. Je descends en courant vers la rivière, j'avise Daria en train de puiser de l'eau. En se redressant elle

5. *Primieta* peut être traduit par « un signe ».

plonge ses yeux dans les miens, ils sont brillants, des larmes ont coulé là il y a peu. Je demande bêtement : Que s'est-il passé ? Je ne sais pas, répond Daria. Mais Memme est morte cette nuit.

Je pense brusquement à Ivan. À son oncle Artium qui est venu le chercher ce matin à l'aube parce qu'ici la radio est cassée, parce que cette nuit seules les flammes parlaient. Je me dis qu'il est surement monté en bateau le cœur coupable : il n'était pas là quand celui de son aïeule a cessé de battre cette nuit. J'imagine l'ouragan qui doit le ravager en dedans et balayer tout ce qu'il y avait de stable et de solide dans son corps. C'est cette nuit que nous sommes arrivés ; c'est cette nuit que la vieille âme est morte sur la rivière. Mais lui Ivan qu'y pouvait-il à cet au-dehors qui s'était invité dans la forêt ? Il avait été la brèche, l'ouverture, la faille, la faiblesse ; le guide. Je l'imagine encore se souvenir des chants, de la musique et, c'est insupportable, de la joie et du plaisir d'être là face à ces autres venus de si loin. Je me dis qu'il doit brûler de colère, contre lui, contre nous et contre le *fatum*, indénouable.

Un bruit de moteur sur la rivière coupe court à mes divagations. C'est Ivan qui revient. Mon cœur s'emballe, je m'attends à tout, mais surtout à ce qu'on soit expulsés de la forêt sur-le-champ. Ivan monte le petit chemin, je suis en haut, il s'arrête devant moi, plonge des yeux secs, fermes mais sans dureté dans les miens, tourne la tête en silence, avise Charles qui s'approche. Puisque vous êtes là vous venez avec nous, dit-il seulement. Nous allons enterrer grand-mère tous ensemble.

À Drakoon, un feu est allumé dans la clairière entre les arbres, à l'écart des deux cabanes en rondins et de l'at'ien. Les hommes reviennent de la forêt les bras chargés de bois et le transforment rapidement en piquets, qu'ils plantent à un rayon de quatre mètres tout autour du foyer. Trois grands piliers sont disposés de part et d'autre du cercle et entrecroisés au sommet : la structure. Les piquets qui forment le cercle sont reliés par le haut avec d'autres segments, puis l'ossature du toit est réalisée, venant s'agencer contre la structure. En une trentaine de minutes l'*otch'an*, yourte d'été destinée à accueillir les membres de la famille, est construite. Les parents commencent à affluer en fin de journée et dans la nuit, par voie de terre, à cheval, ou par la rivière avec Ivan qui fait des allers-retours (il n'y a qu'un seul bateau dans la région d'Icha habitée par les Even et c'est le sien) pour aller les chercher là où ils sont.

Au matin, des coups de marteau nous réveillent. Juste à côté de nos tentes, un cercueil est en train d'advenir dans la brume de l'aube, Ivan plante les clous un à un, ses neveux lui apportent au fur et à mesure les planches qu'ils ont fabriquées la veille. Plus tard dans la matinée, il faut trouver un emplacement. Daria pointe la colline qui domine Drakoon, la rivière et la forêt, là où Memme aimait aller s'asseoir. Les garçons à l'orée de l'adolescence et les jeunes hommes se munissent de pelles. Je les suis du regard, je les perds, je me force à aller les voir plus près, je dois faire entrer cette scène dans ma tête. Ils creusent en silence pendant plusieurs heures. Au bout d'un moment ils sont sous terre, leurs visages noircis par la poussière. Je revois très distinctement leurs yeux, depuis le fond du trou. Pas de larmes, pas de sourire, une sobriété infinie et des mains attentives à leur ouvrage.

Assis autour du feu dans l'otch'an, les discussions vont bon train. Nous sommes largement intégrés au cercle et c'est étrange, presque comme si nous avions toujours été là, dans cette famille depuis de nombreuses années, et qu'il était prévu que nous assistions à cette mort si elle devait survenir. Daria et les siens nous présentent aux parents plus lointains qui sont arrivés hier soir et ce matin, j'oublie leurs noms presque aussitôt car il y en a trop, nous devons être une petite cinquantaine quand nous nous asseyons, dedans et dehors, pour boire un thé tardif de midi. Je ne sais pas encore que je viens de rencontrer le quasi-totalité des habitants permanents de la forêt, et qu'il me faudra des années pour les revoir tous, petit à petit, dans leurs camps de chasse ou leurs élevages de rennes respectifs ; je suis loin d'imaginer que ces gens, leurs noms, leurs vies, leurs lieux et leurs choix habiteront mes pensées et les pages de mes carnets des années durant.

Les enfants habillent le cercueil avec des tissus colorés et des fleurs cueillies dans la toundra. Memme est dans la cabane, allongée sur le lit, revêtue de ses plus beaux habits, brodés et ornés de perles. Je le sais parce que Daria me la décrit, mais je ne vais pas la voir, c'est au-dessus de mes forces. Je ne peux pas confronter le visage de la mémoire du lieu qui vient de s'éteindre alors que nous arrivions tout juste ; malgré l'accueil inespéré et la bienveillance des membres de la famille à notre égard, je sens que le spectre de la culpabilité n'est pas loin. Mon attitude en cet instant précis est loin d'être celle, souhaitable, d'un chercheur non affecté. Je suis aux prises avec un sentiment diffus qui m'intime que notre présence ici et maintenant, par et avec la mort, n'est pas un hasard fortuit, qu'il y a quelque chose à comprendre, pour nous, pour eux. Quoi ? Je n'en sais rien. Je me rappelle que ma tête pèse lourd, je n'arrive plus à penser, les connexions synaptiques sont suspendues. Je saisis simplement que cet enterrement est le début de quelque chose, ainsi que l'ébauche, en ce qui me concerne, d'une réponse possible à des problématiques que j'ai peut-être seulement effleurées de l'autre côté du détroit de Béring, en Alaska.

À deux heures de l'après-midi, Memme sort de la cabane dans son cercueil plein de couleurs qui sent la sève, sur les épaules des jeunes hommes qui plus tôt ce matin ont creusé le trou qui allait l'accueillir. Une lente procession, précédée par les enfants qui portent des bouquets de fleurs, se met en marche vers la butte. Les garçons posent le cercueil à côté du trou, et ceux qui le souhaitent s'approchent et se penchent sur le visage de leur aïeule pour lui donner un dernier baiser. Puis, sans un mot, on place le couvercle. Des pleurs et des reniflements se font entendre, discrets. Alors que les jeunes hommes commencent à descendre le cercueil sous terre à l'aide de cordes, la voix d'un ancien se fait entendre : vous vous trompez, l'est n'est pas par-là, sa tête doit être le plus à l'est possible ! Les garçons, confus, remontent le cercueil et le font pivoter dans l'autre sens avant de le descendre à nouveau. C'est mieux comme ça, marmonne l'ancien. Et tout le monde acquiesce d'un mouvement de tête.

Alors que les pelles s'actionnent et que la tombe est lentement recouverte de terre, Daria allume un petit feu sur le côté. Je m'accroupis non loin, un peu en retrait pour ne pas la déranger. Lorsque les flammes montent, vacillantes et fragiles, et que la fumée commence à s'en échapper en douces volutes vers le ciel, Daria y jette un peu de nourriture. Puis, elle place au cœur du foyer une aiguille, du fil, un dé à coudre et des lunettes. Je l'entends prononcer une formule en even, qu'évidemment je ne comprends pas. Puis une autre, plus basse, un murmure qui se perd dans les conversations des vieux allongés dans l'herbe à quelque distance, cigarettes à la bouche, considérant alternativement le feu de Daria et les mouvements de pelle des garçons. Lorsque le trou est comblé, un grand obélisque fraîchement taillé est planté en tête de tombe. Tout le monde se lève ou s'approche, chacun se saisit d'une poignée d'herbe fraîche et on tourne trois fois autour de la sépulture, dans le sens horaire, sans un mot, en déposant l'herbe sur la tombe au sortir du cercle.

Daria éteint le feu, place les réminiscences des objets qui s'y sont consumés sous la cendre. Les enfants s'approchent à son appel et apposent leurs mains sur le foyer encore tiède. Ils font de même sur la terre meuble de la tombe, partout où l'herbe ne la recouvre pas. La procession se retire, doucement, flâne sur le chemin du retour au camp. J'attends un peu pour pouvoir fermer la marche, je jette un coup d'œil en arrière. Rien n'est inscrit sur l'obélisque. De la cendre, du bois, de l'herbe et des traces de mains dans la terre.

En poussant la porte de l'at'ien je découvre les six enfants de Memme assis face à la sortie, derrière le feu, en arc de cercle. Artium nous fait un signe de tête, à Charles et moi, pour nous inviter à s'asseoir à leurs côtés. Une tasse de fer cabossée circule, nous partageons une gorgée de vodka chacun après que le feu a avalé les premiers cent grammes en crépitant. Les visages sont sobres, sans signes de tristesse exacerbée. On mange de la viande de renne et du saumon, on parle peu. Plus tard, chacun sort s'isoler, s'allonger dans l'otch'an ou s'asseoir dehors sur des troncs pour fumer et palabrer. Le soir les rires reprennent autour du feu, tout le monde est de nouveau mélangé. Daria, pour la deuxième fois depuis notre rencontre, nous dit qu'elle est heureuse que nous soyons là. On parle de chasse, de communisme, de chevaux, d'ours, de chamanes, de loups, d'hélicoptères et de rennes.

La nuit je pense à la morte. À sa tête qui repose à l'est. L'une des conversations de ce soir me revient et ma pensée s'enlace autour des mots prononcés, encore et encore. Artium nous a décrit les gestes qu'il effectue lorsqu'il tue un ours, pour accompagner son âme dans le passage. Tu prends la tête et tu retournes d'abord les yeux à l'intérieur du crâne. Il ne faut pas que son âme te suive quand tu partiras ; elle ne doit pas voir où tu vas. Puis tu places sa figure vers l'est et tu lui dis que demain il reviendra autre. Je ne sais pas s'il a prononcé ces mots pour Memme plus tôt aujourd'hui. J'imagine que oui ? S'il les formule pour un ours, il doit bien les formuler pour sa mère. Mais je n'en sais rien, et mon ignorance m'exaspère. Je pense au soleil qui se lèvera demain matin derrière son crâne. Va-t-elle revenir autre, elle aussi ? Sous quelle forme va-t-elle renaître ?

Je suis allongée dans la yourte d'une brigade d'éleveurs de rennes à dix kilomètres de Drakoon, avec d'autres membres de la famille nous attendons le passage d'un hypothétique tank démilitarisé pour pouvoir repartir demain, peut-être, vers la piste, la route, le village, et pour nous la France. Je pense à ces derniers jours, à l'intérieur de moi ça se débat dans la contradiction : l'impression d'avoir trouvé quelque chose en le perdant immédiatement, ou peut-être bien l'inverse, je ne sais plus. Je me dis que tout était là, dans cette préparation collective pour accompagner Memme là où elle allait, où que ce soit. Un accueil des corps et des âmes, un enveloppement ; une douceur qui passe par la retenue et la sobriété ; une économie de mots, de gestes, mais une plénitude des cœurs.

Je pense à mon père lorsqu'il est mort. À tout ce que ça n'a pas été, dans cette église sous cet orgue face à ce cercueil clos et laqué. La société moderne est malade de distance, de cet abîme qu'elle a laborieusement creusé entre elle et tout ce qui menaçait son intégrité, ces grands « autres » terrifiants car incontrôlables, au nombre desquels on trouve, en première ligne, les abstractions suivantes : la nature, les primitifs et la mort. Je me dis que, depuis les profondeurs de la forêt, cet enterrement remet les choses à l'endroit en soustrayant le corps de Memme aux formes de contrôle pyramidales et hiérarchiques, étatiques et religieuses ; je pense encore que c'est l'effondrement du système soviétique qui a permis à l'inimaginable d'advenir, et qu'il va falloir l'expliquer. Décortiquer comment ce petit collectif even, successivement contaminé, exterminé, spolié puis asservi par les colons et enfin, précisément pour ces raisons, oublié de la grande histoire, est celui qui a su se saisir de la crise systémique pour regagner son autonomie. Cet enterrement est mon épiphanie de chercheuse, il résume le début et la fin de ma quête dans un même mouvement. Je souris dans le noir, ma poitrine monte et descend en rythme avec les respirations autour. Adopter un lieu, creuser soi-même le sol pour y mettre le corps de l'être aimé, nommer les objets pour se séparer et réunir les vivants autour du vide, c'est choisir quelle forme lui donner. C'est cela, *former le vide*. Faire corps autour du vide. Non pour le remplir, mais pour le rendre signifiant. Les mains qui s'affairent sur le bois, dans la terre, sur le feu, dans la cendre, autant de manières de recréer le collectif autour de ce qu'il y a de plus incertain et d'incontrôlable, d'a-humain et de mystérieux : la disparition. Ils nous ont volé nos morts, je me dis encore juste avant de m'endormir. Personne n'a volé Memme. Je vais revenir, je dois revenir, c'est ici que ça continue. Puis je sombre.

Tvaïan, août 2019

Avec Daria nous sommes assises dans l'at'ien, il est cinq heures du matin, le thé fume entre nos mains. Nous aimons ces moments d'intimité, entre chien et loup, quand personne n'est encore réveillé. En été, c'est aux petites heures que nous parlons des choses de l'invisible. Ces dernières années nous avons évoqué tant d'êtres, nous sommes remémoré tant de situations et avons invoqué tant d'histoires. Toujours ajustées au temps, dehors, au froid glacial de l'hiver, à la tempête automnale ou à la brume printanière. Mais pour une raison que j'ignore, je n'ai jamais osé reparler à Daria de l'enterrement de sa mère, qui a pourtant préfiguré notre rencontre et lui a donné, dès les premiers instants, une tonalité particulière.

Cette nuit j'ai rêvé de morts et Daria aussi, ils ont été nos premiers mots chuchotés au réveil. Les pensées balbutient dans ma tête, se cognent contre les parois de mon crâne. Ça fait cinq ans, je murmure presque pour moi-même. Je porte la tasse aux lèvres, avale une gorgée brûlante, soulève difficilement mes yeux des flammes pour les fixer sur Daria. Dis-moi Dacha. Tu lui as dit quoi, à Memme, quand tu as placé le fil, le dé à coudre et les lunettes dans le feu, le jour où nous l'avons enterrée ? Daria sourit. Quand tu arriveras, tu te feras une belle robe.

Elle continue : tu sais, nous sommes des nomades. Aujourd'hui on est là, mais demain on est ailleurs. Il faut donc faire avec ce qu'on a. On prend un peu de tout ce qu'on utilise au quotidien. Un peu de viande, un peu de sel, des allumettes, on rassemble tout ça. Puis on le donne au feu, en guise d'offrande. Parce que comme ça, Memme arrive ailleurs avec des cadeaux en poche ; elle peut les partager avec les ancêtres. Tout ce qui était avec elle dans sa vie, elle l'a pris dans l'au-delà. Tu comprends ? Oui. Elle poursuit : Memme est la seule qu'on ait enterrée dans la forêt ces derniers temps. Depuis la collectivisation, on enterre au village. Mais Memme, c'était hors de question, pour elle comme pour nous. On n'a pas demandé l'autorisation. On l'a fait, c'est tout. Pour moi tu sais, ça sera pareil. Daria porte la tasse de thé à ses lèvres, boit une gorgée et soupire doucement. Memme, elle était rigolote. Elle aimait bien les blagues, les bêtises. Cette commémoration était à son image. Avant de mourir, elle a parlé avec chacun de ses enfants. Et à ses petits-enfants aussi. À chacun, elle a adressé un message. J'ai dit qu'on allait être bien. Qu'on allait obéir à ce qu'elle nous avait dit.

Daria se saisit du tisonnier et pousse les brandons incandescents qui s'éloignent du foyer vers l'intérieur. Je reste pensive. Dis-moi encore, s'il te plaît. Tu as dit une dernière chose, avant d'éteindre le feu. Tu te souviens ? Oui. Elle baisse les yeux sur les flammes, et murmure. Ne regarde pas en arrière. Avance. Tu seras bien là où tu vas. Elle lève le regard vers moi. Tu sais, il arrive parfois que les gens se mettent à mourir les uns après les autres. C'est pour éviter ça que j'ai choisi ces paroles.

Première partie

Miroirs en Béringie

Aux êtres qu'elle unit tout en les opposant, la symétrie n'offre-t-elle pas le moyen le plus élégant et le plus simple de s'apparaître semblables et différents, proches et lointains, amis bien qu'ennemis d'une certaine façon, et ennemis tout en demeurant des amis ? Notre propre image, contemplée dans un miroir, nous semble si prochaine que nous pouvons la toucher du doigt. Et pourtant, rien n'est aussi loin de nous que cet autre nous-mêmes, car un corps imité dans ses moindres détails les reflète tous à l'envers, et deux formes, qui se reconnaissent l'une dans l'autre, gardent chacune l'orientation première que le sort lui a assignée.

Claude Lévi-Strauss, *Anthropologie structurale II*

INTRODUCTION

Pourquoi le Kamtchatka ? Pourquoi avoir choisi cette péninsule comme point de comparaison à mon terrain alaskien plutôt que le territoire tchouktche, par exemple, séparé de l'Alaska par les seuls cinquante petits kilomètres du désormais maritime détroit de Béring ? Une région volcanique de forêts pluviales du Nord pour faire face aux larges et planes étendues de taïga subarctique, vraiment ? Des Even historiquement éleveurs de rennes pour répondre aux Gwich'in de tradition chasseurs-cueilleurs ? La comparaison Alaska/Kamtchatka semble à première vue être un grand écart plutôt périlleux.

Mais qu'à cela ne tienne, j'aime beaucoup les acrobaties, et j'ai avant tout un goût prononcé pour les contingences historiques, surtout celles qui se révèlent, au fil du temps, déborder la catégorie desdites « contingences ». L'une des histoires qui anime mon désir de comparaison ethnographique commence, de manière assez banale, ici : les premiers colons de l'Alaska ne sont pas les Américains mais les Russes ; le *far west* attrayant et terrifiant de l'Alaska américain constitue d'abord un *far east* mystérieux et prometteur pour les Russes ; ses premiers « découvreurs » ne partent pas de Tchoukotka, mais du Kamtchatka. En 1725, Vitus Béring dirige une première expédition qui devait s'élancer aux devants de la fantasmagorique *bolshaya zemlya*, cette « grande terre » inconnue alimentant les rêves des navigateurs, depuis qu'en 1648 Cossack Semyon Dezhnev était revenu de la Kolyma chargé de vagues rumeurs récoltées auprès des Tchouktches concernant l'existence d'un autre monde à l'est des mers[1]. Béring et son équipe échouent, et ne découvrent en 1725 « que » la mer d'Okhotsk, et le détroit auquel l'explorateur allait donner son nom, cet ancien *land bridge* submergé qui allait devenir au XXe siècle un des points nodaux des tensions entre les deux grands blocs de l'Occident. Ce n'est qu'en 1741, après avoir établi le premier peuplement de Petropavlovsk (aujourd'hui capitale de la péninsule), que Béring lance une deuxième expédition depuis le Kamtchatka[2], et réussit cette fois à débarquer en Alaska, dans les îles Aléoutiennes. L'Alaska allait rester russe jusqu'en 1867, avant d'être acheté par les Américains pour la modique somme de sept millions de dollars[3].

Comme en Alaska, c'est la nécessité géopolitique de se réserver des « espaces vides » qui explique l'isolement du Kamtchatka jusqu'au début des années 1990[4]. De zone militaire interdite servant au stockage des sous-marins russes et aux tests d'armement lourd jusqu'à l'implosion de l'URSS en 1991, il se transforme à la fin du XXe siècle, comme son voisin américain, en une icône de nature sauvage dans les discours du gouvernement et dans les imaginaires des citoyens. Simultanément, il devient aussi un gigantesque réservoir de ressources naturelles prêtes à être exploitées, sans toutefois perdre son statut

1. Voir R. Campbell, *In Darkest Alaska, Travels and Empire Along the Inside Passage*, Philadelphie, University of Pennsylvania Press, 2007.

2. À laquelle participa S. P. Kracheninkov, auteur de la première ethnographie du Kamtchatka, *Histoire et description du Kamtchatka*, Amsterdam, éditions Rey, 1770.

3. Voir N. Martin, *Les Âmes sauvages*, Paris, La Découverte, 2016.

4. Voir A. D. King, « Reindeer Herders' Culturescapes in the Koryak Autonomous Okrug », *in* E. Kasten (dir.), *People and the Land, Pathways to Reform in Post-Soviet Siberia*, Berlin, Dietrich Reimer Verlag, 2002, p. 66.

d'avant-poste de surveillance de l'autre bloc. À bien des égards, le *far east* kamtchatkien est aux Russes ce que le *far west* alaskien est aux Américains, son image miroir, inversée. La médiatisation actuelle et populaire de ces territoires le confirme : les hommes politiques russes comme américains se présentent régulièrement comme de fervents défenseurs de la nature sauvage lorsqu'ils s'adressent aux médias et à leurs concitoyens, parce que le poids symbolique de l'idée du sauvage qu'ils véhiculent et attachent à ces régions emblématiques – l'Alaska pour l'Amérique, le Kamtchatka pour la Russie – leur confère une légitimité « naturelle » sur laquelle s'appuyer pour mener parallèlement les politiques d'extraction de ressources – pétrole, gaz, métaux, mais aussi ressources halieutiques et forestières – indispensables à leurs économies nationales.

Depuis la fin de la guerre froide, les territoires de l'Alaska et du Kamtchatka continuent de synthétiser de manière exemplaire les grandes tensions qui traversent la modernité industrielle, depuis les conflits politiques d'États rivaux qui se font face, en passant par les problématiques d'exploitation et de sécurisation de l'accès aux ressources, jusqu'aux bouleversements écologiques qui ébranlent les écosystèmes préservés et sauvages qu'ils sont censés abriter. Enfin, et c'est précisément sur ce point que mon projet comparatif fut possible, le Kamtchatka recèle aussi des collectifs autochtones qui vivent encore selon d'autres normes que les nôtres, dépositaires d'une autre histoire, quoiqu'ils partagent irrémédiablement la nôtre depuis trois siècles. On compte trois grands collectifs autochtones au Kamtchatka : les Koryak, les Itelmen et les Even[5]. Les Koryak côtiers sont historiquement

5. Les noms des collectifs autochtones du Kamtchatka (ethnonymes) sont pour la plupart des exonymes, c'est-à-dire des appellations attribuées aux populations depuis l'extérieur. Qui plus est, ces exonymes ne sont pas stables, et ont

chasseurs de mammifères marins, et ceux de l'intérieur des terres éleveurs de rennes. Ils sont aujourd'hui approximativement sept mille sur toute la péninsule. Leur langue est apparentée à la famille linguistique tchouktche-kamtchadale, comme celle des Itelmen. Ces derniers, de tradition chasseurs-cueilleurs, sont présentés comme les tous premiers habitants du Kamtchatka. Il reste aujourd'hui très peu de locuteurs et la plupart d'entre eux sont depuis longtemps métissés avec les Russes. Au XVIIIe siècle, les Koryak comme les Itelmen furent largement décimés par l'arrivée des cosaques, réduisant leur nombre à peau de chagrin par l'effet combiné des épidémies et des exterminations. Les Even enfin, locuteurs d'une langue de la famille toungouso-mandchoue, sont des éleveurs de rennes venus de l'Altaï en nomadisant avec leurs animaux. L'ethnonyme Even, qui remplaça celui de Lamout («gens de la mer»), très usité par les Russes comme par les Even, n'a pas grand-chose à voir avec la manière dont eux-mêmes se désignent: les *Oročel* (*Oroč*), c'est-à-dire les «gens du renne». Comme les cosaques et parfois même avec eux en leur servant

varié à travers le temps (les Koryak et Itelmen furent ainsi appelés Kamtchadal par les Russes dès la conquête du Kamtchatka). Les ethnonymes sont généralement adoptés par les populations qu'ils désignent, raison pour laquelle les ethnologues continuent de les utiliser. Une attitude alternative peut être d'imposer une auto-dénomination – un *endonyme* – comme les Gwich'in l'ont fait pour remplacer les termes Kutchin et Loucheux qui les désignaient auparavant. Ce n'est pas le cas au Kamtchatka, et les Even, qui s'appellent eux-mêmes les *oročel* (*oroč* au singulier) – prononcer «orechi, orech'» –, utilisent néanmoins la plupart du temps l'ethnonyme Even pour désigner leur collectif. Je choisis dans ce texte d'utiliser la notation anglo-saxonne, de ne pas marquer le pluriel et de ne pas adjectiver ces noms, comme je l'ai fait dans le cas des Gwich'in. Le français utilise plus communément les termes «koriak(s)», «itelmène(s)» et «évène(s)» pour désigner ces collectifs autochtones.

de guides, ils descendirent dans la péninsule du Kamtchatka au cours du XIXe siècle. On dénombre 19 000 Even dans toute la Sibérie, quelque 3 000 au Kamtchatka et un petit millier dans la région du Bystrinskij[6].

6. J. Robert-Lamblin, « Ethno-histoire récente et situation contemporaine des Évènes de la région Bystrinskij (Kamtchatka central, Extrême-Orient russe, 2004) », *Revue d'études comparatives Est-Ouest*, 2011/4 (n° 42), p. 107-147.

1
IN MEDIAS RES

En juin 2014, lorsque Charles Stépanoff et moi partons effectuer un premier terrain exploratoire au Kamtchatka, nous n'avons qu'une vague représentation de ce que nous allons trouver sur place, et aucune idée du collectif autochtone avec lequel nous allons pouvoir travailler. Qui choisir, et pour quelles raisons ? Tous, chasseurs-cueilleurs ou éleveurs de rennes, ont été sédentarisés dans des kolkhozes pendant l'époque soviétique pour participer à la collectivisation des modes de vie et des ressources, et la plupart d'entre eux continuent *a priori* d'habiter les villages ou petites villes que sont devenus les kolkhozes après l'effondrement de l'URSS. Qu'à cela ne tienne, comme il faut bien commencer quelque part, nous mettons le cap sur Esso, où cohabitent des représentants de chacun des collectifs en présence au Kamtchatka, au bout de l'unique route qui traverse la péninsule, quelque six cents kilomètres au nord de Petropavlovsk. Mis à part les connaissances respectives informant nos regards – les cosmologies et pratiques des chasseurs-cueilleurs gwich'in en Alaska pour moi, des éleveurs de rennes touva en Sibérie centrale pour Charles, les histoires coloniales dont ils firent les frais et les manières dont ils sont à présent assimilés aux États qui les gouvernent –, nous ne disposons pas de beaucoup de pistes de départ. Du reste, pour orienter notre enquête subsiste cette toute petite intuition, avec laquelle je bassine Charles depuis plusieurs mois : il existe forcément un collectif autochtone qui a répondu à la crise systémique de 1991 par un choix existentiel drastique impliquant l'abandon des structures étatiques dans lesquelles ils étaient insérés auparavant.

À Esso, faute de savoir à qui s'adresser spécifiquement, nous décidons de rencontrer le plus de personnes possible, Koryak, Itelmen, Russes et Even, éleveurs de rennes, directeurs de musée, employés de mairie, travailleurs du bâtiment, constructeurs de routes, chasseurs, pêcheurs, guides touristiques, employés du parc national, instituteurs en poste, à la retraite, médecins, tenanciers des petites épiceries, danseurs, chanteurs, sculpteurs... tout y passe et à toutes les heures de la journée. Notre idée est simple : saisir quelque chose de la situation ici implique de démêler un par un les fils de ce monde hybride ; comme à chaque fois, notre investigation commence par défaut *in medias res*, au milieu des choses d'un monde par essence indisponible, seule méthode à peu près valable pour tenter d'entr'apercevoir les dynamiques qui lient les gens ou les séparent, de comprendre les enjeux historiques et politiques qui constituent le monde qu'ils habitent en commun et lui donnent sa texture actuelle.

L'une des rencontres les plus marquantes de ces jours-là survint un soir de pluie. Épuisés par une nouvelle journée d'entretiens qui n'avaient pas porté les fruits escomptés, Charles et moi sommes attablés sous la terrasse couverte du Paramushir, un hôtel-restaurant très prisé par les touristes qui visitent Esso, disposant accessoirement du seul bar ouvert en soirée, raison de notre présence ici. À côté de nous, un homme d'une cinquantaine d'années sirote lui aussi une bière, et comme nous sommes les seuls trois clients, assez naturellement nous nous mettons à discuter. L'homme s'appelle Ukatch'. Il est Koryak et originaire de Tigil, une petite ville plus au nord. Enfin, plus exactement, nous explique-il immédiatement en guise d'introduction, c'est là qu'il a été amené par hélicoptère à l'âge de sept ans pour aller à l'école et « oublier sa langue », selon ses mots. À partir de cet âge, il ne put retourner au campement de ses parents, plusieurs centaines de kilomètres au nord dans la toundra, que durant les mois d'été. Il nous dit qu'il est ici pour le travail : il participe à l'amélioration de l'ethno-parc du musée d'Anavgaï, un village presque intégralement peuplé d'Even et de Koryak situé à une dizaine de kilomètres au nord d'Esso. Cet ethno-parc a été créé en 1986, dans le but de préserver les traditions autochtones ; il fonctionne aujourd'hui grâce à un financement public municipal et comporte un peu plus d'une dizaine de salariés. Son « service touristique » est ouvert surtout l'été, lorsqu'il s'agit de présenter aux visiteurs les rituels, les danses et les chants traditionnels ainsi que la culture matérielle, les objets rituels, les costumes et les outils de travail. En hiver, l'atelier de fabrication desdits objets et costumes bat son plein ; en été, quoique l'on continue à fabriquer, c'est la présentation et représentation de la culture aux touristes qui sont privilégiées. Au fil des heures et des verres qui se vident, Ukatch' griffonne dans mon carnet tous les objets qu'il confectionne, des traîneaux en bois traditionnels des éleveurs de rennes koryak aux raquettes à neige jusqu'aux tambours chamaniques. Ces derniers, dit-il, sont très appréciés des touristes, et il arrive régulièrement qu'ils en acquièrent à bon prix pour les ramener chez eux, les accrocher au mur ou encore pratiquer eux-mêmes diverses formes de rituels néo-chamaniques – ce dernier mot n'est pas prononcé par Ukatch', mais par moi. Il dit qu'il y a pire, et s'estime plutôt chanceux de pouvoir continuer à occuper ses mains en fabriquant les outils que ses parents lui ont appris à manier dans la steppe auprès des rennes. Simplement, précise-t-il, rien de ce qu'il fabrique n'est réellement utilisé : c'est exposé au musée ou sorti pour certaines occasions spéciales, comme les fêtes traditionnelles – nous apprenons ce soir-là que le nouvel an even va d'ailleurs se tenir non loin d'Anavgaï d'ici quelques jours.

Plus tard dans la nuit, la pluie tambourine sur le toit et la tristesse monte aux yeux d'Ukatch'. Il y a quelques années, raconte-il, un gouverneur du Kamtchatka a décidé de faire monter une yaranga[1] sur le gros rond-point situé à la sortie de Petropavlovsk. Lui et d'autres s'y attellent pendant quelques jours. Mais le soir même, alors que la yaranga est finie et bien plantée au milieu dudit rond-point, le gouverneur change d'avis, et demande de la retirer immédiatement. Ukatch' se souvient de l'état d'ébriété avancé dans lequel se trouvait le gouverneur lorsqu'il est venu inspecter les travaux finis : non, une yaranga ne pouvait tout de même pas être le symbole distinctif du Kamtchatka. Ils la démontèrent dans la nuit. Quelques semaines plus tard, on pouvait observer au centre du rond-point trois gigantesques sculptures d'ours.

Nos visites à l'ethno-parc d'Anavgaï les jours qui suivirent, et le nouvel an even auquel nous assistâmes – une scène dans un grand champ, des danses, des chants even et itelmen, des sculpteurs et fabricants de petits objets à vendre sur des stands, un gouverneur prononçant un discours sur l'importance de la patrimonialisation des cultures indigènes en Russie et enfin des tour-opérateurs russes vendant aux touristes des séjours combinés de *wilderness* volcanique et de folklore local – finirent de me déprimer. Je n'ai pas compris d'emblée les raisons de cet étrange sentiment auquel j'étais en proie ; c'était comme si, sous tout ce vernis culturel clinquant et léché, une dissonance profonde

---

1. Habitation mobile circulaire typique de nombreux peuples autochtones en Sibérie du Nord ; Ukatch' utilise le terme de manière interchangeable avec celui de « yourte ».

tintait à mes oreilles. Ce n'est qu'à l'issue de plusieurs longues discussions avec Charles que cette expérience commença à s'éclaircir : nous étions en train de toucher du doigt quelque chose de fondamental pour la suite de notre terrain – et en ce qui me concerne pour la suite de mes recherches en général. De fait, ces premiers temps au Kamtchatka allaient être occupés par des découvertes moins ethnographiques et cosmologiques qu'institutionnelles et politiques.

Cela commence ainsi : chaque jour, au fil de nos discussions avec les uns et les autres dans le contexte des musées, des théâtres, de l'ethno-parc ou du nouvel an even, j'oscille entre l'émerveillement et l'atterrement face aux discours que nous récoltons. Les gens nous parlent de leur « culture » de manière tout à fait ouverte, mais pas seulement : ils évoquent assez régulièrement les âmes des animaux qu'ils sculptent ou figurent sur leurs costumes en vue des représentations destinées aux touristes, décortiquent les chants et les danses qu'ils performent pour nous. Leurs manières d'exposer leurs traditions sont fluides, construites, non embarrassées d'une quelconque censure, qu'elle soit d'ordre gouvernementale ou intérieure – comme c'est souvent le cas lorsque les personnes elles-mêmes ne s'autorisent pas à tenir un certain registre de discours. Mon étonnement augmente en me rendant compte que Charles, lui, n'est pas du tout surpris par cette facilité et cette appétence au partage des formes culturelles, qu'il trouve même cela normal, et que cela ressemble à peu de choses près au mode sur lequel il a recueilli nombre de données ethnographiques à Touva en Sibérie centrale. Lors d'un fort long trajet en bus sur une piste cabossée, j'entreprends de lui expliquer les raisons de mon étonnement, qui est malgré moi en train de se muer en agacement maladif.

Ayant travaillé en Alaska pendant de nombreuses années, je fais remarquer à Charles que je sais (enfin que je croyais savoir) qu'il est impossible de parler du chamanisme ouvertement, et que les âmes des autres qu'humains sont la plupart du temps confiées au silence des non-dits. Par ailleurs, chez les Gwich'in, les costumes traditionnels ont largement disparu de la vie quotidienne, ainsi que les outils techniques propres à la période de l'avant-contact. Peu d'objets et peu de mots, peu de signes visibles d'une ontologie différente, raisons pour lesquelles j'ai été poussée dans *Les Âmes sauvages* à « désinstitutionnaliser » l'animisme alaskien pour le comprendre, à lui restituer sa forme métastable pour saisir son efficacité actuelle. Il ne s'agit pas pour autant de dire que les Gwich'in ne prennent pas également la parole dans des contextes de représentation officielle, sur certains sujets. J'explique à Charles qu'ils manifestent médiatiquement une véritable résistance au gouvernement américain et à sa mainmise sur le territoire, que la plupart des débats et discours qui les intéressent *publiquement* sont d'ordre écologique, et concernent principalement les politiques territoriales. Au contraire, et ceci ne manque pas de me frapper en arrivant au Kamtchatka avec mon « bagage alaskien » en tête, les indigènes du Kamtchatka, pour ce que nous pouvons en dire à l'orée de notre terrain, sont très loquaces quand il s'agit de deviser sur leur cosmologie, et peuplent sans arrêt leurs discours avec des animaux qu'ils mettent en scène. Dans le même ordre d'idées, tous les aspects matériels de leurs traditions sont bien mieux préservés qu'en Alaska, ils fabriquent encore des objets rituels, des costumes de danse, des outils de travail destinés aux pratiques de l'élevage des rennes, etc. Néanmoins, ils restent collectivement silencieux quant à l'institution politique qui les régit, dociles presque, malgré les formes d'exclusion et d'expropriation auxquelles ils ont été confrontés, et qui sont toujours d'actualité. Les objets culturels, les formes dansées, chantées et performées sont donc beaucoup plus visibles au quotidien mais, contrairement à ce qui se passe en Alaska, ce sont les politiques d'État concernant l'organisation de la gestion territoriale (de l'appropriation des ressources à la protection environnementale) qui sont occultées. Les problématiques politiques relatives à « quoi faire de la terre » sont passées sous silence ou en tout cas reléguées au seul pouvoir décisionnaire du gouvernement. Ce sont les aspects folkloriques qui finissent par « qualifier » ces sociétés, envahissant la scène médiatique sur laquelle les autochtones se donnent à voir au monde extérieur.

Charles et moi nous regardons, l'air hagard. Non, il n'y avait jamais pensé avant ; oui, il y a bien quelque chose à dire de cette inversion presque trop parfaite pour être vraie, et que l'on imagine – avant même de plonger dans une analyse historique – structurelle, et révélatrice de politiques d'assimilation des indigènes différentes de part et d'autre de Béring. Je me rappelle à cet instant ma première année de terrain en Alaska. J'avais si ardemment souhaité débarquer d'emblée dans une cosmologie pleinement animiste, qu'on me parle de relations aux non-humains qui auraient été *réellement* différentes des miennes, que le désenchantement n'en avait été que plus violent. La situation écologique et politique m'a forcée à m'intéresser en premier lieu à la relation des Gwich'in non pas aux âmes des animaux qu'ils poursuivaient, mais à l'histoire coloniale, à la modernité industrielle et aux désastres écologiques qui en ont résulté, toutes choses auxquelles ils étaient simultanément confrontés et dont ils avaient envie, assez logiquement, de parler. Adieu les voyages chamaniques sous la mer ou sur la lune ! J'allais manifestement écrire une thèse traitant d'histoire coloniale. Heureusement pour moi, cette dernière s'est révélée constituer le très long détour par lequel il a fallu accepter de passer, se doublant par la suite de l'étude des politiques d'État quant à l'exploitation et/ou la protection de l'environnement.

Ce n'est que bien plus tard que j'ai pu retisser les fils fragiles d'une réponse animiste ancrée dans une pratique et des histoires qui, elles, continuaient de diverger par rapport aux attendus du gouvernement américain quant à la « bonne manière » d'être un indigène assimilé, participant adéquatement et activement au projet sociétal.

Ce jour-là dans le bus, assise à côté de Charles, je me rends compte qu'il est en train de m'arriver exactement la même chose ici, quoique notre petite découverte me semble plus abyssale et donc plus terrifiante. Non, les indigènes repartis en forêt pour réinventer des pratiques et nourrir à nouveau une cosmologie que l'on croyait disparue ne se « donneront pas d'eux-mêmes » à moi[2] ; oui, il va falloir une fois encore faire l'effort de passer par l'histoire coloniale et les structures étatiques pas toujours très accueillantes dans lesquelles les protagonistes de ces « autres mondes » ont été intégrés de force pour espérer pouvoir les approcher de plus près. Et quoi ? N'avais-je pas appelé de mes vœux un élargissement de la compréhension des dynamiques à l'œuvre ce jour d'hiver neigeux sous le radar dans la forêt de Fort Yukon ? N'avais-je pas senti il y a plusieurs années déjà qu'une comparaison trans-béringique était indispensable pour mieux saisir les *raisons* de chaque collectif indigène de part et d'autre du rideau de glace ? Le voilà ce moment, il est arrivé. Il n'est pas aussi grandiose que je me l'étais imaginé mais plutôt bancal, agaçant et déroutant ; il a au moins le mérite de

2. Je pense à l'idée du « they give themselves » (ils se donnent d'eux-mêmes), propre aux cosmologies du Grand Nord, selon laquelle les animaux offrent volontairement leurs vies à leurs chasseurs. Par extension, j'ai tendance à penser que les anthropologues spécialistes des collectifs de ces régions sont parfois tellement imprégnés de cette conception des relations de prédation qu'ils attendent la même chose des proies que deviennent les discours des humains qu'ils poursuivent jusque dans de lointaines contrées.

se profiler, et il va falloir le décortiquer, le dérouler autant que possible avant de penser à s'en départir pour avancer plus loin.

Le paradoxe qui nous tombe dessus en juin 2014 exige une seule chose de nous, anthropologues français marqués au cœur par le tournant ontologique de notre discipline : nous devons mettre lesdites ontologies de côté pour l'instant ; il nous faut réfléchir à la nature de l'intervention du pouvoir colonial sur la façon dont les indigènes se donnent à voir et à penser au monde extérieur.

2
CULTURE RUSSE, NATURE AMÉRICAINE

Comme chacun sait, toute colonisation a pour objet la mise à disposition des êtres et des choses des milieux que l'on assiège, dans le but de rendre plus efficace l'exploitation des ressources qu'on y convoite. Dans le Grand Nord comme partout ailleurs, il fut indispensable de s'assurer, sinon de la pleine et entière collaboration aux projets sociétaux des peuples qui habitaient les terres occupées, du moins de leur pacification. Comment assujettir ces importuns de la manière la plus consensuelle possible ? Voilà certainement l'une des grandes questions que se posent les acteurs de l'entreprise coloniale.

Dans l'Empire russe et jusqu'à la révolution de 1917, les populations indigènes étaient qualifiées d'*inorodtsy*, « allochtones », c'est-à-dire perçues comme étrangères bien que physiquement situées au sein de l'empire. Cette conception d'extériorité indiscutable des indigènes face aux Russes facilita des formes d'assujettissement radicales, sans que besoin se fasse sentir de s'en justifier outre mesure. De même, en Amérique, la longue histoire coloniale montre qu'on ne se préoccupa pas, pendant de nombreux siècles, des « dégâts collatéraux » que constituèrent les milliers de morts autochtones et la destruction systématique des milieux de vie engendrés par la conquête de l'Ouest. Mais, au tournant du XXe siècle, le discours colonial n'a d'autre choix que de se transformer assez radicalement : il devient de plus en plus difficile, le poids de l'histoire aidant, de continuer à exterminer tous ceux qui se trouvent en travers du grand chemin de l'évolution et du progrès, entravant par leurs seules existences la production des ressources nécessaires au maintien des empires. Au sein de l'Union soviétique et après la révolution, les « prolétaires indigènes » sont revalorisés pour être assignés à une place reconnaissable et acceptable : leurs destins doivent être intégrés au projet communiste lui-même pour le rendre cohérent dans son ensemble. Du côté américain, au moment de stabiliser et de légaliser l'accès aux ressources naturelles en Alaska – dernier *far west* à conquérir – l'expérience des réserves indiennes des *lower 48* ne peut plus perdurer en l'état : on décide d'inventer un nouveau système au sein duquel les indigènes alaskiens deviendront – enfin – les artisans producteurs de richesse foncière et fiduciaire qu'ils n'ont jamais été. De part et d'autre de Béring, et à rebours du chemin d'assujettissement suivi par le passé, les gouvernements se donnent pour but de faire participer les peuples indigènes à un projet commun et de les mettre en position d'acteurs volontaires de leur intégration et/ou soumission. Les législateurs de la colonisation moderne font à présent preuve d'habileté pour intégrer *tous* les citoyens et cela passe, entre autres, par la nécessité de ménager une place tolérable aux collectifs indigènes qui peuplent leurs colonies, devenues États de droit.

C'est à partir de cette situation que mes premières questions affleurent : quels contrastes peut-on distinguer entre les politiques d'assimilation russes et américaines des collectifs indigènes du Kamtchatka et de l'Alaska ? Quels ont été les outils spécifiques créés par les gouvernements en vue d'assimiler le plus efficacement possible les sociétés indigènes se trouvant vivre sur les terres les plus éloignées des centres névralgiques de leurs États, aux marges et aux franges des territoires occupés, de part et d'autre du Pacifique Nord ? Pour se saisir de ces interrogations, prenons pour point de départ une opposition entre deux institutions dédiées à l'intégration des peuples autochtones au sein de la modernité tardive : l'ensemble folklorique côté soviétique, et la corporation côté américain.

Culture russe : les formes culturelles en spectacle

Dans le district du Bystrinskij au Kamtchatka, là où nous débutons notre travail de terrain, l'ensemble Nurgenek est créé en 1972, à l'initiative de Georgij Germanovič Porotov, écrivain et ancien directeur de la maison de la culture de Milkovo et de celle de Palana. Il est l'auteur de pièces jouées dans toutes les maisons de la culture du Kamtchatka et initiateur de la création d'autres ensembles, comme Mèngo (Koryak), et El'vel' (Itelmen). Du côté even, on trouve l'ensemble d'enfants Oriakan. Il s'agissait alors de mettre sur pied des groupes folkloriques indigènes variés mais scénarisés selon un modèle standard et avec l'aide de professionnels étrangers (l'ensemble Mèngo est par exemple réalisé par un chorégraphe ukrainien). La plupart des autochtones ayant grandi dans les anciens kolkhozes d'Esso ou d'Anavgaï sont passés par ces ensembles, et il est rare de rencontrer des éleveurs ou des chasseurs qui n'auraient pas eu, petits, une expérience de danseurs et/ou de chanteurs.

L'origine de la valorisation et de la mise en spectacle de la diversité culturelle en URSS est historique. En témoigne cette citation de Staline de 1925 : « Il est également exact que la culture prolétarienne, socialiste par son contenu, prend diverses formes et moyens d'expression chez différents peuples, engagés dans la construction du socialisme, en fonction de la différence de leur langue, de leur mode de vie, etc. Prolétaire par son contenu, nationale par sa forme, telle est la culture humaine universelle vers laquelle tend le socialisme. La culture prolétarienne n'annule pas la culture nationale, mais lui donne son contenu. Et à l'inverse, la culture nationale ne supprime pas la culture prolétarienne mais lui donne sa forme[1]. » Cet énoncé exprime bien la « technologie coloniale[2] » propre au projet socialiste de l'époque, dont les effets continuent de se faire sentir aujourd'hui. Les cultures indigènes sont à concevoir comme autant de langues (de « moyens d'expression ») qui, dans le concert collectif de leur diversité apparente, transmettent un même message essentiel. L'exhibition de la multiplicité des caractères nationaux devient, avec cette conception, la preuve de la validité universelle du socialisme.

Si les cultures indigènes du Nord sont encore considérées dans les années 1920 comme archaïques et sauvages[3], c'est qu'elles doivent être modernisées pour devenir d'authentiques « cultures cultivées », parallèlement à la progression de la « population » (*narodnost'*) vers le statut de « nation » (*nacija*). Ceci implique, d'une part, un processus de sélection des « bonnes traditions » et, de l'autre, de standardisation. Les traditions culturelles doivent être habilement triées : celles qu'il est possible de désolidariser de la praxis pour devenir exclusivement formelles seront conservées, tandis que celles considérées comme trop « religieuses » et/ou relevant de modes d'organisation concrets des rapports au monde devront être éliminées. Une « bonne tradition » devient une tradition potentiellement purifiable d'un contenu de

1. F. Bertrand, *L'Anthropologie soviétique des années 20-30. Configuration d'une rupture*, Bordeaux, Presses universitaires de Bordeaux, 2002, p 44.

2. Voir F. Hirsch, *Empire of Nations: Ethnographic Knowledge and the Making of the Soviet Union*, Ithaca, Cornell University Press, 2005.

3. Y. Slezkine, « The USSR as a communal apartment, or how a socialist state promoted ethnic particularism », *Slavic Review*, 53, 2, 1994, p. 414-452.

pratiques incarnées produisant des effets concrets sur les êtres peuplant un milieu particulier. Les danses, les chants, les performances masquées, c'est-à-dire tous les éléments composant les pratiques rituelles destinées aux autres qu'humains, avec lesquels on se mettait en devoir d'ouvrir la possibilité d'un dialogue, doivent être *vidés* de leurs relations – qui leur conféraient une raison d'être – pour se convertir en formes pures, dès lors assignables au domaine de la représentation « artistique » desdits rituels. En somme, le fond des pratiques (les relations interspécifiques nouées dans et par les rituels) doit être hypothéqué au profit de la forme (donner à voir un rituel dissocié des effets qu'il devait produire sur le monde). Ces politiques soviétiques visent à entériner une césure dont on longe encore l'abîme ici-même à l'heure actuelle : le « culturel » doit être disjoint du « social » pour devenir une simple forme d'expression, et non plus une manière particulière d'organiser des relations au monde. Le « social » dépendra d'une gestion d'État (le fond) et les cultures, appréhendées sur un mode uniquement représentationnel (la forme), demeureront, dans leur diversité colorée inoffensive, l'apanage des autochtones.

Furent ainsi créées au Kamtchatka, comme partout ailleurs en URSS, différentes institutions destinées à fonder et à stabiliser une « diversité culturelle » amarrée au fond commun socialiste : les maisons de la culture ainsi que les ensembles de musique et de danse d'inspiration folklorique en sont de très bons exemples[4]. Ces différentes institutions sont les applications d'un modèle d'inspiration russe, se reproduisant dans chacune des républiques de l'Union, au cœur duquel les folklores nationaux

4. B. Donahoe et J. O. Habeck (dir.), *Reconstructing the House of Culture: Community, Self, and the Makings of Culture in Russia and Beyond*, Oxford, Berghahn Books, 2011.

se présentent comme des variantes locales d'une série fixe et supposée universelle d'« arts » conçus comme des spectacles (la musique, le chant, la danse de ballet, le théâtre, le cirque, etc.)[5]. Les contraintes de la mise en scène dans des salles de théâtre et l'esprit d'émulation entre les peuples stimulé par les festivals et concours internationaux (l'ensemble Koryak Mèngo a par exemple gagné le Festival international de la jeunesse et des étudiants à Berlin en 1973) ainsi que les expositions d'art traditionnel (dans lesquelles viennent exposer nombre d'artistes appartenant à divers groupes autochtones, dont les Koryak et les Even du Kamtchatka[6]) engendrent une standardisation des pratiques : elles doivent être recevables par le plus grand nombre, et surtout par ceux qui n'ont aucune connaissance des êtres et du milieu relationnel spécifique dont on traite, par exemple, au travers d'une performance dansée et/ou chantée. Cette standardisation passe nécessairement par la réduction des détails et des variations de relations qui autorisaient l'émergence d'un dialogue interspécifique, ainsi que par l'abolition de l'improvisation. Les spectacles ne s'adressent plus aux autres êtres dont on endosse les habits, les voix et les attitudes, mais visent à séduire un regard humain extérieur, le succès d'une troupe se mesurant au nombre de ses tournées internationales et de prix qu'elle remporte[7].

5. M. Frolova-Walker « "National in form, socialist in content": Musical nation-building in the Soviet Republics », *Journal of the American Musicological Society*, 51 (2), 1998, p. 331-371 ; A. Shay, *Choreographic Politics: State Folk Dance Companies, Representation and Power*, Middletown, Wesleyan University Press, 2002.

6. A. King, « Dancing in the house of Koryak culture », *Folklore: Electronic Journal of Folklore*, 41, 2009, p 143-162.

7. Pensons à la notion de *pokazoukha*, « esbroufe » chez Safonova et Sántha. Voir T. Safonova et I. Sántha, *Culture Contact in Evenki Land, A Cybernetic Anthropology of the Baikal Region*, Leyde, Brill, 2013. L'esbroufe est destinée aux

La création des danses scéniques (*sceničeskie tancy*) revêtait une importance particulière en Sibérie, où la séance chamanique était souvent interprétée par les analystes soviétiques comme une forme de « spectacle primitif », le seul qui pût distraire efficacement les autochtones. Pour évincer le chamanisme, il ne suffisait pas d'en interdire la pratique, il fallait que sa fonction de divertissement fût assurée dans d'autres décors[8]. Les danses scéniques sont dès lors adaptées au format spatial et temporel du théâtre et à un public composé d'étrangers, introduisant une différence marquée entre participants et spectateurs. Si l'improvisation était primordiale par le passé, elle cède dorénavant sa place à une chorégraphie calculée et écrite à l'avance par des spécialistes généralement non autochtones. Ce modèle de création est basé sur une division du travail entre les acteurs et les réalisateurs : le plan est séparé de son exécution, l'idée du geste ; ces deux aspects sont confiés à des catégories de personnes différentes. Il en va ainsi de l'adaptation de certaines pratiques even présoviétiques, comme les danses en ronde dans le sens solaire, destinées aux âmes des animaux – domestiques et sauvages – que l'on poursuivait pendant le pistage diurne, ou lors des transes chamaniques et des rêves dans l'espace nocturne. Le *norgeli* actuel, tel que présenté aux touristes en visite au Kamtchatka, devient une ronde even *a minima*, comme celle que nous avons observée lors du nouvel an à Anavgaï : on n'y voit plus que des hommes habillés comme des rennes mâles, imitant leurs

---

autres et devient une façon dont le collectif autochtone se construit sous le regard des étrangers. Par ailleurs, et cela est un élément crucial de la possibilité du passage du fond vers la forme, les performances culturelles de la *pokazoukha* sont destinées exclusivement à des spectateurs humains.

8. Voir C. Damiens, *Le Cinéma d'animation d'agit-prop et le monde enchanté de la modernité. Projeter* Le Petit Samoyède *aux confins du nord de l'URSS*, Slovo, Presses de l'Inalco, 2019.

grognements, face à des femmes accoutrées en rennes femelles qui leur échappent et se défilent à grand renfort de chants, de danses et de mimiques burlesques. Les spectateurs se pâment et s'esclaffent, sont parfois gênés par toute cette impudeur mais se ravisent : le folklore local est un patrimoine, quelle chance qu'il soit si bien « préservé » ! La critique, si tant est qu'il y en ait une, reste intérieure : après tout, une démocratie se mesure à la possibilité dont chacun dispose de s'exprimer selon ses propres codes culturels.

Le fond politique unifié

Tandis que les indigènes dansent, chantent et se donnent en spectacle, les relations concrètes qu'ils entretiennent avec leurs partenaires non humains sont forcées de se transformer et/ou sont reléguées au silence dès les débuts de la collectivisation. La manière de vivre des êtres, c'est-à-dire de nouer des relations spécifiques dans un milieu particulier, relève à présent d'une gestion d'État structurée et généralisable sur tout le territoire. La diversité des formes nationales (les cultures représentées) est une apparence, nécessaire à la pacification des peuples mais non suffisante, puisqu'elle ne fait que *teinter* une motivation collective partagée par tous : atteindre le socialisme. Ce dernier est avant tout un mode d'appropriation collective des moyens de production et des ressources naturelles : la Nature est destinée à être totalement conquise et exploitée selon des principes scientifiques exportables et applicables en tous lieux. Les limites du progrès technologique appliqué à la mise au travail de la Nature sont contingentes, et doivent être repoussées toujours plus loin pour libérer la production et parachever son efficacité pour le bien de tous. Dans ce contexte, les rennes comme tous les autres animaux deviennent des ressources à exploiter de façon économiquement rentable pour l'ensemble de la société soviétique.

Comme je l'ai dit plus haut, les Even sont arrivés au Kamtchatka au milieu du XIXe siècle en suivant leurs rennes et en nomadisant avec eux à travers toute la Sibérie centrale. Les liens unissant Even et rennes sont loin d'être anecdotiques, mais le résultat d'une coévolution née de relations interspécifiques soutenues à travers le temps et constitutives d'un certain mode de relation au monde[9]. Pourtant, à l'époque soviétique, l'élevage de rennes n'est pas considéré comme relevant de la «culture» indigène, puisque cette dernière ne définit que, exclusivement que, la communication entre humains. Avec la collectivisation du bétail, une technologie d'élevage «rationnelle» est créée, pensée par des scientifiques et fondée sur une division du travail entre des professionnels spécialisés. Les itinéraires des brigades et leurs troupeaux sont décidés et dessinés par des zootechniciens, tout comme les déplacements des danseurs sur la scène sont dessinés par des chorégraphes.

Avant la «modernisation» de l'élevage de rennes accompagnant la collectivisation, les pratiques d'élevage s'appuyaient largement sur les goûts et la volonté des animaux eux-mêmes. La surveillance était très faible voire inexistante; on était attentif à l'individualité des animaux et on se familiarisait différemment avec les uns et les autres selon les tâches coopératives humains-animaux à effectuer; les éleveurs étaient toujours en même temps chasseurs; les itinéraires de nomadisation étaient décidés en fonction des besoins des rennes (en pâtures et en eau) et des familles humaines (en gibier, en bois, en poisson, etc.) Après la collectivisation, ces pratiques se transformèrent radicalement. La gestion de larges troupeaux (si

9. C. Stépanoff, «Human-animal "joint commitment" in a reindeer herding system», *Hau: Journal of Ethnographic Theory*, 2 (2), p. 287-312, 2012.

on comptait usuellement quinze à vingt rennes par famille, on se retrouve avec des troupeaux de 1 500 à 2 000 têtes) implique des plans de gestion tout à fait différents, au sein desquels la notion de contrôle devient le mot d'ordre principal. Il faut pouvoir les surveiller 24 heures sur 24 par relai, sauf l'hiver; il n'y a plus d'animaux de travail (hormis pour les fêtes, où la coopération interspécifique d'hier devient aujourd'hui la *pokazoukha* destinée à séduire le regard extérieur) ; le système d'élevage étant hiérarchisé et planifié, la division du travail y devient essentielle. On compte à présent des brigadiers, des bergers salariés, des directeurs de kolkhoze, des vétérinaires, des zootechniciens, etc. Le troupeau de rennes devient une masse indifférenciée qui doit être gérée selon les plans dictés par les zootechniciens, et les relations interspécifiques s'étiolent. Les pratiques de monte de rennes, par exemple, disparaissent rapidement – aujourd'hui au Kamtchatka, elles n'existent plus que lors des spectacles et manifestations culturelles dans les villages et petites villes ; aucun Even ne monte plus ses rennes quotidiennement. Le seul lieu où la diversité peut encore s'exprimer devient donc la scène de spectacle, là où les modes de relations concrets entre humains et animaux ne produisent plus aucun effet sur le monde qu'on s'est donné pour mission d'exploiter collectivement.

Si l'on voulait résumer ce qui advint pendant l'époque soviétique en une formule aride mais efficace, on pourrait dire que les peuples indigènes se sont vus intégrés au projet soviétique en étant forcés à prendre place dans une diversité de cultures visibles – régulant leurs rapports à l'altérité humaine – et à participer ainsi à l'exploitation collective des ressources selon un plan scientifique – réglementant leur relation à l'altérité non humaine. En ce sens, la scène, les musées, les ateliers de sculpture et toutes les institutions dans lesquelles les autochtones comme Ukatch' sont insérés, s'ils veulent continuer d'exister avec les formes dites culturelles de leur passé, deviennent autant de prisons créatives ; raison pour laquelle Ukatch', comme tant d'autres personnes que j'allais rencontrer par la suite, pleure silencieusement en cette nuit d'été pluvieuse de 2014. À l'issue de ce premier terrain dans les ex-kolkhozes du Kamtchatka, ma conclusion provisoire est somme toute assez déprimante : nous sommes manifestement entrés dans un monde où il n'y a plus de place pour des relations interspécifiques horizontales et symétriques, incertaines et métastables, celles qui se nouent entre les êtres qui peuplent et habitent un milieu particulier.

Nature américaine : exploiter et protéger

Retournons à présent sur nos pas, en Alaska, là d'où je suis moi-même venue, pour mieux saisir, par comparaison, les formes culturelles autochtones telles qu'elles sont représentées au Kamtchatka après être passées par le broyeur soviétique. L'absence (fort décourageante de prime abord, il faut l'avouer) de signes visibles d'une diversité culturelle vivante en Alaska, doublée d'un discours indigène portant principalement sur les politiques de la terre m'ont poussée à commencer par questionner le rapport de ces sociétés à l'institution politique américaine, plutôt que de mener à bien le travail que je m'étais alors assigné : définir les contours et décrire les formes d'une cosmologie animiste dans le Grand Nord alaskien.

L'idée principale qui se dégage de mes données alaskiennes se résume ainsi : la colonisation des peuples indigènes en Alaska est passée par une conversion générale à la « Nature » occidentale, conçue dans sa dualité réversible. Celle-ci se divise, pour schématiser, en deux champs interdépendants d'égale importance : d'une part, la *wilderness* à sanctuariser (*sublime land*) et, de l'autre, la *wilderness* à exploiter (*barren land*). Ce sont ces deux représentations de l'environnement et le système de pratiques bien définies qu'elles impliquent que l'on a tenté de populariser en Alaska auprès des indigènes, afin de les pacifier en les intégrant dans le monde moderne, c'est-à-dire, d'une part, à l'économie de marché – passant par l'exploitation des ressources naturelles – et, d'autre part, à l'impératif écologique – qui trouve son expression concrète dans la création de parcs nationaux dédiés à la protection de l'environnement.

Pour illustrer la dualité (exploitation *versus* protection) du naturalisme[10] américain que j'ai analysé en détail dans *Les Âmes*

10. Tout au long de ce texte, je vais utiliser le terme « naturalisme », inventé par Philippe Descola, pour qualifier nos manières modernes d'être au monde. Pour rappel, cette ontologie est, dans la typologie descolienne, intégrée dans un tableau à quatre entrées, au sein duquel on trouve, en plus du naturalisme, l'animisme, l'analogisme et le totémisme. (Ph. Descola, *Par-delà nature et culture*, Paris, Gallimard, 2005.) Le naturalisme est défini comme une ontologie au sein de laquelle les « intériorités » (les âmes) des êtres qui peuplent le monde sont pensées comme discontinues et diverses, alors que les « physicalités » (les corps) sont le produit d'une continuité biologique, l'histoire de l'évolution nous liant au reste du vivant. En face du naturalisme on trouve l'animisme, où tous les êtres sont réputés dotés d'une âme (les « intériorités » sont continues) alors que ce sont les corps, conçus comme des habits parfois interchangeables, qui diffèrent. L'analogisme présente quant à lui une discontinuité des âmes comme des corps, il faut donc trouver des moyens de connecter et de faire résonner toutes les parties fragmentaires qui constituent un monde. Il est le pendant inverse du totémisme, où coïncident les interiorités et les physicalités, les corps et les âmes étant issus d'un même moule ontologique pour les personnes d'un même groupe totémique. Dans ce texte, je ferai principalement référence au naturalisme et à l'animisme, et je traiterai de la manière dont l'animisme et l'analogisme dialoguent dans la dernière partie. Enfin, on notera que je choisis délibérément de faire coïncider naturalisme et capitalisme, ce qui, en quelque sorte, « malmène » la manière dont Descola a stabilisé l'ontologie naturaliste. Tout comme dans le cas de l'animisme, j'ai opté ici pour une ré-historicisation de ces concepts. On comprendra dès lors que le terme « naturalisme » tel que je l'utilise fasse référence à l'édifice théorique servant de base à la modernité, édifice sur lequel vient se greffer le capitalisme.

sauvages, je m'en tiendrai ici aux développements récents de l'accès aux ressources énergétiques en Alaska, et plus particulièrement à la découverte du plus grand gisement de pétrole américain jamais mis au jour, sur le site de Prudhoe Bay dans la région du North Slope, suivie par la ratification du *Trans-Alaska Pipe-line Authorization Act* en 1973. La découverte du pétrole peut être considérée comme l'événement qui permit de parachever la cristallisation et la stabilisation du naturalisme en Alaska : ce sont les ressources fossiles, c'est-à-dire l'incarnation biophysique des besoins énergétiques du monde moderne, qui donnèrent le ton des conflits à venir, mais aussi et surtout qui les précipitèrent comme jamais auparavant en Alaska. Une nature désormais véritablement menacée se mit à exister pour nombre d'écologistes américains ; les indigènes, de leur côté, acculés par les perspectives développementalistes, commencèrent à revendiquer leurs droits en matière de propriété foncière.

Le conflit lié à Prudhoe Bay – qui se cristallisa autour du partage des bénéfices d'une telle entreprise et des titres de propriété et droits d'usage des territoires concernés par l'exploitation – fut l'occasion pour le gouvernement fédéral de réviser sa politique autochtone en Alaska et de départager les terres une bonne fois pour toutes. L'*Alaska Native Claim Settlement Act* (ANCSA), signé par le président Richard Nixon le 23 décembre 1971, est la plus importante revendication territoriale (*land claim*) jamais ratifiée dans l'histoire des États-Unis. Ce traité permit d'éviter toute extension du système des réserves indiennes en Alaska, envisagées comme des obstacles à l'assimilation, l'objectif politique sous-jacent étant de réfléchir à un édifice légal qui permette aux indigènes de collaborer aux projets de développement des ressources. Plutôt que de les mettre à part et de leur concéder le droit d'exister en tant qu'entités indépendantes, culturellement, économiquement et politiquement – ce qui aurait favorisé l'opposition systématique au gouvernement fédéral, à l'État et aux prospecteurs – il fallut réfléchir à une stratégie les propulsant au cœur même de ce mouvement d'exploitation des ressources et de croissance entrepreneuriale.

Sous le régime de l'ANCSA, treize corporations régionales et 220 corporations villageoises furent créées, et devinrent les instruments légaux du développement économique de l'Alaska rural. Tout comme l'argent injecté dans ce nouveau système, les terres réservées aux corporations se transformèrent en capitaux d'entreprise. Les corporations villageoises reçurent des droits de propriété sur la surface de leurs terres, tandis que les corporations régionales bénéficièrent des droits du sous-sol de tous les villages dans les limites de leur région. Chaque personne autochtone née avant le 18 décembre 1971 devint « membre de naissance » de sa corporation, c'est-à-dire actionnaire, ce qui ne fut pas le cas de celles nées plus tard. Ces dernières ne purent qu'hériter des actions de leurs aïeux après leur mort et, le cas échéant, n'obtinrent aucune part au sein de la corporation régissant les capitaux et exploitant les ressources de leur territoire.

Le but de chaque corporation est clair et largement partagé par la plupart des entreprises au sein du système capitaliste : faire du profit et créer des emplois sur la base des terres (des biens) qui lui sont concédées. Les corporations sont les gestionnaires de capitaux fonciers et fiduciaires, chargés de restituer leurs profits à leurs actionnaires, c'est-à-dire aux indigènes placés sous leur régime. Avec l'ANCSA, le Congrès américain prétendit reconnaître que l'économie de subsistance indigène devait passer par la terre, et pensa trouver une solution au « problème indien », en insérant les indigènes au cœur même des dynamiques économiques alaskiennes et de leur logique extractive. La corporation devint littéralement la porte d'entrée et d'implication dans la modernité capitaliste, ainsi que le moyen d'intégration de ses logiques profondes, combinant astucieusement le lien à un territoire localisé (par l'extraction de ressources) et celui au monde global, extraterritorial, qui a besoin que des matières premières précisément « brutes » lui soient fournies.

Après la mise en service de Prudhoe Bay et la ratification de l'ANCSA, le conflit fut loin d'être réglé : l'exploitation du gisement de pétrole constitua l'acte de naissance de mouvements écologistes bien plus véhéments qu'auparavant ; la *wilderness* saignée d'un pipeline de 1 288 km avait enfin trouvé ses porte-parole. Ces derniers continuèrent de faire pression pour obtenir la mise sous cloche d'une plus grande surface de territoire inoccupé (ou « simplement » habité par quelques indigènes). En novembre 1978, le président Carter retira 227 000 kilomètres carrés de terres à l'État d'Alaska et les plaça sous le régime des monuments nationaux, dès lors sous contrôle du gouvernement fédéral. Le résultat institutionnel de ces années de lutte écologiste consista en la ratification du traité *Alaska National Interest Land Conservation Act* (ANILCA) en 1980, grâce auquel le nombre de parcs nationaux passa du simple au double. Malgré les réticences des Américains d'Alaska impliqués dans l'exploitation des ressources, c'est le gouvernement fédéral, appuyé par l'opinion publique américaine des « lower 48 », qui décida du sort de l'Alaska en matière de protection de la nature. L'ANILCA allait rapidement symboliser le triomphe de l'environnementalisme, puisqu'il permettait enfin la protection véritable de la *wilderness* alaskienne, notamment avec la mise en place des *national wildlife refuges*. Ainsi, le milieu alaskien, après avoir répondu efficacement aux besoins énergétiques du pays, se vit transformé en patrimoine naturel de l'humanité, dont la vastitude, l'éloignement, la beauté et la pureté devinrent les principales qualités.

Cette fragmentation des terres dédiées à l'exploitation et/ou à la protection entraîna une mise en compétition des populations indigènes. Les Inupiat du North Slope, par exemple, furent rapidement assimilés à l'industrie du pétrole dès les années 1980, avec l'émergence du conflit autour de l'exploitation pétrolière du parc national Arctic National Wildlife Refuge, contrairement aux Gwich'in des Yukon Flats, qui furent intégrés aux discours des écologistes et à leurs combats contre les prospecteurs pétroliers. Chacun des collectifs indigènes fut enrôlé comme porte-parole politique de choix venant justifier (en la folklorisant) l'une ou l'autre des facettes du naturalisme. Ils devinrent tour à tour gardiens primitifs et authentiques des sanctuaires de la *wilderness*, ou ambassadeurs éclairés et coopérants d'une modernité avide de ressources énergétiques. L'attention des divers collectifs natifs d'Alaska se focalisa dès lors massivement sur les politiques publiques opposées qui s'attelèrent à la gestion de la nature, et la question des usages territoriaux devint centrale dans leurs discours comme dans leurs pratiques. On peut aller jusqu'à dire que les aspects « culturels » propres à leurs cosmologies, qui subsistèrent tant bien que mal dans les centres urbains et lors de manifestations folkloriques codifiées, furent mis au service de la vision dualiste moderne de la nature et de son application au sein des politiques environnementales.

3

VIE ET MORT DES POLITIQUES D'ASSIMILATION

> … Et nous retrouvons le problème de l'instabilité et de l'historicité dont nous étions partis.
>
> Bruno Latour

Si Lévi-Strauss écrit, en ouverture de *Tristes tropiques*, qu'il hait les voyages et les explorateurs, je n'ai aucune gêne à dire que, pour ma part, je déteste les tableaux et les schémas. Tout ce qui doit être forcé dans des cases formatées me paraît résulter d'un réductionnisme périlleux ; si ce dernier est propre au projet scientifique et à la nécessité de stabiliser des systèmes heuristiques simplifiés dans le but d'accéder à une plus grande intelligibilité des mondes que l'on décrit – surtout lorsqu'on les approche par le biais de la comparaison, comme c'est le cas ici –, le réductionnisme scientifique entraîne une violence coloniale inouïe. Il doit donc, pour rester pertinent, être modéré par une re-complexification des enjeux et une re-description fine des mondes qui, de fait, n'ont de cesse de résister à leur schématisation au sein d'édifices théoriques dont la structure ne tient qu'en vertu du régime de scientificité occidental. Cela dit, se plier à l'exercice en connaissance de cause reste intéressant, ne serait-ce que pour se donner les moyens, en suivant les discours et les pratiques des gens qui débordent lesdites constructions théoriques, de les démanteler par la suite pour les remettre au travail.

Voici donc un tableau récapitulant les lignes directrices des politiques d'assimilation des autochtones de part et d'autre de Béring, ayant vocation à être remis en mouvement par la suite, dans le va-et-vient constant et nécessaire dont ces pages témoignent, entre la théorie et la vie.

	Alaska	**Kamtchatka**
Cultures (Visibilité culturelle)	Uniformité (*American way of life*)	Diversité compétitive (Cultures exhibées)
Nature (Intention politique)	Diversité compétitive (Exploitation et protection)	Uniformité (Socialisme d'État quant à la gestion des ressources)

Le parallèle entre le *gwich'in gathering* qui a lieu tous les ans dans un village gwich'in différent depuis 1988[1] et le nouvel an even d'Anavgaï au Kamtchatka auquel j'ai assisté en 2018 est un très bon exemple de la manière dont chacune des sociétés se donne à voir et se présente au monde sur une scène publique institutionnelle, puisque financée et médiatisée. Le *gwich'in gathering* est tout entier consacré aux débats concernant un

1. Le premier *gwich'in gathering* s'est tenu en juin 1988 à Arctic Village (Alaska) et a rassemblé des membres de toutes les villages Gwich'in de part et d'autre de la frontière américaine et canadienne. L'objectif principal de ce premier rassemblement, et de tous ceux qui allaient suivre, était d'unir à nouveau la « nation gwich'in » en vue de protéger la harde de caribous, *porcupine caribou herd*, dont tous, Gwich'in d'Alaska et Gwich'in du Canada, dépendent pour vivre. Il s'agissait d'inventer un contre-pouvoir suffisamment puissant, alliant autochtones et environnementalistes, en vue de protéger les caribous des menaces de l'extractivisme pétrolier en projet sur la plaine côtière de l'Arctic National Wildlife Refuge, sur laquelle les animaux mettent bas chaque été.

environnement placé sous la double pression du changement climatique et des exploitants de ressources minières et pétrolières en train d'envahir le territoire ; on y réfléchit aux manières de leur résister. Lors du nouvel an even, aucune de ces questions n'est abordée, mais on en donne à voir d'autres qui restent minoritaires dans les villages autochtones alaskiens : les danses et les chants sont à l'honneur, les discours sur les cultures autochtones sont sur le devant de la scène. Ces deux événements, typiques d'une situation partagée par une grande majorité de collectifs autochtones de part et d'autre de Béring, mettent en exergue l'opposition qui se dégage entre les politiques d'assimilation mises en place par les États qui se font face : côté soviétique, la diversité des identités ethniques fut appelée à s'intégrer à la société colonisatrice en se fondant dans une collection de cultures exhibées rivalisant dans les concours ; côté américain, cette diversité fut, au contraire, intégrée sous la forme d'agents économiques maximisant leur profit (dans le cas des indigènes assimilés à l'exploitation du territoire) ou en tant qu'ambassadeurs (légitimes puisque authentiques, traditionnels) de la nature sauvage à protéger impérativement. Pour le dire autrement, avec le projet soviétique, le modèle de la « diversité autochtone intégrée » devient la diversité des langues et cultures qui traduisent une intention uniforme ; avec le projet américain, c'est la pluralité des intérêts individuels mis en concurrence sur un marché (qu'il procède de la logique écologique ou exploitante) qui manifeste la diversité intégrée.

Si nous allons au bout de cette opposition schématique, nous pouvons dire que, du côté américain, l'assimilation des indigènes est passée par la conversion à l'idée d'une Nature extrahumaine (à protéger/à exploiter) dont le concept doit être partagé par tous pour que les pratiques concrètes puissent s'y articuler ; du côté russe, c'est la conversion à l'idée de Culture (à diversifier) qui devint l'outil majeur de l'intégration des indigènes à un projet étatique commun.

Mais toute structure, c'est-à-dire toute stabilisation d'une forme particulière à un moment donné, qu'elle soit d'ordre biologique, politique ou conceptuelle, n'a qu'une durée de vie limitée. En témoignent, entre autres, des écosystèmes entiers qui s'effondrent (en Alaska), des systèmes politiques qui périclitent (au Kamtchatka) et, plus prosaïquement, nos propres corps, qui se composent dans les ventres de nos mères pour se décomposer quelques décennies plus tard dans la mort. Tout mon travail précédent a été de montrer comment les manières d'être aux mondes autochtones ne disparaissaient pas quand elles se trouvent confrontées au concept fer de lance de « Nature », ressource ou sanctuaire, mis en application par les politiques d'assimilation américaines. En effet, les prises de position médiatiques des indigènes pour l'un ou l'autre des aspects du naturalisme américain sont en opposition avec ce qu'expérimentent quotidiennement les indigènes qui vivent encore de chasse et de pêche en forêt, comme les personnes dont j'ai partagé le quotidien à Fort Yukon. On peut dire que cette partition institutionnelle de la nature et sa mise en valeur folklorique par certains activistes de la cause indigène fonctionnent « partiellement » bien (je dis partiellement car au vu de l'ampleur des problèmes sociaux actuels dans les villages alaskiens, « bien » est un grand mot) jusqu'au moment où les choses vont trop loin et touchent de trop près ce qui « tient » encore les chasseurs au cœur de leurs existences.

Le cas des Inupiat est un bon exemple de ces limites qu'un collectif indigène décide de ne pas franchir. Lorsque, il y a dix ans, Shell racheta les concessions en mer de Beaufort pour exploiter le pétrole offshore, on assista à un véritable retournement de ceux qui étaient pourtant censés être les porte-parole de la modernité exploitante des ressources en Alaska. À Nuiqsut, les membres de la corporation du North Slope désertèrent leurs emplois au sein des exploitations pétrolières et firent tout pour empêcher l'exploitation, allant jusqu'au sabotage d'infrastructures. Risquer de mettre en péril l'existence des baleines, qu'ils chassent dans le monde physique comme en rêve, était impensable et plus encore invivable. Du côté des Gwich'in, les régulations de chasse émises par l'US Fish and Wildlife, institution avec laquelle les Gwich'in semblent « à première vue » en bons termes, ne sont absolument plus respectées lorsque les animaux migrateurs arrivent enfin sur le territoire : les chasseurs désertent emplois, maisons, famille et école, tous ces éléments de stabilité promus par l'Occident pour canaliser les chasseurs et les détourner de leurs proies, les empêcher de repartir en forêt sur la trace des absents. N'en déplaise aux activistes gwich'in qui plaident la cause de la *wilderness*, il n'y a plus de « nature à respecter » qui tienne lorsque le moment est venu de se confronter de nouveau physiquement aux animaux qui transitent sur le territoire.

Ces exemples montrent qu'en situation de crise, telle que celle impliquée par le réchauffement climatique et par l'exploitation à outrance des ressources naturelles dans le cas de l'Alaska, les modalités d'être dans lesquelles on a tenté d'ordonner les habitants d'un territoire particulier implosent. Ce que j'appelle provisoirement, sur les traces de Philippe Descola, une pragmatique animiste, resurgit au moment où l'on s'y attendait le moins, parce qu'elle se trouve plus à même de répondre à la destruction des formes stabilisées par et dans le processus colonial. Le renouveau des pratiques de chasse et de pêche, doublé des histoires mythiques qui refont surface, s'avérant plus pertinent pour comprendre l'hybridation des êtres et leur fuite hors des cadres d'espèces les confinant dans certaines habitudes et dispositions, en sont les signes majeurs[2]. L'actualité écologique chaotique du Grand Nord n'est pas un impensé ; la potentielle dérégulation des êtres (leurs frontières sont flexibles, labiles et leurs rencontres produisent de l'imprévisible) est mise en mots et en histoires depuis des milliers d'années. En ce sens, les métamorphoses écosystémiques alaskiennes provoquent des réponses collectives auxquelles personne ne s'attendait ; leur existence signent la faillite de la Nature occidentale et, par extension, des formes de gestion coloniales qui devaient être à même de les contenir tous, humains, rivières, forêts, montagnes, mers et animaux.

Ce que je m'apprête à saisir dans ce livre représente le pendant kamtchatkien de ces processus de recomposition des mondes, au moment même où la forme coloniale qui leur a été imposée se disloque, au moins partiellement : au même titre que la Nature américaine aux prises avec la crise climatique, la Culture russe face à l'effondrement du système politique a elle aussi échoué à formater tous les collectifs autochtones à une idée puis à une praxis desquelles il aurait été impossible de s'extraire. C'est ce qui s'est passé en 1989 au Kamtchatka pour le collectif even avec lequel je travaille et qui en sera l'exemple dans ces pages. Ce n'est donc pas le déclin des pratiques rituelles traditionnelles qui sera l'objet de mon attention, ni la prétendue « revitalisation culturelle » qu'on croit observer dans les villages, et encore moins la quête d'une « authenticité » qui se présenterait sous la forme de vagues survivances forestières d'un système cosmologique malmené par une actualité chaotique. Au contraire,

2. Pour des développements sur les hybrides grolars, pizzlies (hybrides ours blancs et grizzlys), coywofs (hybrides loups et coyotes), voir N. Martin, *Les Âmes sauvages*, *op. cit.*, et N. Martin et B. Morizot, « Retour au temps du Mythe. Sur un destin commun des animistes et des naturalistes face au changement climatique à l'Anthropocène », *Journal of Art and Design*, Genève, HEAD Institute, 2018.

c'est le resurgissement de l'instabilité comme *point de départ* de la remise au travail d'une créativité existentielle qui m'intéresse, une créativité qui ne serait pas normée au préalable par les politiques coloniales, mais adviendrait hors d'elles, au moment où les écosystèmes du Grand Nord se modifient irréversiblement et où les lois concernant leurs usages se rigidifient considérablement.

Si l'idée aujourd'hui – défendue depuis plusieurs années par nombre de scientifiques issus de diverses disciplines – est bien de sortir de la bipartition nature/culture pour se donner les moyens d'appréhender autrement le monde commun à l'heure d'une crise écologique globale, alors la confrontation entre mes deux terrains de recherche s'avère pertinente. Ce que nous montrent les expériences de ces collectifs autochtones qui résistent à la forme instituée en faisant des choix existentiels inattendus, c'est qu'il faut tourner notre attention sur ce qui se crée à l'endroit de la rencontre entre des mondes qui divergent, malgré leur échelle *a priori* incommensurable[3]. Un problème de taille, littéralement, se pose ici : comment comparer les formes produites et soutenues par des États de droit, avec celles de collectifs microscopiques, tant en nombre de membres qu'en force de frappe ? La réponse me semble relever, une fois de plus, de la symétrisation proposée par Bruno Latour, même si l'usage que j'en propose est décalé par rapport à celui qui a pu en être fait en anthropologie. Il ne s'agit plus de s'affranchir temporairement et volontairement de l'Histoire pour symétriser des ontologies différentes qui existeraient dès lors toutes sur un

3. Pour une réflexion sur les échelles (*scalability*), voir A. L. Tsing, « On nonscalability: The living world is not amenable to precision-nested scales », *Common Knowledge*, 18 (3), 1er août 2012, p. 505-524 ; *idem*, *Le Champignon de la fin du monde*, Paris, La Découverte, coll. « Les Empêcheurs de penser en rond », 2015.

même plan, malgré le fait que certaines soient « moins peuplées » que d'autres – le naturalisme écrase manifestement toutes les autres en termes de poids, étant donné sa diffusion dans le monde depuis les multiples processus de colonisation. Il nous faut plutôt, *depuis* ce processus historique et sans l'oblitérer, symétriser les collectifs qui divergent malgré leurs différences de taille, dans leurs tentatives de produire des réponses autres face à la pensée dominante et à son application gestionnaire sur les humains et milieux. La symétrisation en anthropologie doit aujourd'hui être à la fois historique – ne pas se départir du chemin colonial – et politique – s'accorder la possibilité de *choisir* de rendre la parole aux collectifs minoritaires qui pourtant définissent collectivement d'autres normes pour continuer d'exister.

La sortie de la dualité nature/culture ne passe donc plus seulement ici par la stabilisation d'autres ontologies d'égale importance sur le plan théorique, comme Descola en fit la salvatrice démonstration, ni par la mise en opposition du naturalisme avec une autre ontologie par essence plus « reliée » à tout ce qui existe hors de l'humanité (comme l'animisme) qui n'a pas besoin de scinder le monde en deux registres autonomes[4]. La voie de sortie que je propose consiste à documenter les réponses, grises, boiteuses et composites mais individuées et pragmatiques, que certains collectifs inventent face à la domination moderne, simultanément à sa dislocation sous les coups de boutoir des métamorphoses écologiques ; l'existence de ces réponses, justement parce qu'elles sont toujours fragmentaires

4. Voir par exemple T. Ingold, *The Perception of the Environment: Essays on Livelihood, Dwelling and Skill*, Londres, Routledge, 2000. E. Viveiros de Castro, « Cosmological deixis and Amerindian perspectivism », *The Journal of the Royal Anthropological Institute*, 4 (3), 1998, p. 469-488, 1998.

et que leurs modes d'action sont minoritaires et de l'ordre du détail, est à même de subvertir la forme stabilisée et instituée par les États, dès lors incapable de les résumer toutes au sein de son édifice théorico-politique.

En disant cela, j'admets que le naturalisme tel que défini par Descola sous-tend les modalités opératoires des politiques d'assimilation, qui se sont actualisées de deux manières schématiquement opposées et complémentaires en Russie et aux États-Unis ; mais ce qui m'intéresse, c'est moins la qualité ontologique dualiste et réversible du naturalisme que son étonnante fragilité alors même qu'il semblait si globalement répandu et surtout si puissant dans sa capacité à réingérer toutes les autres manières de faire monde qu'il croisait sur son chemin. Au vu de cette fragilité mise au jour par une crise écologique généralisée à l'ensemble de la planète comme par des collectifs *a priori* assimilés qui décident de déserter les formes qu'on leur avait assignées, nous sommes forcés de relativiser le type de preuves sur lesquelles s'appuient le naturalisme. Un premier problème se pose à nous dans cette tentative de relativisation : les textes idéologiques et philosophiques qui soutiennent et sous-tendent nos sciences n'ont, du point de vue du sens commun moderne, pas la même valeur que les discours et pratiques mises au jour par les données ethnographiques documentant d'autres modes de relation au monde – lesdites « cultures autochtones ». Les écrits des uns tombent du côté de la nature et de la vérité ; les mots des autres, du côté des cultures et de la croyance. Pourtant, l'enchâssement des multiples crises environnementales et politiques montre que l'édifice théorique servant de socle à la modernité productiviste échoue littéralement à englober les existants qu'il devait fédérer pour augmenter son efficacité et sa puissance. Toute la question devient : que se crée-t-il sur les ruines de cet édifice ? Plus encore, est-il possible de changer d'épistémè lorsque les modes d'identification au monde et les principes fondateurs[5] que l'on tenait pour acquis sont démembrés par les métamorphoses du système-terre ? Pour comprendre ce délitement du naturalisme, et les nouveaux agencements que son retrait permet, il nous faut prendre au sérieux la proposition latourienne selon laquelle le naturalisme serait, moins qu'une ontologie, une construction théorique et figurative impossible en pratique.

Et si le naturalisme n'était qu'une parenthèse de l'histoire ? demande Bruno Latour[6]. Une parenthèse exotique au sein de laquelle nous aurions réduit les entités et leurs relations à des « points séparés les uns des autres » s'ordonnant dans et par les lois universelles de la nature, mais qui n'aurait pu être opérante que très peu de temps. Le mode d'être moderne, nous dit Latour sur les traces de William James et Alfred North Whitehead, est plus figuratif qu'ontologique, résultant d'un *cadrage* particulier qui est inapplicable « en réalité » dans le monde de l'expérience concrète. « La double opération d'isolement des entités et d'obéissance totale aux lois qui leurs sont extérieures rend incompréhensibles la plupart de leurs mouvements », raison pour laquelle il faut les suivre lorsqu'elles décident, délibérément, de s'extraire du cadrage qu'on leur avait imposé. « Un mode incapable de tenir deux ou trois siècles, et encore, c'est une vision très généreuse de son extension temporelle et spatiale, ne

5. Que l'on peut résumer ainsi : la Nature est extérieure aux humains, elle peut donc être exploitée ou protégée par ces derniers, quoiqu'ils s'organisent en une multitude de cultures (de « formes ») qui, malgré leurs perspectives diverses, ne changent rien au « fond » de l'écosystème tel qu'étudié et mis au jour par les scientifiques.

6. Voir B. Latour, « Ce cheval ne rentre pas dans le cadre », *in* G. Cometti, P. Le Roux, T. Manicone et N. Martin (dir.), *Au seuil de la forêt. Hommage à Philippe Descola, l'anthropologue de la nature*, Saint-Dizier, Tautem, 2019.

peut pas être facilement comparé à des modes capables de tenir des millénaires[7] », explique encore Latour en relisant Descola. C'est à ceux qui nous ont précédés, qui ont été écrasés par les politiques coloniales sous-tendues par ce corpus d'images et d'idées, et qui refont surface aujourd'hui grâce à l'instabilité écosystémique que ce livre est consacré.

Si je laisse pour l'instant à d'autres le soin d'expliquer l'incapacité du naturalisme à durer, et les raisons pour lesquelles ce mode d'être au monde n'a ni la même assise temporelle ni la même capacité à faire face à l'instabilité actuelle que d'autres modes – tels que ceux décrits par Descola –, ce à quoi je vais m'employer consiste à montrer en quoi la question de la libération du cadre naturaliste imposé à tous ceux qui vivent à la périphérie de la modernité est aujourd'hui de prime importance pour comprendre les motifs de recomposition d'autres collectifs. Ce n'est pas seulement que « le schéma penche » pour reprendre les mots de Latour critiquant le tableau ontologique à quatre entrées de Descola, c'est que la case naturaliste implose, car les êtres qu'elle devait contenir sont manifestement en train de se dégager de son emprise. Les ruines que les tentatives politiques naturalistes laissent derrière elles en se disloquant sont autant de lieux sur lesquels vont pouvoir se reconstruire des manières d'être auxquelles on a retiré toute valeur pendant des siècles, alors qu'elles nous sont antérieures de plusieurs milliers d'années. Leur réinvention est notre chance, en tant que chercheurs occidentaux, nous permettant de nous décaler pour produire de nouveaux récits, connectés aux fragiles trajectoires des multiples existants qu'ils accueillent enfin. *Exit* le schème, place à la vie.

---

7. *Ibid.*, p. 581.

Deuxième partie

Vivre sur les ruines

Ici est le temps du dicible, ici est sa patrie.
Parle et confesse. Plus que jamais les choses s'effondrent et disparaissent, celles que l'on ne peut vivre car ce qui les refoule et les remplace est un faire sans image.

Rainer Maria Rilke, *La Neuvième élégie*

INTRODUCTION

Qui êtes-vous, vraiment?

La quotidienneté d'un terrain est composée de *small talk*, quiconque vous dira le contraire ne vous raconte pas l'entière vérité. Pire, votre réalité commence souvent par une mise en accusation de la part des personnes qui vous accueillent au début presque malgré eux, puisque vous êtes arrivé, et qu'ils ne peuvent décemment pas vous laisser geler sur place ou mourir de faim. Que venez-vous faire ici, vous qui êtes de l'autre monde, celui qui leur a fait violence? La première fois que j'ai eu une conversation soutenue avec Ivan, je lui ai raconté mes travaux en Alaska chez les Gwich'in. Grand mal m'en a pris: je venais d'Amérique d'un point de vue professionnel, j'étais donc forcément là pour les espionner. Faisais-je partie d'une agence de renseignement française travaillant avec les États-Unis? Pourquoi m'intéresser à leurs vies ici au Kamtchatka, alors qu'il y a seulement un peu plus de dix ans ce territoire était fermé aux étrangers? Est-ce que je profitais de l'ouverture récente de la région aux touristes et aux scientifiques avec l'alibi « Even » pour faire tout autre chose en réalité? Ces accusations me rappelèrent douloureusement celles qui avaient jalonné mon tout premier terrain en pays gwich'in, à Arctic Village. Je me suis revue assise dans cette cabane chez ce couple d'une cinquantaine d'années télévision allumée et poêle qui crépitait par moins quarante à l'extérieur. Le mari m'avait prise entre quatre yeux sur le canapé magenta défoncé : Wounded Knee, ça te parle ? C'est ta race qui a fait subir ça aux miens. Es-tu là pour faire amende honorable ? Pour te repentir ? Je me souviens d'avoir tenté de lui expliquer qu'il était absolument injuste de me faire porter un tel fardeau : j'avais vingt-deux ans à l'époque, j'étais française et non américaine, aucun de mes aïeux n'avait été à Wounded Knee, sans compter qu'à mon échelle 1890 semblait bien loin ; par ailleurs, les siens n'étaient pas Lakota, et le Dakota du Sud n'était pas spécialement la porte à côté pour les Gwich'in à cette époque. Évidemment, mes arguments rationnels n'eurent aucun poid. Je dus me résoudre au silence et je pleurai toute la nuit, parce que quelque part je comprenais pourquoi il s'en prenait à moi : j'étais là, sous son nez, un prototype de l'autre monde, il attaquait depuis les angles stéréotypiques par lesquels il pouvait me ranger dans une case clairement identifiée, et je ne pouvais pas lui en vouloir. J'avais été, en une heure de temps, réduite à être l'Autre blanc, le colon, la personne non désirable qui débarque chargée d'une histoire de massacre perpétré par son peuple, même si ce « peuple » n'avait pour moi aucune forme de réalité tangible. Que je puisse être assimilée au processus colonial américain alors que je venais étudier les manières d'être au monde des Gwich'in me remplissait d'horreur. Exemple flagrant de ma grande naïveté de l'époque : une personne n'arrive jamais « seule » nulle part ; elle arrive chargée d'un collectif et d'une histoire, elle traîne dans son sillage une multitude d'entités invisibles qu'elle ne reconnaît pas, dont elle se défend, mais qui lui collent aux basques quoi qu'elle dise. Que ce collectif historique qu'elle actualise en arrivant ne soit pas « véritablement » le sien n'a aucune importance, car là n'est pas la question. La question, lors d'une première rencontre, est toujours de repositionner le « nous » par rapport au « eux », qui se convertit presque immédiatement en « toi », car c'est bien plus pratique de s'adresser à une personne en chair et en os qu'aux démons morts et pourtant encore si douloureux du passé et de l'histoire coloniale.

Ce jour-là dans la yourte avec Ivan, je revécus cette scène primordiale de l'étranger coupable en la revisitant sous un autre angle. Je n'étais plus la descendante des bouchers, j'étais la preuve vivante d'une conspiration américaine qui s'étendait jusque dans la forêt d'Icha au Kamtchatka, et rien de ce que je pus dire pendant ces premières semaines n'allait changer ma condition, ni leurs suspicions. Je devrais attendre plusieurs mois, qu'ils me voient évoluer, penser et parler au quotidien, pour que ce malentendu originel se dissipe ; quoiqu'il resurgirait souvent au cours de mes sept années de terrain, sous une forme ou sous une autre, surtout lorsque nous divergions sur des sujets politiques.

Ivan s'est tu

Mais non ! me reprend Ivan alors que je lui dis qu'en Alaska les personnes avec lesquelles j'ai travaillé lui ressemblent un peu, puisqu'elles posent le même type de filets dans le même type de rivière pour attraper le même type de poissons. Nous n'avons rien à voir avec les Américains, crois-moi. La seule chose qui nous rapproche, c'est que tous les pêcheurs du monde sont comme toutes les araignées sur la planète : posés sur leurs filets à l'affût de leurs proies. Mais le monde auquel les Gwich'in ont affaire en Alaska n'a rien à voir avec celui-ci. Il continue, en endossant un discours patriotique que j'ai du mal à avaler, spécialement compte tenu du lieu où nous nous trouvons, à Tvaïan sur la rivière, à mille lieues de l'œil de la Russie, me semble-t-il à première vue. Les Russes ne font pas la guerre de la même manière que les Américains. Ils se défendent, c'est tout. Et si les Gwich'in étaient restés russes, ils vivraient mieux, comme nous. Ivan reprend un thème de discussion récurrent entre nous, concernant les régulations de pêche et de chasse de ce côté de Béring, qu'il minimise encore à ce moment de notre rencontre, pour me démontrer qu'elles sont manifestement plus drastiques en Alaska, étant donné le pays qui gouverne cette région du monde. Pourquoi les Américains sont-ils partout, Nastia, même ici, lorsqu'ils viennent en vacances pour chasser des mouflons ou pêcher des saumons ? Parce que ce sont eux, les colons, pas les Russes. Bien sûr, Nastia, que si l'on déclarait la guerre à la Russie et que j'étais appelé, j'irais me battre. Je manque de m'étrangler en mâchonnant un bout de saumon fumé, les yeux rivés sur la rivière. Hum hum ! dis-je en m'éclaircissant la gorge. Alors peux-tu me dire pourquoi vous êtes ici, et pas à Esso comme tous les autres ? Peux-tu me dire pourquoi tu as choisi de quitter l'armée, alors que tu pourrais être à Klioutchy au camp d'entraînement, ou encore à Vieloutchinsky avec ta sœur et son mari militaire ? Que fais-tu là, avec ta mère et ton frère, si la Russie est si grande et si pacifique, et si les opportunités hors de la forêt sont si nombreuses ? Ivan se renfrogne. Je n'ai pas parlé d'opportunités, répond-il, j'ai parlé de l'histoire de mon gouvernement. Ah ! l'histoire, parlons-en. Rappelle-moi ce moment qui précède ta naissance, où toi et ton peuple avez été rassemblés dans des kolkhozes pour travailler ? Rappelle-moi les rennes qu'on vous a retirés, la langue qu'on vous a prise ? Ivan étrangement se déride enfin. Eh bien justement, ils n'ont pas réussi à nous entasser tous ensemble pour la nuit des temps, puisque nous sommes là, comme tu vois. Ah ! Je m'exclame encore. Tu vois, comme tu es paradoxal. Tu dis être patriote, et pourtant te voilà fier d'être un déserteur. Que dis-tu de ça ? Ivan me lance le sac de toile en riant, allez, on ne va pas les laisser agoniser sur place, dit-il en tirant à lui le filet dans lequel se débattent les saumons.

Ivan a presque mon âge au moment de mes premiers terrains à Icha, nous sommes en fin de vingtaine. C'est un homme de peu de mots, on dirait presque qu'ils sont restés coincés quelque part dans sa gorge à l'adolescence, lorsqu'il a fait un choix qui l'a marginalisé à jamais face à ses camarades de l'époque comme face à la Russie. Il a trois mois lorsqu'en 1989 Daria l'emmène en forêt avec ses frères et sœurs. C'est son dernier-né. Il reste à Tvaïan jusqu'à ses sept ans, quand il est renvoyé au village par les autorités pour commencer l'école. C'est un parcours chaotique, entrecoupé par ses retours en forêt chez sa mère à chaque période de vacances. À Esso, il vit avec ses deux sœurs, Julia et Ina. Julia a trois ans de plus, et c'est elle qui s'occupe de lui dans ses jeunes années, car la plus grande, de dix ans son aînée, oscille entre une activité de cuisinière et des périodes d'alcoolisme sévère. À quinze ans, Ivan abandonne l'école. Il me raconte qu'à seize, il passe une année entière sans dessoûler. Vient le temps de l'« âge d'homme », comme il dit, soit l'obligation du service militaire à dix-huit ans. Il n'attendait que ça, qu'on vienne le chercher. Il part à pied, une semaine avant son anniversaire, vers le camp militaire à l'autre bout de la péninsule, pour que les soldats le sauvent de lui-même.

Depuis tout petit, Ivan est un chasseur dans l'âme. À dix ans, il est aussi expérimenté que ses aînés, et il est reconnu comme tel. À Tvaïan l'été, on l'emmène partout, il est de chaque traque. Il a cinq ans lorsqu'il tue sa première oie sauvage ; onze, quand il abat son premier ours. Dans ce contexte d'existence, l'armée, le fusil au poing, lui paraît la voie de sortie la plus évidente s'il doit vivre sa vie d'homme dans et pour la Russie. Lorsqu'on le récupère sur le bord de la piste défoncée qui va vers Oust-Kamtchatsk, on le conduit à Klioutchy, où il passe un an. On lui rase la tête, on lui donne un treillis et un fusil. Il ne rechigne pas à l'entraînement, il est l'un des plus forts de son bataillon, il n'est pas heurté par les discours patriotiques. Il dit avoir l'impression d'appartenir enfin à quelque chose de plus grand que lui, d'être intégré dans un pays qui a besoin qu'il mette ses puissances à son service ; il dit encore que sa famille est démembrée, éparpillée ; que lui aussi, il se sent disloqué, et que l'armée va peut-être le rassembler. Il se rend utile et dans les premiers temps cela lui suffit, comme sens à donner à sa vie. Mais cette année-là, le temps passant et les jours se succédant, identiques les uns aux autres, la tristesse monte en lui. La forêt lui manque, la rivière lui manque, les animaux lui manquent. Il pensait s'engager officiellement à la sortie de son service militaire, mais il change d'avis. À son retour à Esso, et après six mois d'errance post-armée prenant la forme d'une réflexion incessante médiée par les vapeurs quotidiennes de vodka, il décide de partir rejoindre sa famille à Tvaïan. À vingt ans, Ivan ne devient pas le soldat russe qu'il croyait vouloir devenir, mais le chasseur even de Tvaïan. Il ne rentrera plus au village, il l'efface du registre des possibles, il n'y passera que brièvement de temps à autres à certaines périodes clés de l'année, pour vendre des produits de la forêt et s'en procurer d'autres, farine, sucre, thé, essence, pièces mécaniques de bateau et de motoneige, tabac, pour les principaux. Quand je lui demande (à maintes reprises et sous différentes formes) ce qu'il fait ici à Icha plutôt qu'au village avec des gens de son âge, un travail « normal », une femme et des enfants (par exemple), il donne toujours le même type de réponse sobre et sans appel : je fais en sorte que la vie soit possible en forêt. Ici, je suis libre. Je vis sur mon bateau, je vis près du feu, je vis quand je piste les animaux. Au village, je passe mon temps à boire et à regarder la télévision, il n'y a pas de travail et aucune issue pour moi, rien. À Tvaïan, ma famille a besoin de moi, et je peux les aider à vivre dignement. À vivre tout court. Le reste, c'est du détail.

Malgré ces considérations toujours à demi-mot et en demi-teinte, Ivan refuse obstinément d'aborder avec moi la question de la violence coloniale de son pays, ainsi que les raisons intrinsèques à l'organisation du service militaire qui l'ont aussi poussé à ne pas le prolonger. Nous nous disputons plusieurs fois par jour et ce n'est pas grave, ces disputes constituent notre quotidien pendant de nombreux mois. La raison de nos insignifiantes batailles est simple : j'ai du mal à me départir d'un esprit critique quant aux institutions étatiques qui pèsent sur l'histoire et l'actualité de ce clan familial en forêt, alors qu'en face de moi cela résiste : il est presque impossible de faire sortir d'un jeune Even, même vivant au fond d'une forêt, une parole subversive au sujet du gouvernement qui l'administre. La force totalisante de la Russie est palpable dans la manière dont même les plus éloignés des centres de pouvoir parlent de leur gouvernement et de leur président, avec une admiration et une soumission semblant à première vue inébranlables. À première vue, ou plutôt à premiers mots, car leurs pratiques et leurs vies en général démentent les certitudes du discours, mieux, elles les désamorcent. Cette ligne frontière, qui se dessine assez vite entre discours et pratiques même chez le jeune Ivan, reproduit une posture propre à sa mère, Daria, celle qui les a tous amenés ici, lorsque, justement, le mode de vie contenu dans et par le discours colonial n'a plus tenu dans les formes qui lui étaient imparties.

C'était un garçon si rieur… petit, il parlait tout le temps, m'a dit un matin Daria au sujet de son fils, que nous regardions écraser silencieusement sa cigarette contre le banc devant l'at'ien, se saisir de son fusil et s'enfoncer dans la forêt d'un pas égal. Un jour, il s'est tu, soupire encore Daria. Il est revenu, mais il n'avait plus les mots pour le dire. Il est revenu, mais il n'a plus jamais voulu me répondre en even.

Daria rêve de Tvaïan

Assises au bord de la rivière Tvaïanskaïa un jour d'été, Daria me raconte le rêve récurrent qui la saisissait presque chaque nuit pendant toute sa période de vie au village d'Esso. Tvaïan, Tvaïan, murmure-t-elle. Ça venait malgré moi, malgré ce que j'essayais de faire et de devenir. Je fermais les yeux et je voyais la rivière, la berge, la toundra au-dessus ; puis la clarière, les cabanes, l'at'ien et sa fumée, la forêt autour, je me réveillais avec des larmes dans les yeux, je pensais à tout ce que j'avais perdu et qui ne serait plus. Mais j'ai fini par écouter ma mère. Daria soupire et reprend d'une voix étranglée. Il faut revenir, il faut y aller, il faut partir, me répétait maman chaque fois que je la retrouvais pour quelques mois en forêt. Il n'y a rien pour toi au village, rien pour nous. Je l'écoutais mais ne savais pas quoi répondre. Une fois, je ne suis pas venue la voir pendant un an. J'ai cru mourir, à l'intérieur. Quand je suis revenue, elle m'a grondée très fort. Qu'est-ce que tu fabriquais là-bas ? m'a-t-elle dit. J'essayais de lui expliquer toutes les choses à gérer, l'argent à gagner, les enfants à l'école, mais elle ne comprenait pas. Ou peut-être qu'elle comprenait, mais elle ignorait mes complaintes. Il y a beaucoup à faire ici, répétait-elle en boucle, je ne peux pas être toute seule tout le temps, j'ai besoin d'aide. Vous ne pensez pas à moi, vous ne pensez pas à la forêt. Mais ce n'était pas vrai, dit encore Daria. Moi j'y pensais tout le temps, j'en rêvais tout le temps. Simplement, je croyais que c'était impossible de faire autrement. Puis 1989 est arrivé, et tout a changé. J'ai su que je devais changer ma vie.

C'est en octobre que ça s'est passé, soit quelques semaines avant la chute du mur de Berlin à l'autre bout du continent. Rien ne marchait plus comme avant. La pharmacie dans laquelle Daria travaillait à Esso ne recevait plus de médicaments, les magasins étaient vides, les travailleurs ne recevaient plus leurs rations. Daria avait trois enfants en bas âge, et tous les membres de sa famille proche étaient déjà partis en forêt depuis longtemps, ou n'étaient jamais venus s'installer au kolkhoze, pour ceux qui avaient eu le choix, ses frères notamment, qui étaient chasseurs professionnels pendant l'époque soviétique, chargés de ramener des peaux à Esso – de zibeline principalement – en échange de denrées. Mais Daria avait tenu bon, elle ne voulait pas renoncer à une tentative politique à laquelle elle croyait un peu, malgré les épreuves qu'elle avait traversées depuis sa sortie de l'internat et son installation à Esso. Sa mère était absente, même sans rennes elle avait décidé de rester en forêt après le processus de collectivisation, elle vivait principalement de chasse, de pêche et de cueillette depuis que ses derniers rennes lui avaient été retirés à la fin les années 1960. Quant au premier mari de Daria, père de ses deux premiers enfants, il était mort à la fin des années 1970, déchiqueté par une moissonneuse-batteuse dans les champs alentour du kolkhoze d'Esso. Si Daria avait tenu, c'est parce que, par-dessus tout, elle croyait en l'école. Elle voulait que ses enfants puissent apprendre tout ce qui leur serait nécessaire pour évoluer dans les deux mondes. Doucement mais sûrement, les lieux de son enfance s'étaient convertis en une complainte lancinante qui l'assaillait aux heures sombres du jour, dans ces moments de vacance à elle-même où le vide se repeuplait des êtres perdus.

La forêt de Daria – elle utilise indifféremment (ou plutôt inclusivement), le mot russe *liess* pour la nommer – n'est pas une « pure forêt » au sens où on l'imagine. La région d'Icha, lieu de sa naissance transformé des années plus tard en territoire de son rêve, tient son nom de la rivière qui naît des glaciers du volcan Ichinsky, dont le flot maigre et tumultueux puis large et apaisé court sur plus de trois cents kilomètres pour se jeter dans la mer d'Okhotsk. Les sapinières et les forêts de mélèzes jointant les toundras d'altitude aux abords du volcan cèdent rapidement la place aux zones humides, peuplées de bouleaux, de trembles, d'aulnes, de saules et de peupliers. L'hiver y est très rude, et la dénomination « bouleaux de pierre » qui distingue l'espèce majoritaire prenant racine ici devient très visuelle. La végétation est figée dans une gangue de gel, de froid et de neige ; ou du moins l'était, mais c'est une autre histoire pour l'instant. L'été y est étouffant et humide, c'est une jungle colorée qui fait son apparition dès le début du mois de juin, avec des herbes atteignant deux mètres de haut dans les zones dégagées, et des fleurs démesurément grandes surgissant çà et là des prairies vert émeraude. De l'été à l'hiver, saumons, truites, oies et canards, ours, aigles, rennes sauvages et domestiques, chevaux, élans, mouflons, loups, zibelines, renards, lynx, parmi d'autres, parcourent inlassablement le territoire, vont, quittent, se cachent et reviennent. Toute la vie à Icha est un « se croiser » perpétuel, un « se saisir » mutuel nécessairement suivi d'un « se laisser partir ».

Liess, la forêt d'Icha pour moi, ce fut d'abord moins cet écosystème spécifique peuplé d'êtres aux trajectoires variées, que la voix de Daria, la voix humaine de Daria qui me rappela à l'histoire, particulière et globale, des humains qui y ont vécu et de ceux qui y sont revenus. Comme en Alaska, je suis arrivée à Icha avec l'idée de comprendre les relations animistes que ce clan familial even reparti en forêt après la chute de l'Union soviétique entretenait avec les êtres et entités non humaines qui partageaient leur territoire ; j'ai d'abord eu affaire à l'humanité, la sienne, la mienne, la leur, la nôtre. Son récit initial fut une voie de sortie quant à mes obsessions théoriques, qui avaient la peau dure, malgré mes déroutes alaskiennes ; son regard de vieille femme rappelant à sa mémoire ses souvenirs d'enfance, la plus belle leçon d'humilité quant à ce que l'on attend des autres et qu'ils ne nous donnent pas, parce que leurs vies débordent toujours nos perspectives, même les plus ouvertes.

Il fait froid dans l'at'ien, c'est l'aube et Daria rallume le feu. Nous frottons nos mains en silence au-dessus des flammes, petite nuit peuplée de rêves étranges, pas envie d'en parler. Tu sais qu'à Tvaïan nous ne sommes pas seuls, me dit-elle enfin. Il y a tous ceux qui étaient là, avant. Ceux qui sont morts ici continuent de peupler le camp, ils nous regardent vivre le jour, et ils nous parlent, parfois, la nuit. Des fantômes ? je dis bêtement. Si tu veux. Les esprits des morts qui ont tout vu et tout vécu. Ils s'amusent de nos vies aujourd'hui, et ils s'amusent aussi que tu sois venue, toi, alors que tout s'est terminé brutalement ici il y a déjà longtemps, alors qu'il ne reste plus rien, plus de poste, plus de village, plus de magasin, plus rien, juste nous, les arbres, le ciel, la rivière et les animaux. J'esquisse un sourire. Et toi, tu t'en souviens ? Raconte-moi encore, je lui demande, raconte-moi, comment c'était. La théière siffle, Daria remplit nos tasses pendant que je coupe quelques morceaux de saumon séché. La fumée me pique les yeux, je fixe Daria d'un regard rouge et humide. Elle me tend un chiffon, boit quelques gorgées en silence, baisse la tête et fixe le plancher défoncé de l'at'ien. Sa voix monte et emplit peu à peu l'espace trouble entre nous et le feu.

Daria se souvient de Tvaïan

Je suis née sous une yourte au pied du volcan, dans une période de nomadisme avec les rennes. C'était le 21 août 1952. Les trois premiers jours après ma naissance, ma mère m'a raconté que je n'arrêtais pas de pleurer, je ne mangeais presque rien. Ils ont appelé le vieux Appa ; il est venu près de moi le troisième soir. Il a chanté toute la nuit. Au matin, il a demandé à ma mère comment elle voulait m'appeler. Elle a dit Uliana. Il a dit que ce n'était pas possible, qu'il fallait m'appeler Daria, du nom de ma grand-mère morte très jeune. Il était surement en contact avec elle. Il a encore dit que si on ne me donnait pas son nom, j'allais mourir. C'est pour ça que je m'appelle Daria. Après cette nuit-là, je me suis mise à dormir, et je dormais tellement que ma mère devait me pincer la joue pour prendre le sein. Je suis le deuxième enfant de ma mère, nous sommes huit. Igor, moi, Artium, Klava, Galia, Lena, Ilo et Vadim. Quatre garçons, quatre filles. Trois d'entre nous sont nés dans les montagnes sous la yourte avec les rennes. Galia, Ilo et moi. Les autres sont nés à Tvaïan.

Après, plus tard, quand il a fallu bouger vers de nouveaux pâturages, j'ai été transportée dans un petit berceau en équilibre sur le flanc droit du renne que montait ma mère, elle chantait pour l'encourager, elle chantait aussi pour m'apaiser. Petite, j'étais curieuse de tout. J'étais surtout curieuse de comprendre pourquoi, alors que notre vie était un déplacement permanent avec les rennes, nous nous sommes un jour établis, de manière plus sédentaire, à Tvaïan. Je ne comprenais pas pourquoi, à partir de mes six ans, presque tous les membres de ma famille s'y étaient installés, eux qui vivaient de manière dispersée jusque-là, qui se retrouvaient uniquement à certaines périodes de l'année, l'hiver surtout. Je ne savais pas alors qu'à l'époque soviétique ils relogeaient les gens d'un village à l'autre. Nous bougions moins, c'était ma seule certitude. Mon père, ses frères et ses neveux se chargeaient des rennes qui n'étaient plus les leurs, les troupeaux avaient grossi, étaient passés d'une dizaine de rennes par famille à plusieurs milliers. Les gens ne les montaient plus, ne leur chantaient plus rien. Ma mère disait qu'il fallait s'y faire, que maintenant c'était comme ça, que les chants s'étaient estompés dans la masse qu'était devenu cet amas d'animaux, et que les humains oubliaient qui ils étaient en même temps que les rennes oubliaient la valeur de leurs gardiens. Restait Tvaïan. Les femmes qui y faisaient tout le travail. La vie et les liens qui s'y créaient. Et Tvaïan, c'était malgré tout un bon camp de base, disait ma mère.

Le camp de pêche et de chasse que tu vois aujourd'hui n'a que peu de chose à voir avec ce que c'était ici, avant. Il y avait du monde. Des poules, des cochons, des jardins. On avait abattu des arbres, là-bas derrière la colline, et on cultivait de grandes parcelles de pommes de terre. On avait de bonnes récoltes, et le surplus partait à Icha, le village sur la mer. Une cinquantaine de personnes vivaient ici, il y avait une poste, un magasin, un puits collectif. Un peu plus tard, il y a même eu un tracteur, il était noir. En plus des habitants permanents qui faisaient tourner le village, les femmes surtout, il y avait ceux qui passaient avec les rennes pour se ravitailler, et ceux qui apportaient des vivres de l'extérieur et restaient quelque temps. Je voyais des barques et des bateaux naviguer sur la rivière Icha, chargés de provisions. D'où venaient-ils ? De la mer répondait toujours ma mère. La mer que je n'avais jamais vue même si elle n'était pas si loin, à soixante kilomètres, la mer qui me faisait peur, il en sortait des inconnus qui remontaient la rivière chaque été jusqu'ici, avec des produits venus d'un autre monde. Un jour, j'ai goûté un petit fromage enrobé d'une peau rouge. J'ai trouvé ça très mauvais et ça m'a fait très mal au ventre, car je n'étais pas habituée aux produits laitiers, nous ne mangions alors que de la viande et du poisson, en plus des légumes que tu connais et les baies et racines collectées en été. Mais le lait, ça non. Je n'imaginais même pas qu'avec du lait on pouvait fabriquer un aliment tel que le fromage.

Nous n'étions pas juste entre Even à Tvaïan. À partir de 1958, ils ont amené des Koryak. Tu vois la vieille piste qui traverse le camp ? Du côté gauche, c'était nous ; du côté droit, les Koryak. On s'entendait plutôt bien, même si on ne parlait pas la même langue. On ne parlait presque pas russe non plus, mais c'était quand même devenu notre langue commune. Pour se procurer les produits au magasin, nous n'avions pas d'argent, on vivait à crédit. On nous faisait une avance qu'on devait rembourser, selon le nombre de produits achetés et leur nature, en jours de travail. Mon plus beau souvenir de cette époque, c'est le jour où un cinéma ambulant a débarqué par la rivière un été. Nous nous sommes assis dehors, vers la maison d'hiver actuelle. Ils avaient tiré un grand drap blanc entre les arbres. J'étais très impressionnée par les grandes bobines et par le projecteur. J'ai découvert ce soir-là que les Russes dansaient aussi, mais pas comme nous. Tout semblait si rangé, si harmonieux. On m'a dit que ça s'appelait le ballet. J'ai trouvé les filles très belles. Et je me suis sentie un peu mal, aussi. J'ai regardé mes vêtements de peaux, et pour la première fois de ma vie je les ai trouvés sales et ternes, en comparaison de leurs costumes à elles, soyeux et brillants. Je me souviens d'avoir trouvé ça étrange, d'être si différentes.

Daria remue les braises dans le feu, pendant que j'essaie de m'imaginer un kolkhoze ici, dans l'un des lieux habités les plus reculés où il m'ait été donné de vivre. Elle reprend, la voix plus grave. Et puis il y a eu l'année 1963. À la fin de l'été, alors que j'accompagnais ma mère à la chasse, nous avons entendu un hélicoptère. Mon père nous a rejointes dans les sous-bois, nous a dit que nous devions rentrer, que le moment était venu. Il avait les yeux humides, et je n'ai pas compris pourquoi, parce qu'il ne pleurait jamais, d'ailleurs personne ne pleurait jamais, dans la famille. Nous sommes retournés au village tous les trois, deux Russes nous attendaient devant la cabane en fumant une cigarette. J'ai appris que je partais, que j'allais à l'internat, à l'autre bout de la péninsule, à Klioutchy. Tout s'est passé très vite, je n'ai dit adieu à personne, je suis juste partie, comme ça, je me suis envolée dans le ventre de l'hélicoptère. J'ai beaucoup pleuré. Là-bas, ça a très mal commencé. J'ai contracté la tuberculose et un trachome, j'ai perdu la vue plusieurs mois et je toussais tout le temps. Je n'ai rien connu de l'école ces premiers temps, j'étais au dispensaire en soins intensifs. Je ne comprenais rien à ce qu'on me disait. J'ai appris le russe par la suite, à la baguette, parce qu'à l'école on nous frappait lorsque avec d'autres enfants even nous parlions notre langue. On nous a ramenés à Tvaïan au mois de mai suivant, pour quatre mois. J'avais compris alors que ma vie allait être comme ça. L'année à l'internat, et les quatre mois d'été en forêt avec ma famille. Je m'y suis habituée, j'ai appris, j'ai fait tout ce qu'on m'a dit de faire. La suite, tu la connais. Esso, mon emploi de pharmacienne, les enfants. Puis 1989, et la forêt qui est redevenue un futur possible, tant d'années plus tard.

Daria part à Tvaïan

L'été 1964, quand ils m'ont ramenée de l'internat vers la forêt et mes parents, j'ai été surprise qu'on n'atterrisse pas à Tvaïan, mais en amont de la rivière Icha. J'ai appris que le village avait été déplacé. Tous les nôtres, et les Koryak aussi, avaient été réassignés à d'autres postes, envoyés comme bergers pour s'occuper des troupeaux de rennes, ou ramenés dans des kolkhozes plus importants, comme Esso et Anavgaï.

Après 1964, il n'y a plus eu d'habitants permanents à Tvaïan, sauf des géologues russes de passage, qui sont venus explorer les réserves de gaz et de pétrole. Ils ont creusé des trous un peu partout autour du camp, fait des inspections. Je peux te montrer si tu veux, dit Daria en m'indiquant la direction des lieux d'un vague signe de tête. Là-bas un peu en aval de la rivière, il y a aussi du charbon, il est marron mais il brûle bien. Mieux vaut qu'ils ne le sachent pas, dis-je naïvement. Daria laisse échapper un petit rire en secouant la tête. Mais ils savent tout, tout ce qu'il y a ici. Et il y en a des ressources intéressantes pour eux. Mais ils les ont mises en réserve, pour plus tard. Donc nous ne risquons rien, pour l'instant.

Après la faillite du kolkhoze, ta mère est restée en forêt ? Plus ou moins. Elle vivait périodiquement à Esso avec nous, quand elle n'était pas avec les hommes et les troupeaux de rennes qui nomadisaient. Elle est revenue s'installer de manière définitive en forêt dans les années 1980, à Drakoon, quand Artium est devenu chasseur professionnel pour le village d'Esso. Pour les peaux, comme Ivan ? Pour les peaux. Le renard, le glouton, l'ours ; et surtout la zibeline, mais ça, tu le sais déjà. À la fin de l'hiver, Artium emportait les peaux au village, il y avait des quotas. En échange, il obtenait un peu d'argent et des denrées qu'il ramenait en forêt. À cette époque, tout était très contrôlé, il n'y avait pas de braconniers. Le braconnage a vraiment commencé après la chute de l'URSS. Et toi ? Daria soupire. Moi, il m'a fallu presque dix ans pour les rejoindre, j'ai attendu que la lumière s'éteigne, que les magasins soient vides, que la pharmacie ferme. Dans l'obscurité de nos journées, le rêve de Tvaïan est remonté. J'ai vu la forêt, j'ai vu les poissons, j'ai vu la rivière. J'ai vu tous les morts restés là-bas. Tous ceux que je ne voyais que la nuit depuis si longtemps, je les voyais même le jour. Ils étaient tous là, tout le temps. Ils étaient revenus. À ce moment-là, j'ai su que je devais partir, qu'il n'y avait plus rien pour moi ici. Il fallait écouter le rêve.

Vitia, mon second mari, est parti avant nous une première fois. Il a rassemblé des chevaux à Tvaïan, nous nous sommes dit que nous allions commencer un élevage, parce que ça, les chevaux, on en trouvait dans la toundra, ou alors pour pas cher au village, et, contrairement aux rennes, ils n'intéressaient pas les Russes commercialement. Vitia est arrivé à Tvaïan au printemps 1989, il a reconstruit une yourte, un at'ien, et retapé la cabane d'hiver. Nous sommes tous définitivement repartis à la fin de l'automne, le temps que je règle mes affaires à Esso. Ivan avait trois mois et Julia trois ans. Le retour a été difficile. C'était en octobre, il y avait beaucoup de neige, on a mis deux semaines pour rejoindre Tvaïan, alors que normalement depuis Esso, si on va tout droit, ça prend une grosse semaine. Mais à cause de la neige on a dû faire des détours. Il y a eu une tempête, les chevaux avaient de la neige jusqu'au ventre. On a avancé malgré tout et quand on a atteint la côte ouest, après le passage des contreforts du volcan, ça allait mieux. On est arrivés à Tvaïan le 3 novembre. Nous avons creusé sous la colline pour déterrer des pommes de terre, nous n'avions plus rien à manger. Heureusement, on a croisé des gens bien sur la route. Anna m'a donné du sucre ; Oxana de la farine ; des pêcheurs Koryak nous ont laissé du poisson et du gras d'ours. Un peu par-ci, un peu par-là, c'est comme ça qu'on s'en est sortis.

Ce récit de Daria, je l'ai entendu plusieurs fois et sous différentes formes. Je lui ai posé des questions collées à sa réalité, des questions venues de mon monde à moi, des questions proches, lointaines, connexes, dérivées. Chaque fois, la grande histoire était mangée par l'histoire locale, celle de sa famille, et par extension celle des *Oročel*[1] de la région d'Icha. J'ai voulu garder la

1. Nom vernaculaire désignant les Even, tel que Daria et sa famille l'emploient parfois.

teneur de ses mots enfantins lorsqu'elle parlait depuis le lieu du souvenir, la texture de sa voix de femme mûre lorsqu'elle évoquait les périodes plus récentes ; je voulais donner à lire la pluralité des êtres qui cohabitaient en elle. J'ai rassemblé tous les fragments de nos discussions nocturnes et matinales sur plusieurs années, j'ai linéarisé une pensée qui ne s'exprime qu'en cercles, qu'en flashes, selon les situations, oniriques bien souvent, dans lesquelles nous étions plongées près du feu, car à Tvaïan c'est toujours autour du feu que le passé réémerge. Les dates s'y chevauchent et s'y perdent, les acteurs s'entre-répondent sans hiérarchisation temporelle. J'ai mis plusieurs mois pour comprendre exactement ce qui s'était passé à Tvaïan et répondre aux simples questions de savoir qui, quand et comment ; plusieurs années, pour recomposer les récits fragmentaires de Daria en une histoire unifiée, quoiqu'elle conserve la teneur hésitante de l'oralité et du temps long passé à osciller ensemble.

Le 3 novembre 1989, donc, six jours avant que le mur de Berlin ne tombe à l'autre bout du continent, Daria et ses enfants s'installent à Tvaïan de manière permanente. Le projet d'élevage de chevaux sera rapidement un échec pendant ces premières années de vie en forêt, car partout à cette époque, dans la péninsule, les rixes et le banditisme commencent à sévir. Trois ans après leur installation à Tvaïan, Vitia, le second mari de Daria, meurt sur la mer d'Okhotsk, la même mer qui faisait si peur à Daria petite. Il était allé participer à une pêche commerciale pour ramener un peu d'argent à la famille. Pour Ivan et Julia, les cadets de Daria, leur père est mort d'une crise cardiaque sur la mer. À moi, les yeux pleins de larmes, une nuit, Daria me raconte une tout autre histoire. Vitia, il vient me voir en rêve parfois, sous la forme d'un ours. Vitia, il n'est pas mort d'une crise cardiaque. Il s'est fait assassiner par des bandits. Les enfants ne doivent jamais savoir. Pourquoi ? Parce que c'est trop dur. Le silence ? Le silence.

Deux maris, deux tentatives de vie, dedans et dehors, deux disparitions cruelles. Le premier homme, mort au sein d'un système politique dont la brutalité était mal contenue même dans les limites du kolkhoze ; le deuxième, décédé sous les déflagrations qu'a entraînées la chute du régime, dans un monde où, pendant quelques années, le chaos est devenu la norme, même pour ceux qui tentaient de reconstruire des conditions d'existence viables à l'écart des combats. Ivan a trois ans et Julia sept quand leur père meurt. Daria n'aura plus de mari. Daria apprend à ses enfants à pêcher, chasser, collecter. Eux aussi partiront, plus tard, pour aller à l'école. Mais Tvaïan restera le lieu de Daria, avec ou sans mari, avec ou sans enfants. Ces derniers reviendront chaque été et quand ils seront plus grands, Ivan et son frère Volodia, fils du premier mari, s'établiront définitivement à Tvaïan avec leur mère. Julia quant à elle, mariée à un militaire, s'installera en ville dans un camp militaire russe. Julia a exactement mon âge, à deux jours près. Elle a quatre enfants. Vasselina, Grisha, Ilia et Sennia. Eux aussi aujourd'hui passent les quatre mois d'été à Tvaïan, où leur grand-mère leur apprend tout ce qu'il faut savoir de la forêt pour ne pas se perdre.

Ce jour-là, je ne sais plus lequel, Daria termine son histoire en plongeant comme à son habitude ses yeux dans les miens. Voilà, ça fait trente ans qu'on est ici, trente ans qu'on est revenus. Chacun d'entre nous, mes frères, mes sœurs et leurs enfants, a son propre camp de chasse. Artium à Manach', Clava à Drakoon, nous ici. Nous avons tenu, nous sommes en vie, pas ensemble mais pas loin, nos enfants grandissent. Notre force est celle de Memme. Celle d'avoir cru à la forêt quand tout s'effondre autour.

Troisième partie

Cosmologies accidentelles

J'imagine une âme travaillée et comme soufrée et phosphoreuse de ces rencontres, comme le seul état acceptable de la réalité.

Antonin Artaud, *Le Pèse-nerfs*

INTRODUCTION

Je reprends à présent le fil des discussions comparatives ouvertes autour des miroirs en Béringie et suspendues par la réponse historique et concrète que propose Daria en repartant vivre sur les ruines d'un système effondré. J'ai voulu montrer comment les politiques d'assimilation sous-tendues par la dualité moderne, qu'elles soient abordées depuis l'angle de la nature ou des cultures, ont partiellement échoué dans leur mission originelle, c'est-à-dire l'opération de cadrage des collectifs humains et non humains de part et d'autre de Béring.

En Alaska pour les Gwich'in, le resurgissement des histoires mythiques pour comprendre les hybridations actuelles, c'est-à-dire la fuite des animaux hors de leurs barrières d'espèce, a constitué une manière de répondre à l'instabilité écologique induite par le changement climatique, conçu comme l'un des effets des conditions de production de la modernité industrielle. La pragmatique animiste des Gwich'in les enjoint à la fois à considérer que les animaux répondent aux métamorphoses environnementales de manière individuée, mais aussi que leurs mouvements imprévisibles et leurs transformations inattendues sont fonction d'une capacité interne à répondre aux incertitudes ambiantes, une disposition que tous les êtres vivants partagent et que les histoires mythiques n'ont de cesse de rappeler à l'esprit des humains : ils peuvent à tout moment réagencer différemment leurs limites propres pour s'articuler à celles d'un au-dehors qui change.

C'est exactement le même mouvement qu'opère Daria quand elle retourne en forêt, à la différence près que son déplacement n'est pas seulement envisagé de manière idéelle et/ou sur un mode mineur, comme c'est le cas en Alaska ; il s'actualise dans un choix existentiel embarquant tout un collectif avec elle. L'effondrement systémique n'est plus seulement pensé comme pouvant produire tel ou tel effet auquel il faudrait se préparer et préparer les générations futures ; il est vécu, et la réponse du collectif engage toutes les sphères de son existence : ontologique, économique, politique, sociale. En ce sens, il faut d'abord se donner les moyens de se relier à nouveau aux êtres et entités de la forêt qui comptent, en réactivant les possibles de relation ayant été suspendus par le processus colonial. Le retour à Tvaïan de la famille de Daria est tendu par deux motifs principaux : le retour des rêves performatifs, et la réinvention d'un mode de vie impliquant une relation concrète et quotidienne aux êtres qui peuplent un milieu spécifique. « Se ressaisir de son rêve » pour Daria, c'est incarner le rêve de Tvaïan, converti en choix politique, qui l'a menée à déserter Esso pour retourner en forêt. C'est aussi reconnaître à nouveau une efficacité à l'action de rêver elle-même qui, d'un point de vue animiste, nécessite de faire un pas de côté dans le monde des autres – ici, la forêt – au sein duquel des rencontres non projectives sont possibles. Ces rêves, dont l'existence, voire la possibilité, avait été passée sous silence pendant l'époque soviétique, préfigurent et donnent un cadre aux pratiques de chasse et de pêche, et par extension à l'existence tout entière des humains à Tvaïan. La réinvention d'une autre organisation de la vie (chasse, pêche et cueillette) indépendamment des rennes et/ou des pratiques folkloriques, les uns et les autres destinés *in fine* à des consommateurs extérieurs, en est l'effet principal.

Avant d'entrer dans le détail de ces réponses oniriques (nocturnes) et incarnées (diurnes), il nous faut comprendre les prémisses ontologiques qui les informent. Comme on a pu s'accorder temporairement sur le fait que le naturalisme cadrait philosophiquement les politiques d'État, il faut maintenant se poser la question du type de monde, antécolonial, dans lequel les réponses actuelles du collectif de Daria se déploient. Notre interrogation à ce stade devient : comment se fait-il qu'il ait suffit que « la lumière s'éteigne », c'est-à-dire que le système économique et politique dans lequel étaient insérés les Even du Kamtchatka s'effondre, pour que, selon les mots de Daria, « les esprits resurgissent », qu'une latence soit en quelque sorte libérée et leur permette d'emprunter des trajectoires inattendues ? De quoi cette latence est-elle le nom ? La clé de voûte de leurs choix de vie devient non plus de seulement de savoir comment gagner de l'argent et/ou vivre dans et par l'État qui gouverne leurs relations aux humains comme aux autres, mais aussi comment reprendre le dialogue avec les entités et êtres qui comptent de manière horizontale, un dialogue laissé en suspens un demi-siècle plus tôt.

Nous avons saisi les leviers conceptuels actionnés par les politiques d'assimilation pour façonner une organisation de monde servant les intérêts des États de droit et des acteurs économiques qui y sont associés ; ressaisissons-nous à présent de l'hypothèse selon laquelle le naturalisme serait incapable de durer dans le temps et demandons-nous, si tel est vraiment le cas, ce qu'il y avait avant qu'il ne semble tout recouvrir. Que racontent les histoires qui informent depuis des siècles le monde des collectifs autochtones du Grand Nord, avant le récent processus de colonisation ? Qu'en est-il des formes dites mythiques de ces mondes, et sous quel angle sont-elles suffisamment contemporaines pour se voir réanimées dans le contexte politique et écologique actuel ? En somme, dans quel type de cosmologies prenons-nous pied, et comment peuvent-elles être réactualisées au sein de l'actualité chaotique induite par le changement climatique et/ou les crises systémiques dans les régions du Grand Nord ?

4

COSMOGONIE ACCIDENTELLE I : NAISSANCE DES CORPS

Et tout ce qui est perçu avec les sens, pensé, senti et rêvé, existe.

Paul Radin[1]

Nous sommes familiers du récit de genèse judéo-chrétien : « Au commencement, Dieu créa les cieux et la terre. La terre était informe et vide, il y avait des ténèbres à la surface de l'abîme, et l'esprit de Dieu bougeait au-dessus des eaux. Dieu dit : Que la lumière soit ! Et la lumière fut. Dieu vit que la lumière était bonne ; et Dieu sépara la lumière d'avec les ténèbres. Dieu appela la lumière jour, et il appela les ténèbres nuit. Ainsi, il y eut un soir, et il y eut un matin : ce fut le premier jour. » Le mythe judéo-chrétien pose la question classique de l'introduction des différences au sein de la matière ou, pour le dire trivialement, du passage de l'informe aux formes – question au demeurant posée par la plupart des mythes d'origine à travers le monde. Dans l'introduction de *Steps to an Ecology of Mind*, Gregory Bateson compare le récit de la Genèse à un mythe de

1. « And everything that is perceived by the sense, thought of, felt and dreamt of, exist. », P. Radin, « Religion of the North American Indians », *The Journal of American Folklore*, octobre-décembre 1914, 27, 106, p. 352.

création iatmul en Nouvelle-Guinée[2]. Ce dernier porte aussi sur la manière dont la terre fut séparée de l'eau mais, plutôt que de mettre en scène un dieu tout-puissant, il narre la rencontre entre le crocodile Kavwokmali et l'humain Kevembuangga qui dans leur combat à mort permettent à une terre de se stabiliser – le crocodile cesse de remuer la boue à la surface de l'eau en mourant sous la lance de l'homme, la boue se rigidifie et se fait terre. La première chose à noter, c'est que, dans la version iatmul, la terre n'est pas intentionnellement créée par un unique agent qui lui est extérieur, comme dans le mythe de la Genèse : la terre est le produit d'une rencontre. C'est pour prolonger ce trait soulevé par Bateson que je souhaite avancer que plus encore qu'une rencontre, c'est une rencontre fortuite dont il s'agit. Si le sujet est le même – l'introduction des formes différenciées qui composent le monde que nous connaissons aujourd'hui –, c'est la *manière* dont ces formes adviennent à l'existence qui m'intéresse ici. Ces manières que j'appelle *accidentelles* plutôt qu'*intentionnelles* changent tout, puisqu'elles font varier la cartographie des relations entre les êtres et éléments dès l'origine, ouvrant un registre des possibles différent, capable de se déployer dans le temps en informant l'expérience du présent.

Les histoires qui évoquent les temps mythiques dans les régions septentrionales commencent généralement par la contextualisation suivante : « En ce temps-là, les animaux et les humains parlaient la même langue et tous se comprenaient. » Ces récits nous parlent d'un temps situé en amont du processus de

2. Bateson compare les deux mythes pour remettre en question l'apparente évidence de l'induction au sein de la philosophie et des sciences. Il met en exergue son impossibilité « à l'origine », étant donné que personne n'a jamais expérimenté une terre informe, indifférenciée, ou pire, « vide ». G. Bateson, *Steps to an Ecology of Mind: Collected Essays in Anthropology, Psychiatry, Evolution, and Epistemology*, Chicago, University of Chicago Press, 1972.

spéciation ou, plus précisément, juste au moment du basculement, alors que les êtres sont en train de devenir ceux que nous rangeons aujourd'hui dans des catégories d'espèces et d'éléments diversifiés : le temps du mythe. La création première est toujours racontée comme une négociation au sujet d'un monde inconnaissable dans sa globalité, que des êtres imprévisibles ne cessent de fabriquer sans jamais le terminer. Il n'y existe pas d'état de grâce, de paradis ni de chute, mais une mise en relation trans-spécifique continue et infinie, se déployant dans les métamorphoses des uns au contact des autres. Les êtres y sont plongés dans le noir ou flottants sur un océan sans borne, leurs contours ne sont pas définis, leurs frontières d'âmes et de corps sont poreuses, chacun peut se glisser dans la peau de l'autre, sous ses habits et dans sa tête, à tout moment.

Je voudrais introduire le motif de la cosmologie accidentelle par la figure de Corbeau, parce qu'il est le démiurge le mieux connu du Grand Nord, quoiqu'il ne soit pas le seul. Ainsi ce récit mythique tsimshian, dont les variantes sont très répandues sur la côte nord-ouest :

> Partout, c'était la nuit. L'obscurité était si impénétrable que Corbeau se cognait partout. Insatisfait de cet état du monde, Corbeau erra tant bien que mal jusqu'à la maison d'un très vieil homme, qui vivait à l'embouchure du fleuve Nass avec sa fille. Il avait appris qu'il détenait la lumière du monde dans une toute petite boîte, cachée dans d'autres boîtes, et il avait bien l'intention de se l'approprier. Il resta longtemps à l'extérieur, se demandant comment s'y prendre pour entrer sans être inquiété. Il tâta les parois de la maison mais ne trouva aucune ouverture discrète, il n'y avait que la porte d'entrée. Un jour, la jeune fille alla chercher de l'eau à la rivière, et Corbeau comprit que son occasion était arrivée. Il se changea en épine de pin et se laissa emporter par le courant, jusqu'à se retrouver dans le seau que la jeune fille

remplissait. Corbeau lui donna si soif qu'elle but l'eau à grandes gorgées et avala l'aiguille de pin. Il se nicha alors confortablement au creux de son ventre, et se transforma une deuxième fois. Quelques temps plus tard la jeune fille donna naissance à un nouveau-né d'étrange allure, doté de quelques plumes sur le corps et d'un regard vif et pénétrant. Le petit n'était autre que Corbeau lui-même. Il s'employa immédiatement à attendrir son grand-père pour gagner sa confiance, qui finit peu à peu par céder à ses exigences. Lorsque Corbeau obtint enfin les boîtes contenant toute la lumière du monde, il s'en saisit immédiatement tout en se transformant à nouveau en corbeau, et s'envola par la cheminée. Si heureux du butin qu'il tenait dans son bec, et de l'effet que la lumière produisait sous ses ailes alors qu'il survolait la terre, il ne fit pas attention à Aigle qui le pourchassait. En évitant de justesse ses serres crochues, il laissa malencontreusement tomber une bonne moitié de la lumière, qui se brisa sur les rochers en une myriade d'éclats qui rebondirent jusqu'au ciel et l'étoilèrent. Aigle pourchassait toujours Corbeau, et ils volèrent comme ça jusqu'au bout du monde. Épuisé, Corbeau laissa choir le dernier morceau de lumière qui disparut sous les nuages. Quelques minutes plus tard, un astre aveuglant se leva à l'est, et ses rayons se répandirent partout aux alentours[3].

Si le Corbeau du mythe tsimshian peut être vu comme un démiurge, c'est-à-dire un créateur de monde, c'est un démiurge d'étrange aspect, puisqu'il ignore lui-même la catégorie d'êtres à laquelle il semble appartenir. Son action est accidentelle, parce qu'elle est le produit d'une rencontre infortunée avec un autre, Aigle, qui arrive sur scène sans prévenir et bouscule les plans qu'il avait fomentés. C'est précisément cette bousculade, « aigle percute corbeau en plein ciel et la lumière fut », qui doit nous

3. Pour une version longue et traduite de ce mythe, voir par exemple B. Reid et R. Bringhurst, *Corbeau vole la lumière. Essai autochtone*, Saint-Boniface, Éditions des Plaines, 2011.

questionner quant à comment un monde est réputé se former dans les cosmologies du Grand Nord.

Que s'est-il passé ? Corbeau vient de jeter la lumière sur le monde, et donc de le rendre connaissable à distance, de loin : les êtres peuvent dorénavant y distinguer des limites visuelles, et non plus seulement tactiles, auditives, gustatives et olfactives. Chaque entité qui peuple et constitue le monde se détache brusquement des autres à mesure que l'astre se lève et dépose une lumière sur leurs différences de matière, de forme et de constitution. C'est le début de la spéciation, c'est-à-dire la naissance des corps limités ; c'est le commencement d'un monde constitué d'une diversité sensible, qui en se stabilisant dans le temps et en se manifestant dans les corps aura peu à peu des effets de clôture agissant sur les êtres en coprésence. Leurs dispositions physiques se spécifiant, ils s'éloigneront petit à petit les uns des autres, et lorsque le temps du mythe s'achèvera, ils ne « parleront plus la même langue ». Le cycle des métamorphoses cessera temporairement jusqu'à ce que, pour une raison – non plus originelle mais contemporaine – de passage d'un état à un autre, le temps du mythe soit réactivé au sein d'un monde à présent diversifié, et que les coordonnées de départ de ce milieu spécifique soient redistribuées.

Corbeau laisse malgré lui perler la lumière sur la question des frontières qui séparent les êtres qu'il a croisés et il le fait, paradoxalement, en ayant recours à la métamorphose de manière quasi compulsive. Pour ne rien arranger, il est pris à son propre piège et échoue lamentablement à mener à bien la mission qu'il s'était attribuée, voler la lumière et la garder pour lui. Ses aventures sont narrées comme des errances trébuchantes et incertaines, jamais comme des quêtes. Quels sont ses motifs ? Impossible de le dire, quoiqu'il soit certain qu'ils ne sont pas intentionnels. Mais cela n'empêche en rien le geste créateur d'advenir : c'est grâce au concours d'autres que lui et, malgré toute sa magie, à son échec personnel qu'il répand la lumière sur les éléments et les êtres, les rendant *visibles*, appréhendables par la pensée et non plus seulement par les sens.

Le monde que les humains connaissent après l'intervention de Corbeau est donc le produit d'un malentendu grotesque, plutôt que de l'action d'un héros civilisateur, ou encore d'une intervention divine. En Alaska, les Gwich'in éclataient de rire lorsque je leur demandais si le corbeau, dont ils me narraient régulièrement les histoires, était un animal sacré : « Pourquoi est-ce qu'on l'adorerait ou le prierait ? C'est un bougre sournois et rusé, un vrai tricheur ! Il est impossible de lui faire confiance[4]. » Au Kamtchatka, lorsque je posais le même type de question aux Even, on me répondait laconiquement : « Le corbeau n'a rien d'un dieu, mais il est aussi intelligent que toi ou moi, il faut donc faire attention à lui ! » À l'instar des hypothèses avancées par certains ethnologues qui tentèrent d'établir plus fermement la place du corbeau dans un système cosmogonique[5], les collectifs qui l'invoquent dans leurs histoires et mythes restent la plupart du temps circonspects quant à ses qualités intrinsèques, à son rôle cosmique et à son statut social. Son instabilité comportementale et ses capacités métamorphiques en font quelqu'un de très difficile à saisir, il devient même périlleux de dire avec certitude *qui* il est véritablement, car il pourrait vous surprendre. C'est ce principe qui est joué et rejoué dans les histoires mythiques : l'impossibilité de statuer sur l'identité d'un certain type d'êtres, malmenant les relations constituantes du collectif, celles qu'il faudrait justement s'attacher à préserver.

4. N. Martin, *Les Âmes sauvages*, *op. cit.*

5. R. K Nelson, *Make Prayers to the Raven: A Koyukon View of the Northern Forest*, Chicago, The University of Chicago Press, 1983.

Dans le contexte écologique des chasseurs-cueilleurs du Grand Nord, empreint d'incertitudes quotidiennes, le message d'un être comme Corbeau devient assez clair : il faut se méfier du sens commun et de l'apparente stabilisation des êtres et des choses, même lorsque le temps du mythe est *a priori* clos et que les êtres se sont distingués les uns des autres, devenant par là « reconnaissables de loin ».

Sommes-nous bien sûrs de reconnaître ceux qui nous entourent ? C'est une des questions que posent les collectifs autochtones du Grand Nord lorsqu'ils convoquent les histoires mythiques et les transmettent. Elles sont moins des récits relatant l'origine d'un peuple en particulier, ou même d'un territoire, que des modèles de relations avec les autres êtres, proposant une cartographie d'un autre type que la nôtre, une cartographie accidentelle. La relation des humains avec cette cartographie est loin d'être normative : elle ouvre plutôt un registre de correspondances possibles entre le jadis accompli et l'actualité la plus pressante. La relation entre histoires mythiques et pratiques actuelles est d'ordre analogique : s'y ouvre la possibilité de résonances entre l'infiniment proche et l'infiniment lointain, le révolu du passé et l'ouvert du présent, qui s'entremêlent dans le flux de l'expérience vécue et viennent se reconfigurer l'un l'autre. Cette idée en tête, on saisit différemment ce qu'écrivait Claude Lévi-Strauss, il y a plus de cinquante ans : « La valeur intrinsèque attribuée au mythe provient de ce que ces événements, censés se dérouler à un moment du temps, forment aussi une structure permanente. Celle-ci se rapporte simultanément au passé, au présent et au futur[6]. » Sous sa plume, les mythes sont à la fois historiques et anhistoriques ; affirmation qui résonne avec la manière benjaminienne d'articuler historiquement le passé en se rendant « maître

6. C. Lévi-Strauss, *Anthropologie structurale*, Paris, Plon, 1958, p. 231.

d'un souvenir tel qu'il brille à l'instant d'un danger» ; affirmation sur laquelle s'accorderaient les collectifs autochtones mobilisés ici, puisqu'ils n'ont de cesse de se ressaisir de ces histoires en les faisant résonner dans le présent, les démembrant en les arrachant aux limbes pour les mettre en relation avec une réalité décalée, les remembrant en rendant en leur sein l'actualité chaotique agissante et transformatrice. C'est peut-être en lien avec cette intuition de départ que Lévi-Strauss cite Franz Boas en ouverture de « La Structure des mythes », avec cette phrase énigmatique qui, au vu des questions qui nous intéressent ici, ne pourrait sonner plus juste : « On dirait que les univers mythologiques sont destinés à être pulvérisés à peine formés, pour que de nouveaux univers naissent de leurs débris[7]. »

7. F. Boas, Introduction à James Teit, « Traditions of the Thompson River Indians of British Columbia », *Memoirs of the American Folklore Society*, VI, 1898, p. 18. C. Lévi-Strauss, exergue à « La structure des mythes », *Anthropologie structurale, op. cit.*, p. 227-255.

5
TRICKSTERS

Touraki

La ligne flotte mollement dans le courant qui vient enfin de percer la glace, ça ne mord pas. Enfoncées jusqu'à mi-jambes dans la neige poudreuse, nous perdons espoir d'attraper qui que ce soit pour le déjeuner. Du poisson frit, ça aurait été bien, dit Daria. L'eau défile sous nos pieds. Mais je n'ai vu personne en rêve cette nuit. Les arbres claquent sous l'effet du soleil qui détend leurs tissus. Et nous avons encore beaucoup de viande de renne. J'acquiesce en silence, les yeux rivés sur les morceaux de glace qui se détachent du corps gelé de la rivière et filent vers l'aval en faisant tournoyer nos lignes. Ça me rappelle une histoire... Tu connais celle du corbeau et du saumon ? Non, vas-y, je réponds.

> Touraki[1] part à la chasse. Une fois un renne tué et chargé sur son traîneau, il se rend compte qu'il est trop lourd pour qu'il le tire lui-même. Alors il décide de passer par la rivière. Les saumons qu'il attrape, il ne les tue pas mais les prend comme assistants. Je vous donnerai à manger ! clame Touraki pour les amadouer. Il les attelle, et les saumons commencent à tirer le traîneau comme des chiens. On est fatigués, Touraki ! se plaignent-ils au bout d'un moment. Touraki, quand est-ce que tu vas nous nourrir ? Attendez encore un peu, on avance jusqu'à ma destination

1. Touraki est le nom even de corbeau.

> puis je vous donnerai à manger. Ils vont jusqu'à l'endroit indiqué par le corbeau mais il ne les nourrit toujours pas, ne les regarde même pas. Ils se révoltent une deuxième fois. T'as plein de viande, donnes-en nous un peu ! Touraki les rabroue. Il faut aller encore un peu plus loin. Soyez patients et je vous nourrirai là-bas. La troisième fois qu'ils réclament leur part, comme ils ne sont toujours pas écoutés, ils font glisser sur leurs écailles les lanières de cuir que Touraki avait sanglées sur eux, le laissent tout seul avec sa viande et son traîneau trop lourd coincé dans la neige et s'en vont replonger dans la rivière.

Je souris à Daria. Et donc ? Et donc quoi ? me répond-elle. C'est tout, c'est la fin de l'histoire. Je suis agacée, je sors la ligne de l'eau, enfonce mes moufles dans ma veste. Bon, on n'aura rien aujourd'hui, dit Daria. Ils sont partis ou bien ils ne sont pas là. On va finir comme Touraki si ça continue, à prendre racine dans la neige si on ne renonce pas. Elle part d'un grand éclat de rire. On y va ? On y va.

Touraki, l'arroseur arrosé, fait immédiatement penser le lecteur occidental aux personnages des fables de La Fontaine, ayant pour héros des animaux agissant comme des humains, se dupant mutuellement pour s'en aller avec leur part du gâteau aux dépens des autres. L'une des principales différences réside néanmoins dans le fait que les histoires de Daria et sa famille – comme celles de tous les collectifs animistes du Grand Nord – ne sont jamais livrées avec la morale. « Rester sur sa fin » est une constante à laquelle il faut s'habituer et finit par devenir, avec le temps, l'aiguillon qui attise la pensée : nous consignons des histoires ambivalentes en pressentant la puissance qu'elles recèlent, sans toutefois jamais savoir quel sens leur donner. Il est probable que cette absence de morale, cet espace sonore laissé sinon vacant, du moins suspendu lorsque la voix s'éteint, soit celui que nous cherchions à saisir tout au long de notre vie de chercheur. L'agencement des histoires qui vont suivre et leur entrelacement avec les options interprétatives que leur contenu et leur forme ont pu générer sont l'expression même de ce mouvement.

Le Touraki de Daria, comme le Corbeau de la rivière Nass, peut être associé au concept de *trickster* qui, dans les histoires mythiques comme dans la vie quotidienne, s'acharne à interrompre ou à faire dévier les activités humaines en ne respectant aucune limite sociale ou physique. La figure polymorphe du trickster se stabilise au début du XXe siècle, avec la parution d'un corpus de mythes tsimshian, tlingit et haida recueillis par Franz Boas, Henri. W. Tate[2] et John Swanton[3]. On y trouve les trois cycles de Corbeau, impliqué dans des aventures fantastiques et rocambolesques, obscènes et flamboyantes, où il s'amuse à faire et défaire le monde commun, jamais par philanthropie mais plutôt par mégarde et espièglerie. Boas qualifia cet être de « trickster-culture hero » parce que, malgré sa nature ambivalente, Corbeau est bien souvent à l'origine du monde tel que nous le connaissons aujourd'hui. Lévi-Strauss quant à lui proposera ensuite de l'identifier par le mot *décepteur,* combinant le sens de « décevoir » avec celui du latin tardif *decipere* : attraper, tromper, causer une déconvenue. L'ethnographie la plus riche de ce personnage concerne l'Amérique du Nord, bien qu'on le retrouve dans

---

2. F. Boas, *Tsimshian Mythology (based on texts recorded by Henry W. Tate)*, Thirty-first Annual Report of the Bureau of American Anthropology 1909-1910, Government Printing Office, 1916.

3. J. R. Swanton et F. Boas, *Haida Songs & Tsimshian Texts*, vol. III, Publications of the American Ethological Society, Leyde, Brill, 1912 ; J. R. Swanton, *Tlingit Myths and Texts*, Smithsonian Institution, Bureau of American Ethnology, Government Printing Office, Washington, 1909.

d'autres régions septentrionales (comme dans le cas présent), mais aussi en Afrique[4] et en Océanie. La notion de trickster (ou de décepteur), si elle s'est formée au contact des mythes amérindiens pour tenter de saisir l'identité flottante et ambiguë des animaux qu'ils mobilisaient, appartient aux sciences humaines : elle voit le jour au croisement de l'anthropologie sociale et culturelle nord-américaine et de l'étude ethnographique de l'art populaire. Au cours de la première moitié du XXe siècle, sa polysémie la fera migrer vers d'autres disciplines – de l'histoire des religions à l'histoire de l'art en passant par la sémiotique et l'ethnolinguistique jusqu'à la psychologie junguienne. Selon Gilles-Félix Vallier, « cette promotion est concomitante de la reconnaissance du *trickster* dans la plupart des sociétés humaines (avec ou sans écriture) peuplant tous les continents, et à des périodes historiques très différentes, remontant à la haute Antiquité pour poindre à nouveau dans le monde postmoderne. Ils ont pu apparaître soit sous plusieurs avatars, soit sous une identité constante, presque absorbante. Par là même, ils ont occupé impérieusement des *interstices définitoires*[5] ».

Oulitchan

Une carcasse de renne découpée gît à l'entrée de la yourte, dans un petit sas de bâches et de peaux. La nuit tombe, il fait très froid. Depuis l'intérieur nous entendons de drôles de frôlements contre les parois. Daria se lève et sort en catastrophe, je

4. Voir par exemple E. E. Evans-Pritchard, *The Zande Trickster*, Oxford, Clarendon Press, 1967.

5. G.-F. Vallier, « Le concept du héros imprévisible », *Cahiers d'études africaines*, 204, Varia, 2011, p. 811-845 (les italiques sont de moi).

lui emboîte le pas. Pscht pscht pscht, Oulitchan ! Enlève tes pattes de là, lance-t-elle à la silhouette qui s'éloigne en trottinant dans l'obscurité. Regarde toutes ses traces. Cela fait un moment qu'il tourne ! Nous rentrons nous mettre au chaud, reprenons nos tasses de thé laissées sur la table basse près du foyer. Ces petits fouineurs sont vraiment partout, dit Daria en s'asseyant. Dans nos histoires aussi, ces petits menteurs. Tu veux en écouter une ? Davaï, je réponds laconiquement.

> C'est l'histoire d'un homme qui n'avait rien à manger et qui était parti pêcher. Oulitchan[6] passe à côté et voit que l'homme a eu une pêche fructueuse, son traîneau est plein de beaux saumons. Oulitchan se rapproche et le salue. Oh, j'ai si mal aux jambes, je ne peux plus marcher ! Emmène-moi sur ton traîneau, s'il te plaît ! L'homme, qui était crédule, accepte gentiment. Alors qu'Oulitchan se ménage une place au milieu des poissons, l'homme lui demande de lui préciser sa destination. Oh, je vais juste un peu plus loin ! répond Oulitchan. Ils se mettent en route, l'homme tire le traîneau avec le renard et les poissons dessus. Quand est-ce qu'on va se reposer ? demande l'homme après un moment. Va encore un peu plus loin, on s'arrêtera là-bas. L'homme accepte, cette fois plus mécontent. Pendant que l'homme avance, Oulitchan mange petit à petit le poisson. L'homme ne regarde pas en arrière et Oulitchan mange. L'homme demande une troisième fois à s'arrêter et Oulitchan repousse encore la destination. Cette fois, l'homme ne l'écoute plus et s'arrête. Bon, ça suffit, dit-il. J'ai trop faim et je suis fatigué. Va chercher de l'eau pour préparer le déjeuner, répond Oulitchan. Moi, je vais chercher du bois pour le feu. Oulitchan se saisit de la hache, saute du traîneau et disparaît derrière une petite colline. L'homme attend qu'il rapporte du bois mais Oulitchan ne revient jamais, il le laisse tout seul, sans poisson et sans feu.

6. Oulitchan est le nom even du renard.

Il s'est bien fait avoir, dis-je. Daria reste pensive un instant. Ça, c'est l'histoire even, reprend-t-elle. Les Russes racontent une autre version. L'homme part aussi à la pêche et trouve sur son chemin un renard qui fait semblant d'être mort. Le renard lui vole aussi du poisson. Sauf que dans la variante russe l'homme parvient à le tuer, et rentre chez lui pour offrir la fourrure à sa femme. Dans notre histoire, le renard est assis sur le traîneau et mange le poisson. Et comme l'homme qui tire le traîneau ne regarde pas ce qui se passe derrière, à la fin il n'y a plus rien.

Je me rappelle avoir été frappée par cette dernière phrase et avoir dit à Daria : nous non plus, nous n'avons pas regardé en arrière.

Farceur, bouffon, trompeur et héros civilisateur, démiurge et créateur, le trickster est un être polymorphe. On l'a vu revêtir les habits de corbeau, renard, lapin, coyote, glouton, et bien d'autres encore. De là des questions épineuses à résoudre pour ses exégètes : dans quels animaux s'incarne-t-il, et pourquoi ceux-là ? D'ailleurs est-il vraiment important qu'il s'incarne dans tel animal ou tel autre ? N'est-il pas qu'une simple projection mentale propre aux humains ? Son utilité est-elle psychologique, sociale ou écologique ? Est-il une contingence culturelle, propre aux collectifs qui le mobilisent, ou une figure universelle, capable de résonner en nous en ravivant un ancien que l'on croyait perdu ? Comment donc dessiner ses contours et saisir l'indéfinissable ou, pire, l'« indécidable[7] » ?

7. G.-F. Vallier, « Le concept du héros imprévisible », *loc. cit.*, p. 811-845.

« Pour moi, la signification est toujours phénoménale[8] », répond Lévi-Strauss à Paul Ricœur lorsqu'il l'interroge sur son analyse structurale des mythes. Il explique que le sens des symboles ne peut être que « de position », qu'ils n'offrent jamais de signification intrinsèque. Le récit mythique, où existe le trickster polymorphe, est pour lui une manière de réfléchir à l'ensemble des conciliations possibles entre les oppositions que la pensée introduit dans le monde, son objet étant de fournir un modèle logique pour résoudre une contradiction. La pensée mythique cherche ainsi moins à dépeindre le réel, qu'à « justifier la cote mal taillée en quoi il consiste, puisque les positions extrêmes y sont imaginées seulement pour les démontrer intenables[9] ». Le décepteur lévi-straussien incarne ces « positions extrêmes » dans un monde instable et chaotique ; sa mission devient dès lors d'y opérer des médiations, et d'appréhender le passage entre les oppositions qui traversent le tissu culturel au moment de sa formation. De la mort à la vie, de la féminité à la masculinité, de la chasse à l'agriculture, le trickster permet de résoudre l'incommensurabilité des termes en surmontant leur dualité, et de rendre ainsi le monde vivable.

À l'origine des temps, dit Lévi-Strauss, « les souhaits les plus extravagants pouvaient se réaliser. En revanche, l'ère actuelle, où les humains et les animaux ont acquis des natures distinctes, est marquée du sceau de la nécessité [...]. On ne peut plus faire n'importe quoi. Le "décepteur" le découvre, souvent par pertes et fracas ; parce que ses appétits immodérés le rendent, lui le premier, victime de ces contraintes naissantes, il lui revient d'en fixer leurs modalités. Dans un univers en plein changement,

8. C. Lévi-Strauss, « Réponses à quelques questions. *La Pensée sauvage* et le structuralisme », *Esprit*, 11, 1963.

9. C. Lévi-Strauss, *Anthropologie structurale II, op. cit.*, p. 209.

il est à la fois le dernier insoumis et le premier législateur[10] ». L'objet du trickster est ici autant de « travailler » un monde indifférencié pour y faire émerger des limites (et donc des altérités) que de rejouer l'indifférenciation primordiale et la manière, souvent hilarante et cocasse, contingente et accidentelle, dont le processus de spéciation s'effectue. Y a-t-il « plus » à trouver dans les mythes qui abritent les tricksters que leurs complots pour s'approprier certaines dispositions métamorphiques, au moyen desquelles ils deviennent des « opérateurs du passage », chargés de résoudre (ou au moins de soulever) les oppositions et contradictions qui s'invitent dans le processus de spéciation ? Non, dit Lévi-Strauss. Les mythes et leurs protagonistes ne signifient rien de plus que « l'esprit, qui les élabore au moyen du monde dont il fait lui-même partie[11] ».

Pourquoi Ricœur était-il simultanément « fasciné et inquiet » par cette formalisation lévi-straussienne des mythes[12] ? À cause du « non-sens » qu'il sentait poindre au sein de l'édifice logique des systèmes de transformations. Il rejoignait ici la critique adressée par les psychanalystes à l'anthropologue : en refusant toute signification au contenu des mythes, il les confinait à l'appauvrissement. En 1901, bien avant les élaborations théoriques de Lévi-Strauss, Sigmund Freud prend position sur la question mythique dans *Psychopathologie de la vie quotidienne* : « Pour une bonne part, la conception mythologique du monde, qui anime jusqu'aux religions les plus modernes, n'est autre chose qu'une psychologie projetée dans le monde extérieur[13]. » Les

---

10. C. Lévi-Strauss, « Préface », *in* B. Reid et R. Bringhurst, *Corbeau vole la lumière. Essai autochtone*, *op. cit.*

11. C. Lévi-Strauss, *Mythologiques, Le Cru et le Cuit*, Paris, Plon, 1964, p. 346.

12. C. Lévi-Strauss, « Réponses à quelques questions », *loc. cit.*

13. S. Freud, *Psychopathologie de la vie quotidienne*, Paris, Payot, 1975, p. 273-274.

mythes deviennent, sous la plume de Freud, l'expression première du mécanisme de la projection. Abîmés pour la majeure partie des adultes modernes au cours d'une « évolution prétentieuse[14] » où s'est créé un fossé toujours plus grand entre l'être humain et ses « co-créatures animales[15] », les mythes sont abordés comme autant d'archives psychiques (auxquelles les enfants auraient plus naturellement accès) renfermant la cristallisation d'un « antique mode de pensée[16] » et renvoyant « aux rêves séculaires de la jeune humanité[17] ».

Lévi-Strauss n'aura de cesse, tout au long de son travail sur les mythes, de répondre à cette imparable « psychologie des profondeurs[18] ». Il s'insurgera contre ce qu'il qualifiera de « vieilles interprétations » brandies par des exégètes incapables de concevoir les histoires mythiques autrement que comme des « rêveries de la conscience collective[19] », ne laissant aucune marge de manœuvre possible entre « la platitude et le sophisme[20] ». Si cette posture de l'anthropologue est d'abord fondamentalement intellectuelle, elle est aussi discrètement politique, puisqu'elle place l'anthropologie sur l'échiquier des sciences sociales en revendiquant fermement l'horizontalité dans l'analyse, c'est-à-dire la possibilité d'un examen *non projectif* du monde des autres, s'intéressant à ses logiques propres, sans pour autant cesser de faire des liens avec les

14. S. Freud, *L'Inquiétante Étrangeté et autres essais*, Paris, Gallimard, 1985, p. 182.

15. *Ibid.*

16. *Ibid.*

17. *Ibid.*, p. 45.

18. N. Journet, « La fonction mythique selon Lévi-Strauss », *in idem* (dir.), *Les Grands Mythes. Origine, histoire, interprétation*, Paris, Éditions Sciences humaines, 2017, p. 45-50.

19. C. Lévi-Strauss, « La structure des mythes », *Anthropologie structurale*, *op. cit.*, p, 228.

20. *Ibid.*

nôtres. Lévi-Strauss refuse de se retrouver coincé entre d'un côté une vision du mythe qui exprimerait les sentiments primordiaux de l'homme refoulés (amour, haine, vengeance, etc.) mais remis en jeu de manière détournée en étant projetés sur des animaux par exemple et, de l'autre, une approche encore plus problématique que la première, qui considère que les histoires mythiques ne font rien d'autre que d'expliquer métaphoriquement des phénomènes naturels ou météorologiques qu'on ne comprend pas – acception la mieux partagée par nos contemporains encore aujourd'hui. Entre une forme de réalisme naïf qui s'épanche en considérant les histoires mythiques comme des images miroirs déformées des relations sociales et/ou de l'existence d'un environnement naturel qu'on tente d'expliquer sans pourtant y parvenir, et son inverse symétrique, la projection sur d'autres êtres de sentiments humains universels refoulés, la « dialectique gagne à tous les coups[21] » pour atteindre l'horizon – inaccessible selon Lévi-Strauss, n'en déplaise à Ricœur – de la signification. Lorsque nous cédons à cette facilité interprétative, nous ne pouvons saisir les logiques autres qui sous-tendent les histoires que nous écoutons : il ne peut pas y avoir de *déplacement* vers la « pensée sauvage », mais seulement le bricolage d'un épouvantail effrayant qui figure nos propres psychoses, qui, rejetées sur les mondes dits prémodernes, justifient commodément leurs réminiscences nocturnes.

Pour Lévi-Strauss, la sentence d'un tel ressaisissement des mythes est sans appel : elle trahit un renoncement de la pensée. C'est pour faire face à ces conceptions appauvrissantes avec un outillage puissant que se formule la réponse lévi-straussienne : il fait sortir le mythe de l'Histoire et l'inscrit dans la Logique. Si l'autre des autres est, *aussi*, un autre, l'anthropologie n'a d'autre alternative que de poser un alignement de principe avec

21. *Ibid.*, p. 229.

la « pensée sauvage », sa mission première devenant la symétrisation – programme de recherche qui perdure encore aujourd'hui et que ce livre prolonge à sa manière. Lévi-Strauss s'opposa donc fermement à la prétention de la psychanalyse de constituer une connaissance universelle sur la vie inconsciente grâce à l'unique expérience clinique et psychothérapique, expérience qui révélerait, cachées dans les tréfonds de l'âme humaine, des représentations partagées par l'humanité entière et pourtant situées hors de tout espace-temps et de toute culture particulière : « Ils refusent de reconnaître et d'admettre que cette grande voix anonyme qui profère un discours venu du fond des âges, issu du tréfonds de l'esprit, puisse les laisser sourds, tant il leur est insupportable que ce discours dise tout autre chose que ce que, d'avance, ils avaient décidé qu'il dirait. À me lire, ils éprouvent une sorte de déception, presque de la rancune, de figurer en tiers dans un dialogue plus riche de sens qu'aucun jusqu'à présent noué avec les mythes, mais qui n'a pas besoin d'eux, et auquel ils n'ont rien à contribuer[22]. »

La psychanalyse jungienne ira quant à elle plus loin encore que l'approche freudienne, lorsqu'elle s'emparera de la figure du trickster pour en faire un « psychologème », c'est-à-dire une « structure archétypique psychique provenant des âges les plus reculés ». Selon Jung, dont la posture évolutionniste choque aujourd'hui, le trickster, dans ses manifestations les plus distinctes, représente l'« image fidèle d'une conscience humaine indifférenciée à tous les égards, correspondant à une psyché qui, dans son évolution, a à peine quitté le plan animal[23] ». Le « fripon divin[24] » décrit

22. C. Lévi-Strauss, *L'Homme nu*, Paris, Plon, 1971, p. 572.

23. P. Radin, C. Kerenyi et C. G. Jung, *Le Fripon divin*, Genève, Georg éditeur, 1958, p. 183.

24. « C'est ainsi que pour tous il resta tout à la fois un dieu, une bête, un être humain, un héros, un bouffon, lui qui existait déjà avant la différenciation du bien et du mal. Il est le négateur, l'affirmateur, le destructeur et le créateur. En un mot,

par l'ethnologue Paul Radin (dont Lévi-Strauss fera par ailleurs l'éloge dans *Anthropologie structurale II*) a conservé pour Jung « la forme originelle et mythique de l'ombre. Elle témoigne ainsi d'un niveau de la conscience bien antérieur à la naissance du mythe [...] Tant que sa conscience était semblable à celle du « Fripon », une telle objectivation ne pouvait évidemment pas se faire[25] ».

Pour Jung, la nature duelle et réversible du trickster, son inconscience et sa ruse, son impulsivité et sa magie, le rapproche du mercure des alchimistes ; il devient une figure de la transformation psychique ayant pour effet principal le renversement. Cette « dynamique de l'ombre » ne désigne pas une conscience enfantine, comme on serait poussé à le croire en faisant une lecture trop rapide, mais une capacité de renaissance et de renouvellement qui demeure en nous et peut être réactivée au moment opportun : « Au-dehors, on est presque un homme civilisé, mais au fond, on est un primitif. Il y a en l'homme quelque chose qui ne songe nullement à abandonner ce qui existait aux temps primordiaux, alors qu'une autre partie de lui-même s'imagine avoir depuis longtemps, et à tous les égards, surmonté cette ère primitive[26]. »

Si l'on met de côté l'évolutionnisme social, qui est l'un des gouffres qui séparent la pensée des psychanalystes de celle de Lévi-Strauss, reste qu'un effet essentiel de leur travail sur les mythes les réunit : la séparation entre les humains et le reste du monde. D'un côté, l'être humain devient *humain* par un divorce entre matérialité extérieure et psychisme ; de l'autre, par un clivage entre nature et culture. D'un côté, on s'attache à la manière dont

---

il est le Fripon divin. Si nous nous moquons de lui, il nous regarde en ricanant. Ce qui lui arrive nous arrive aussi à nous », *ibid.*, p. 46.

25. *Ibid.*, p 187.

26. *Ibid.*, p. 195.

l'esprit individuel se ressaisit du monde extérieur ; de l'autre, aux modes sur lesquels les cultures font jouer le donné naturel. Et c'est au trickster, pauvre hère venu du fond des âges ou du fond de l'espace, qu'il incombe de recoudre cette impossible césure et de panser la plaie béante. Le mythe et ses protagonistes polymorphes, brisés avant d'avoir brillé, seront dès lors l'expression d'un espace fêlé, où les habitants se meuvent entre les feux de deux vérités distinctes qu'ils auront pour mission, sinon de réconcilier, au moins d'articuler. Le trickster devient un véritable « jeteur de ponts » (au sens de Roger Bastide[27]), un être qui grâce à sa position liminaire ouvre aux sens multiples et à l'ambiguïté, indispensables pour préserver la vie, par-delà les dualités apparemment scellées entre vie intérieure et réalité sociale, vie humaine et réalité naturelle.

La mise en sourdine de l'expérience vécue nécessaire à la modélisation du structuralisme a certainement fait autant de mal aux êtres liminaires tels les tricksters que la manière psychologisante de leur attribuer un symbolisme immuable. Mais ces deux approches ont conjointement mis en lumière quelque chose de primordial malgré leurs divergences *a priori* irréconciliables : les êtres du dehors portent malgré eux des choses qui bien souvent nous appartiennent à nous ; ils deviennent régulièrement des miroirs de nos intériorités humaines fêlées, et/ou de nos collectifs humains clivés. C'est dans cet ordre d'idées projectives que le trickster a été associé à la question de la transgression, puisqu'il

27. Roger Bastide avait qualifié l'*Eshu* des Yoruba et le *Legba* des Fon de « jeteurs de ponts ». Selon lui, ces figures mythiques mettaient en image la fonction dialectique de la pensée en jetant des ponts vers l'altérité et la création. C'est leur position liminaire qui les apparentait à des formes sacrées. R. Bastide, « Le rire et les courts-circuits de la pensée », *in* C. Lévi-Strauss, J. Pouillon et P. Maranda (dir.), *Échanges et communications. Mélanges offerts à C. Lévi-Strauss*, Berlin, De Gruyter Mouton, 1970.

s'inscrit en faux contre toute catégorie positivement donnée dans une culture. On a pu dire du trickster qu'il avait un destin de « violateur d'interdits[28] », sa mission première étant d'enfreindre les coutumes et les règles, en faisant le contraire de ce que font les autres : « Ainsi se dessine la figure du violateur qui se sépare de la société et en transcende la loi par dévouement à la cause des hommes. Il assume sur soi la culpabilité de tous, et est condamné dès le départ à expier afin que l'ordre social triomphe et que soit composée la contradiction qui l'a mis temporairement en péril[29]. » Mais le trickster a aussi pu être vu comme une antistructure, un être qui déstabilise le système des relations entre les êtres : « À sa manière, il se tient dans le monde de l'expérience ordinaire tout en la transcendant, quoique souvent de manière destructrice... *trickster* représente un monde déformé au sein duquel les humains comme les autres créatures seraient anéantis en conséquence de leurs propres actions[30]. »

Triomphe de l'ordre social ou annonce de sa destruction imminente, c'est la normativité du trickster qui est ici interrogée. Faire jouer les contradictions permet-il de valoriser l'institution d'un collectif et d'œuvrer vers sa stabilisation ou, au contraire, d'exacerber les capacités métamorphiques de certains pour amplifier la qualité incertaine et instable des êtres peuplant un milieu particulier ? Transgresser les frontières apparemment établies permet-il de remettre le monde en mouvement, en questionnant la loi et donc

---

28. L. Makarius, « Le mythe du trickster », *Revue de l'histoire des religions*, 175-1, p. 17-46, 1969.

29. *Ibid.*, p. 25.

30. « In his own way he stands in the world of ordinary experience and also transcends it, though often in destructive ways... trickster represents a deformed world in which both human and other creatures would be destroyed probably as a consequence of their own actions », H. L. Harrod, *Renewing the World: Plains Indian Religion and Morality*, Tucson, University of Arizona Press, 1992, p. 65.

en évitant les dérives autoritaires ? Il n'est pas nouveau ni exotique qu'une société souhaitant violer ses propres lois ne puisse le faire qu'à travers l'action d'un grand magicien, d'un être liminaire, ou bien qu'elle s'autorise à déléguer ça aux animaux[31], l'important étant que les violateurs de la loi soient séparés du collectif. Leur position marginale leur permet, en le mettant en péril, de le mettre à l'épreuve : pour vivre dans un monde incertain, il faut se mettre en capacité de déstabiliser régulièrement l'ordre établi. Que fait-on d'autre aujourd'hui en Occident, peut-on se demander face à notre actualité écologique et sanitaire, que de déléguer aux autres qu'humains la cause du renversement de notre monde ?

Iyip

Un froid sec et brillant engourdit nos doigts tout juste sortis des moufles. Agenouillés dans la neige, nous plaçons un piège à zibeline dans le trou d'un bouleau, au ras du sol. Après avoir nettoyé l'intérieur de la cavité et installé le mécanisme, nous disposons délicatement une queue de saumon comme appât. Puis nous recouvrons le trou de branchages, de feuilles mortes et d'humus pour dissimuler le tout. Pourquoi cache-t-on le piège si nous voulons qu'une zibeline tombe dedans ? Je demande à Ivan bêtement. Tu ne les connais pas, me répond-il, ce sont les plus rusées de tous, les *Iyip*[32] ! Si tu fais un piège trop évident, forcément elles vont savoir que c'est un piège ! Suis-moi, lance-t-il. Nous marchons péniblement à reculons avec des branchages que

31. On pense ici au *Roman de Renart*, recueil de récits médiévaux français des XIIe et XIIIe siècles, où le miroir des animaux sert à la critique sociale du monde humain.

32. Nom even désignant la zibeline.

nous agitons sur la neige pendant quinze bonnes minutes. Ployé sur lui-même, Ivan rit sous cape à me voir transpirer, on dirait qu'il jubile et je râle d'autant plus. C'est une blague ? Ou un test ?, je demande, mi-amusée mi-agacée. Mais non ! proteste-il. On fait toujours ça, effacer nos traces d'arrivée. C'est pareil que pour les pièges : si elles les voient, elles sauront. Donc on fait comme elles. Comment ça comme elles ?, je demande encore, me sentant plus stupide à chaque minute. Les zibelines sont des brouilleuses de sens, répond-il. Elles sautent depuis les arbres dans la neige, courent en cercle et en spirale, parfois en zigzag, reviennent sur leurs pas dans leurs propres traces puis sautent de nouveau dans les arbres. C'est comme ça qu'elles perdent leurs poursuivants. N'essaie même pas de trouver où elles habitent en suivant leurs signes dans la neige, c'est peine perdue. Tu n'as qu'à regarder les chiens, ça les rend fous, ils se mettent à courir de manière complètement désordonnée en essayant de savoir où elles sont passées. Alors voilà. Nous aussi, on sème le doute et on brouille les pistes en effaçant nos traces.

Les mythes fondateurs sont comme les animaux géants réputés vivre sur terre bien avant les humains[33] : ils laissent des traces ; le paysage en est empreint. Pourtant *Iyip*, ou zibeline, n'est pas un être mythique, et n'est même pas ici ressaisie dans une histoire à dormir debout. Elle n'est pas dotée de pouvoirs magiques extraordinaires comme Corbeau, n'a pas la désinvolture de *Touraki* quant aux relations sociales à préserver, ni la malice d'*Oulitchan* lorsqu'il chahute le sens commun : elle est

33. S. Smith et Vuntut Gwich'in First Nation, *People of the Lakes: Stories of Our Van Tat Gwich'in Elders*, Edmonton, The University of Alberta Press, 2009.

simplement elle-même, et nous essayons de l'attraper. C'est à ce « simplement elle-même » qu'il faut revenir.

Zibeline, par ses déplacements que nous tentons de suivre, montre que s'arrêter à l'idée selon laquelle le trickster serait uniquement une projection humaine (sous quelque modalité que ce soit, culturelle ou psychologique) est non seulement incomplète, mais toxique pour la pensée, lorsque manipulée à outrance. Toxique, car elle permet d'oublier non seulement qu'un monde au-dehors existe, mais surtout que les puissances agentives qu'on y repère sont bien réelles. Assumer qu'il n'y a « personne derrière le masque du trickster » peut produire des effets délétères pour les habitants d'un milieu de vie mû par des relations de prédation constantes. Si le trickster est une « projection mythique », il ne l'est qu'en tant qu'il exprime une communauté de destin, passant par la formulation de propriétés et de dispositions qui traversent tous les êtres vivants.

L'histoire du piège à zibeline signifie que dans un contexte de chasseurs-cueilleurs, les animaux (même les petits) sont pris au sérieux. Zibeline est puissante, en ce sens qu'elle produit de l'intelligence rusée chez ses prédateurs, qui ne veulent pas devenir fous en se perdant sur ses traces, c'est-à-dire dévier de leurs trajectoires et faire des choses auxquelles ils ne s'attendaient pas. Si Zibeline produit de la pensée chez ses poursuivants, c'est parce qu'elle possède l'intelligence rusée en partage avec eux : en étant « simplement elle-même », elle les enjoint à « penser plus loin ». Zibeline est un trickster au sens plein du terme : elle incarne « réellement » tout ce qu'on ne contrôle pas, tout ce qui résiste et pourtant nous attire, tout ce dont on voudrait se saisir mais qui se refuse, et oblige ce faisant les humains à penser au coup d'après. Contrairement à Corbeau dans le mythe de création de la côté nord-ouest évoqué plus haut, Zibeline possède une puissance magique restreinte, l'obligeant à se mettre à l'épreuve d'une volonté autre que la sienne, et donc à ruser constamment pour rester en vie. Elle est un être métamorphique, parce qu'elle met la ruse au service de tout ce qui peut la rendre invisible, et donc insaisissable.

Iyip le trickster devient la *métis* de Vernant[34], l'intelligence a-humaine en action, celle qu'il faut toujours garder à l'esprit si on ne veut pas finir tout seul, sans feu et sans nourriture au milieu d'un cruel hiver. Simultanément, elle est aussi l'expression de la fragilité de nos existences à tous, qu'il faut quotidiennement garder à l'esprit dans un contexte de chasseurs-cueilleurs. Elle n'est pas uniquement d'ordre projectif, puisqu'elle exprime *réellement* les failles en chaque être vivant, au fondement de ses puissances comme de ses vulnérabilités. C'est depuis ces failles, ces brèches mal refermées, qui survivent en chacun depuis le temps du mythe, qu'un dialogue est possible. Pour toutes ces raisons, les « histoires à trickster » sont racontées aux enfants dès leur plus jeune âge, évoquées lors de séances de chasse comme le soir autour du feu, avec un mélange de crainte et d'humour. Il s'agit de formuler verbalement que les êtres qui nous entourent sont doués d'attention et d'intentions, et qu'en conséquence ils peuvent nous déborder, et à tout moment faire chavirer notre monde. Plus encore, c'est leur proximité instable qui fonde le collectif, en rappelant à l'esprit humain les capacités dont il faut faire preuve pour se mouvoir dans un environnement incertain et aléatoire. Le trickster nous apprend que les trajectoires des autres coïncident rarement avec les nôtres, nous obligeant à exercer notre discernement : vivre devient alors métaboliser l'imprévisible au quotidien.

34. Voir M. Detienne et J.-P. Vernant, *Les Ruses de l'intelligence. La* mētis *des Grecs*, Paris, Flammarion, 2018 ; J.-P. Vernant, *La Mort dans les yeux, figures de l'Autre en Grèce ancienne*, Paris, Hachette, 2011.

Le trickster, le temps de l'histoire, suspend l'Histoire : la spéciation n'a finalement pas eu lieu. Grâce à cette nouvelle coordonnée de départ, il peut se mouvoir en toute liberté entre les barrières d'espèces comme sur les franges des codes sociaux et aux marges des interdits culturels. Il fait forcément imploser les limites que l'on s'était collectivement imposées, et force les humains à accepter le fait qu'ils détiennent bien moins de contrôle qu'ils ne le pensent. Le trickster est la figure du système qui tremble, il est la brèche dans l'institution, celui qui confine à la désagrégation d'une cosmologie donnée, qui la martyrise en mettant à mal sa stabilité. C'est en cela que le trickster pose un véritable problème à ses exégètes, puisqu'ils tournent autour d'un mystère, tout comme les chasseurs tournent autour de Zibeline : c'est le chemin qu'il faut accomplir pour percer l'énigme qui produit de l'intelligence. Comme Zibeline, le trickster résiste à l'analyse, parce que c'est justement sa mission : il empêche les humains de statuer et de conclure sur lui, c'est-à-dire de clore son sens, et sa destinée. C'est précisément pour cette raison qu'il n'y aura jamais de morale aux histoires de trickster.

Vivre dans un monde animé, c'est-à-dire un monde que l'on se sait partager avec des êtres dotés de perspectives forcément singulières car orientées par des dispositions corporelles divergentes des nôtres, oblige à faire appel à des figures du type « trickster » pour le penser. De manière réversible, les tricksters s'imposent à nous en amont de la pensée, dans leurs actions quotidiennes en ce qu'elles nous touchent et nous transforment, dans leurs manières de résister au sens, et d'être toujours plus que ce que l'on attendait d'eux. Le trickster est certainement un révolté ; mais il n'est pas seulement imaginaire[35]. Animal et humain ; être incarné

35. L'expression de « révolté imaginaire » est de G.-F. Vallier, « Le concept du héros imprévisible », *loc. cit.*

et principe ; forme et matière. Trickster est celui qui se glisse aux confins de chaque monde par le leurre pour rebattre les cartes. Il est l'extérieur pensant et agissant, les forces du dehors ; Il est la puissance de métamorphose qui gît en nous. Il est Corbeau qui fait jaillir la lumière sur le sol en percutant Aigle par inadvertance dans le ciel ; Humain qui forme une terre à l'air libre avec le fragment de limon subaquatique que Rat Musqué lui offre.

Ricœur et ses collègues de la revue *Esprit* tentent de piéger Lévi-Strauss. Déplacés dans leurs postures intellectuelles par *La Pensée sauvage*, qui fait éclater le cadre limité d'une mentalité primitive face à une pensée civilisée, ils placent Lévi-Strauss devant l'indécidable. Où se situe la pensée sauvage dans l'espace-temps ? Où débute-t-elle ? Lévi-Strauss s'insurge devant l'abîme d'une telle question, pense à se défiler. Lui à qui l'on croyait devoir la reproduction du grand partage entre nature et culture, à l'endroit même de l'esprit humain, répond sobrement, presque timidement, avec cette pointe d'ironie qui convoque tous les tricksters du monde, toujours prêts à démolir l'édifice solide sur lequel ils semblaient se tenir : « Je serais plutôt porté à admettre que la pensée commence avant les hommes[36]. »

36. C. Lévi-Strauss, « Réponses à quelques questions », *loc. cit.*, p. 646.

6

COSMOGONIE ACCIDENTELLE II : NAISSANCE DES PENSÉES

Tout doit être doté d'une âme pour exister (comme un être animé).

I. Hallowell[1]

En 1960, Irving Hallowell écrit que l'un des grands problèmes que vont poser les « visions du monde[2] » des collectifs autochtones aux anthropologues est celui de l'« ethno-métaphysique[3] ».

---

1. « Everything has to have a soul in order to exist (as an animate being) », I. A. Hallowell, « The Ojibwa self and its behavioral environment », *in* B. J. Good, M. M. J. Fisher, S. S. Willen et M.-J. DelVeccio Good (dir.), *A Reader of Medical Anthropology: Theoretical Trajectories, Emergent Realities*, Hoboken, Wiley-Blackwell, 2010, p. 40.

2. I. A Hallowell reprend à son compte le concept de « vision du monde » (*worldview*) de Robert Redfield. « In the metaphysics of being found among these Indians, the action of persons provides the major key to their world view ». A. I. Hallowell, « Ojibwa ontology, behavior, and worldview », *in* S. Dimond (dir.), *Primitive Views of the World*, New York, Columbia University Press, 1964, p. 51. Sur le concept de *worldview*, voir R. Redfield, « The Primitive World View », *Proceedings of the American Philosophical Society*, 96, 1, 29 février 1952, p. 30-36.

3. « Human beings in whatever culture are provided with cognitive orientation in a cosmos; there is "order" and "reason" rather than chaos. There are basic premises and principles implied, even if these do not happen to be consciously formulated and articulated by the people themselves. We are confronted with the philosophical implications of their thought, the nature of the world of being as they conceive it. If we pursue the problem deeply enough we soon come face to face

Pour prendre en compte cette question de manière raisonnable et objective, Hallowell suggère que l'anthropologue va devoir non seulement s'efforcer de résister à la tentation de projeter ses propres catégories (qu'il qualifie de « dogmatiques » puisque adossées à la science moderne) sur les collectifs qu'il étudie, mais plus encore, qu'il va devoir rechercher une forme « plus élevée d'objectivité » en adoptant une perspective qui considérerait la manière dont ces sociétés composent leur monde comme une « procédure complémentaire[4] ». En ouvrant la possibilité d'une ethno-métaphysique, Hallowell pose simultanément la question des preuves. Pénétrer ces autres cultures demande-t-il d'en passer par une étude des formes du discours ? Par le contenu des mythes ? Par l'observation attentive des coutumes et habitudes ? Et encore, quelle confiance pourra-t-on faire aux inférences que nous proposerons[5] ? Ces questions classiques étaient déjà difficiles en 1960 ; elles restent épineuses aujourd'hui et sont loin d'être résolues. En réponse à ses questionnements, Hallowell décide d'explorer la notion de *personne* ojibwa de tous côtés et avec tous les outils à sa disposition, en naviguant habilement entre le risque de subjectivisme et de relativisme qui plane toujours au-dessus d'un texte d'anthropologie, surtout s'il est « écrit[6] », et la nécessité de continuer à produire un savoir fiable et réflexif sur les mondes étudiés. Dans l'un de ses textes, Hallowell fait un geste méthodologique qui peut nous paraître étrange, mais qui témoigne de sa volonté d'opérer un déplacement au sein de sa propre cosmologie, de la faire varier, lorsqu'il aborde celle des Ojibwa : il utilise la

---

with a relatively unexplored territory-ethno-metaphysics », A. I. Hallowell, « Ojibwa ontology, behavior, and world view », *op. cit.*, p. 50.

4. *Ibid.*, p. 51.

5. *Ibid.*, p. 50.

6. Voir C. Geertz, « A strange romance: Literature and anthropology », *Profession*, 1, 2003, p. 28-36.

première personne du singulier pour expliquer l'animisme tel qu'il le comprend à travers les fragments de rêves et de récits dont lui font part ses interlocuteurs. En s'en ressaisissant avec ses mots et à la première personne, Hallowell se déplace en pensée dans le monde des autres en tentant d'incarner *momentanément* une perspective qui n'est pas la sienne[7]. Ce faisant, il crée les virtualités d'existence d'un dialogue entre la cosmologie Ojibwa et la sienne, sa pensée devenant un lieu de rencontre possible. En d'autres termes, il utilise ses capacités imaginatives pour pénétrer une réalité qui n'est pas la sienne mais à laquelle il reconnaît une validité entière.

Ce procédé heuristique ne lui est pas propre : en auditeur attentif des mythes et histoires ojibwa, il est coutumier d'une méthodologie analogue, qu'emploient les humains qui l'entourent lorsqu'ils tentent de comprendre les agissements des êtres qui peuplent leur milieu : il faut pouvoir se mettre temporairement à leur place pour se poser la question du monde depuis leur perspective, que l'on teinte souvent d'humour et de plaisanterie pour se prémunir des puissances de pensée et d'agir de ces autres dont on sait pertinemment qu'elles peuvent nous déborder à tout moment. En reprenant à son compte cette méthode pour

7. « Speaking as an Ojibwa, one might say: all other "persons" – human or other than human – are structured the same as I am. There is a vital part which is enduring and an outward appearance that may be transformed under certain conditions. All other "persons", too, have such attributes as self-awareness and understanding. I can talk with them. Like myself, they have personal identity, autonomy, and volition. I cannot always predict exactly how they will act, although most of the time their behavior meets my expectations. In relation to myself, other "persons" vary in power. Many of them have more power than I have, but some have less. They may be friendly and help me when I need them but, at the same time, I have to be prepared for hostile acts, too. I must be cautious in my relations with other "persons" because appearances may be deceptive », A. I. Hallowell, « Ojibwa ontology, behavior, and world view », *loc. cit.*, p. 73.

appréhender les relations constitutives du milieu qu'il étudie, Hallowell entend maintenir « ouverte une porte, que notre orientation sur un sol dogmatique garde résolument fermée[8] ».

Reprenons le motif de l'origine. Si nous nous déportons à nouveau dans les mythes et histoires des collectifs qui nous intéressent, on se rend compte que le lieu de la pensée – conçue comme l'effet de l'*animation* d'un monde – a un statut tout particulier. Ainsi, une variante nabesna du mythe de création du monde, dans laquelle Corbeau utilise d'autres leviers que son voisin tsimshian pour stabiliser les formes des êtres et entités tels que nous les connaissons aujourd'hui.

> Corbeau s'éprend d'une demoiselle cygne, et lui demande s'il peut voyager à ses côtés. Elle accepte, malgré les réticences de ses parents, qui lui disent qu'il n'aura jamais la force de voler aussi loin et aussi vite qu'eux, parce qu'il n'a pas les mêmes capacités qu'un oiseau migrateur. Corbeau fait un bout de chemin à côté de demoiselle cygne, mais rapidement la fatigue se fait sentir, comme l'avaient prévu les parents, et l'étape est encore loin. Il demande à se reposer sur l'aile de Cygne, elle accepte de bon cœur. Assez vite pourtant, elle-même commence à fatiguer, le poids de son fardeau ralenti sa course et elle perd du terrain

8. « Leaving a door open that our orientation on dogmatic grounds keeps shut tight. » En ce sens, comme l'a montré Pauline Turner Strong, Hallowell, refusait déjà de voir dans les « visions du monde » des constructions culturelles diverses qui se déployaient sur une universelle nature dont l'étude des lois scientifiques serait l'unique apanage des sciences occidentales. Hallowell prenait au sérieux l'expérience ojibwa du monde, et laissait en suspens la question de ce qu'était « réellement » ce monde. Il préfigure ainsi dans une large mesure ce qu'on a appelé plus tard le « tournant ontologique », quoique comme le souligne Strong (à de rares exceptions près – Descola, Viveiros de Castro) il ait été soit oublié (E. Kohn), soit lu de manière fort peu généreuse (T. Ingold). Voir P. T. Strong, « Irving Hallowell and the ontological turn », *in* R. Handler (dir.), « Voicing the Ancestors II: Readings in memory of George Stocking », *Journal of Ethnographic Theory*, 7, 1, 2017, p. 461-488.

sur le reste de sa formation. Au bout d'un moment, n'y tenant plus, elle se débarrasse de Corbeau, le laissant choir de son aile vers la mer infinie en bas. Tout en chutant, Corbeau se demande comment il va atterrir, il n'y a que de l'eau, si seulement quelque terre solide apparaissait pour qu'il puisse se poser, pense-t-il. C'est alors qu'il avise une petite branche sortant de l'eau; il s'y pose, il est momentanément sauvé de la noyade. Mais assez rapidement, il a des crampes aux pattes, il lui faut quelque chose de plus grand s'il veut survivre. Il pense qu'il a besoin que quelqu'un lui vienne en aide, il émet ce souhait perché sur sa branche, il attend. Successivement, une loutre, un plongeon huard et un castor viennent à sa rencontre. Il leur demande à chacun s'ils sont d'accord pour plonger en profondeur sous la surface de l'eau, et lui ramener un fragment de roche, un peu de limon, une poussière, quelque chose. Ils acceptent. Chacun leur tour, Plongeon, Loutre et Castor plongent mais échouent dans leur quête, soit que le fond de la mer soit trop loin pour pouvoir l'atteindre, soit que la visibilité soit trop mauvaise. Comme dans la variante du mythe Gwich'in, c'est l'entrée en scène de Rat Musqué qui fait tout basculer. Ce dernier plonge et disparaît longuement, pour réapparaître à bout de souffle avec un petit caillou dans ses griffes, qu'il offre à Corbeau (dans le mythe Gwich'in, Corbeau est un humain). Corbeau pose le caillou sur le sommet de son bâton, et pense : si seulement ce fragment de roche du fond de la mer pouvait s'étendre, je pourrais reposer mes pattes endolories. Un rocher apparaît, puis une île, qui s'étend et s'étend encore jusqu'à devenir une terre.

La conclusion nabesna de cette histoire est que Corbeau est le premier des chamanes. Non pas parce qu'il a créé le monde que nous habitons « comme par magie », à l'image du Dieu tout-puissant qui nous est familier, comme on serait porté à le croire. Bien plutôt, parce que les mouvements internes propres à sa pensée, lorsqu'elle rencontre les autres êtres qui lui viennent en aide, deviennent performatifs : « Il pense, et ça arrive[9]. » Marie-Françoise Guédon souligne que dans les cosmologies athapascan la force de la pensée préexiste au verbe performatif du type : « Que la lumière soit, et la lumière fut. » Mais si nous tirons le fil plus loin, c'est aux rencontres qui précèdent la formation de la pensée performative de Corbeau qu'il faut revenir. Dans le mythe tsmishian de Corbeau, les corps se sont distingués les uns des autres à la suite de sa collision inattendue avec Aigle. Avec l'histoire nabesna, c'est un deuxième aspect des cosmologies accidentelles qui est souligné : les êtres sont capables de dialoguer les uns avec les autres, de se comprendre *dès l'origine* ; c'est à partir des actions émergeant de la possibilité d'une compréhension mutuelle que se forme un monde.

Aux limitations des corps, induites par les métamorphoses des êtres qui entrent en coprésence, répond leur capacité à connecter leurs intériorités pour créer un monde commun. Pour le dire autrement, le Corbeau nabesna établit, parmi d'autres, la capacité première des êtres à dialoguer sur un plan horizontal ; la pensée est *au commencement* partagée et partageable par tous, malgré les capacités cognitives distinctes que les dispositions physiques vont limiter en se spécifiant, ; ce sont les rencontres, préfigurées par le fond commun animé qui traverse les êtres en coprésence, qui sont à même de créer des milieux de vie. La pensée en partage est ici conçue comme préexistant au type de monde qu'ont entraîné la différenciation des corps et la variation des dispositions cognitives. Plus encore, c'est son existence comme base commune qui permet à la spéciation d'advenir : postuler que la pensée est *a priori* partagée par tous autorise les relations et, subséquemment, la différenciation qui devient l'un des effets du dialogue interspécifique.

9. Voir M.-F. Guédon, *Le Rêve et la Forêt. Histoires de chamanes nabesna*, Québec, Presses Université Laval, 2005.

Ce récit nabesna, pendant dialectique du mythe tsmishian, nous permet de saisir, de concert, les raisons pour lesquelles la spéciation a bien eu lieu – et avec elle la clôture des altérités – mais aussi les modalités grâce auxquelles un dialogue reste encore possible, si tant est qu'on se donne les moyens de le réactiver *à certains moments* et *dans certains contextes* bien définis. La conséquence en est que la pensée – la disposition animée première des êtres – ne peut pas être *a priori* enfermée dans un corps, puisqu'elle existe d'abord en partage entre tous les êtres (par-delà leurs physicalités, leurs *Umwelt*, leurs mondes, etc.), raison pour laquelle ils peuvent communiquer malgré leurs corps allant vers la diversification. Postuler la communication primordiale au sein du temps du mythe signifie que les êtres vont prendre des décisions informées par leurs rencontres, c'est-à-dire des décisions plus collectives qu'individuelles[10]. Le cas de Corbeau et ses acolytes illustre le fait que ce sont les décisions qui font suite à l'intégration des dialogues et des rencontres, dans leurs échecs comme dans leurs réussites, qui sont réputées être créatrices ou recréatrices de mondes.

Revenons à notre cartographie accidentelle, qui distribue les possibles de relation depuis les temps des origines et autorise, dans certains contextes, leur réactualisation. Le dialogue primordial, qui se clôt avec l'achèvement du temps du mythe et donc de la spéciation, est loin de l'être pour toujours. Au contraire, cette carte des relations aux autres êtres reste accessible

10. « All they take for granted (as an implicit metaphysical principle) is that *multiform appearance* is an inherent potential of *all* animate beings [...]. The soul is the essential and persisting attribute of *all* classes of animate beings, human or nonhuman. But the soul is never a direct object of *visual* perception under any conditions. What can be perceived visually is only the aspect of being that has some form or structure », I. A. Hallowell, « The Ojibwa self and its behavioral environment », *loc. cit.*

à la pensée, et c'est à cette dernière que les collectifs qui nous intéressent s'efforcent de revenir pour permettre un basculement, un retournement, une métamorphose, lorsqu'ils font face à des situations bien précises de blocage dans l'expérience – incertitudes vitales liées à des conditions météorologiques difficiles, aux éléments qui se déchaînent, à des animaux qui disparaissent ou se meuvent de manière erratique et incompréhensible, etc. Comment renouer le dialogue avec les êtres dont nous avons besoin pour exister quand nos corps n'ont plus les dispositions nécessaires pour se comprendre ? Voilà une question à laquelle, du nord de l'Amérique du Nord à la Sibérie, de nombreux collectifs s'efforcent de répondre par les pratiques rituelles, les techniques de chasse et celles du rêve, et ce depuis bien avant leur rencontre avec le monde moderne.

Ces blocages dans l'expérience s'amplifient depuis deux siècles, et s'emballent complètement ces cinquante dernières années. Je pense d'abord au changement climatique et aux métamorphoses écologiques induites par l'histoire coloniale, et aux conséquences concrètes entraînées par les systèmes d'assimilation politiques et économiques produits par les institutions gouvernementales issues de cette même histoire coloniale. Dans le cas du collectif even d'Icha, et contrairement aux Gwich'in en Alaska, la question des modalités de la « reprise du dialogue » est exacerbée et se double des suivantes : comment s'y prendre lorsque le système politique dans lequel nous avons vécu (la Russie soviétique) et qui vient de s'effondrer nous a enjoint à s'extraire du réseau de relations qui soutenait nos existences ? Et encore, au moment où la structure étatique se disloque, où aller pour recommencer à rêver, c'est-à-dire réactiver les possibles ouverts par le temps du mythe (le dialogue interspécifique) sans l'intermédiaire de chamanes pour médier les relations avec les êtres et entités (au sein des rituels), puisqu'ils ont tous été décimés par le processus colonial ? La troisième question, corollaire aux deux premières, devient : quel type d'économie vitale mettre en place pour rendre ce dialogue à nouveau possible si les rennes, au cœur de nos manières d'exister, nous ont été enlevés une première fois pendant la collectivisation des élevages, expropriation confirmée une deuxième fois avec leur privatisation ?

La réinvention d'un mode de vie principalement basé sur la chasse et la cueillette à Tvaïan sur les ruines d'une tentative politique qui a échoué est à comprendre dans ces termes : elle est préfigurée par la possibilité de recommencer à rêver, c'est-à-dire, de reprendre le dialogue avec les autres qu'humains sur un plan horizontal, de gens à gens, de pensées à pensées.

Rêver avec

> Quand une personne dort, chacun peut voir où est son corps, mais personne ne peut dire si son âme est là ou non.
>
> W. Berens à I. A. Hallowell[11]

Nous sommes en hiver, les lumières de l'aube commencent à perler faiblement à l'intérieur de la cabane. Daria remue les braises dans le poêle, ferme la porte sur son visage rougi par la chaleur. Je suis assise en face d'elle, les yeux dans le vague, encore perdus dans les images de la nuit. Tu as vu quoi ? me demande-t-elle doucement. Rien d'intéressant, je suis sujette à une psychose climatique, dis-je en tentant un rire. Raconte quand même, chuchote-t-elle encore. Nous sommes deux femmes, moi et une

11. « When a person is sleeping anyone can see where his body is, but you can't tell whether his soul is there or not », I. A. Hallowell, « Ojibwa ontology, behavior, and world view », *loc. cit.*

inconnue, nous courons dans une forêt inextricable, nous fuyons quelque chose, un feu, un éboulement, je ne sais plus. Nous arrivons sur une berge escarpée que nous dévalons sur les fesses. Là, une barque nous attend, pour nous faire traverser. De l'autre côté du bras de mer, un rassemblement politique se tient sur une agora gwich'in. Nous prenons place sur le bateau, son conducteur se met à ramer. Selon toi, demande-t-il à ma compagne de route, qui est celle qui dirige le meeting gwich'in et qui est très en retard, selon toi, serait-il mieux d'inonder d'abord l'Antarctique, où l'Arctique ? L'Antarctique bien sûr, pour commencer à tout le moins, car il n'y a personne. Le meneur de l'embarcation retire le bouchon au fond du bateau, l'eau l'envahit doucement, je sens mes membres qui gèlent. L'autre panique. Le rameur jette ses rames par-dessus bord, prend une voix solennelle et dit : voilà ce que ça fait quand on coule, voilà ce que l'on sent, quand l'eau monte. Mes membres s'engourdissent. Nous sombrons, je suis sous l'eau glacée, je nage les yeux fermés, je touche la terre du bout des doigts, j'agrippe des branchages et des touffes d'herbe, je respire. Je grimpe tant bien que mal sur la berge, je me rends compte que je n'ai pas pu sauver mon sac à dos. J'halète, et me réveille.

Daria soupire. C'est bien, mais tu n'as rencontré personne cette nuit. Tu as tourné à l'intérieur de toi. Tu dois essayer de partir plus loin. Hors de ton monde. Sinon, tu n'auras aucune information sur ce qu'il se passe vraiment au-dehors. Je ris cette fois de bon cœur. Mais je t'avais prévenue, que c'était une psychose ! Eh quoi ! peut-être bien que le temps bizarre qu'il fait dehors me travaille, moi aussi ! Daria rit à son tour. Peut-être, mais cette fois, c'est juste ce que ça te fait que tu as vu, mélangé avec tes souvenirs de là-bas, en Alaska. Tu n'as rencontré personne d'autre, répète-t-elle. Et toi, tu as vu qui ? Moi aussi j'ai tourné à l'intérieur de moi-même cette nuit, répond-elle.

J'ai rêvé de ma pierre. Je l'ai juste vue, elle était là, je me suis souvenue, et j'ai tourné autour d'elle comme la première fois, à six ans. Quelle pierre ? La pierre de ma naissance. Tu veux que je te raconte ? J'incline la tête en signe d'approbation.

Quand j'étais petite, je ne savais pas d'où venaient les enfants. Un jour, ma mère m'a emmenée à un endroit de la forêt, près du lieu où était plantée la yourte lorsque je suis née. Un gros rocher était posé au milieu des arbres, plus grand que moi alors. Daria porte sa main au niveau de ses hanches pour me signifier la taille. Ma mère m'a dit voilà, c'est ta roche. C'est de là que tu es venue. Ensuite elle est partie, elle m'a laissée seule plusieurs heures avec la pierre, elle m'a dit de penser à ça. J'ai tourné et tourné autour de cette pierre, en me demandant ce que ma mère voulait dire. Comment avais-je pu sortir de cette roche si lourde si je n'arrivais même pas à la soulever ? Plus tard, ma mère est revenue. Nous nous sommes assises près de la pierre et elle m'a raconté. Quand tu es née, m'a-t-elle dit, tu as refusé de manger, tu as pleuré pendant deux jours sans discontinuer. Appa, le dernier chamane que nous ayons connu ici, est venu dans notre yourte le troisième jour. Il a passé la nuit auprès de nous, il a chanté, puis il a rêvé. Au matin, il m'a dit ce qu'il a vu. Tu étais mal nommée. Je voulais t'appeler Ouliana, mais ça ne pouvait pas être ton nom. Il a dit avoir rencontré ma mère dans son rêve, qui est morte quelques semaines avant ta naissance. Il a encore dit que je devais te donner son nom, pour que tes pleurs cessent, et que tu choisisses de vivre. Daria lève les yeux vers moi, esquisse un sourire. C'est pour ça que je m'appelle Daria. Parce qu'Appa a rencontré ma grand-mère en rêve cette nuit-là. Et la pierre ? Quel est le rapport avec la pierre ? Je ne suis pas sûre, m'a répondu Daria. Le rêve d'Appa vit encore dans cette pierre, m'a juste dit ma mère. La pierre porte le souvenir du rêve. Comme une mémoire des circonstances de ta naissance ?

Oui, c'est ça. Un point fixe auquel retourner quand tu oublies comment tu es venue. C'est pour ça que quand je vois la pierre en rêve, je me souviens.

Plus tard, en rentrant chez moi et en réfléchissant à ce que Daria m'a raconté de sa survie après sa naissance difficile, qui avait tenu au mince fil du rêve d'Appa, j'ai repensé à Hallowell, et aux récits similaires qu'il a rapportés. Qu'un corps naisse d'un autre corps, pour Daria comme pour l'interlocuteur ojibwa d'Hallowell, ne veut pas forcément dire que l'âme s'y est immédiatement ajustée. Lorsque le nouveau-né va mal, il faut parfois qu'un chamane fasse un travail de recherche – par la transe puis le rêve – pour comprendre les raisons de ce non-ajustement de l'âme dans le corps : « Certaines personnes disent qu'ils ont entendu des nouveau-nés hurler constamment jusqu'à ce que quelqu'un reconnaisse le nom qu'ils essayaient de prononcer. Quand ce nom leur était donné, ils s'arrêtaient de pleurer. Quand cela se produit, c'est que quelqu'un qui a déjà vécu sur terre cherche à revenir à la vie[12]. » Hallowell commente cette histoire en disant que la réincarnation est assez fréquente chez les Ojibwa, et que le rappel à la mémoire de la vie prénatale peut s'avérer primordial dans certains cas. La survie de l'enfant n'est alors actée que lorsque le « juste nom » lui est attribué. Dans le cas de Daria, c'est Appa qui explore cette mémoire prénatale par le rêve, au sein duquel il entre en relation avec l'âme de celle qui est partie mais qui est encore coincée quelque part « entre deux mondes », pour reprendre les mots de Daria.

12. « I have heard some other old people say that they had heard babies crying constantly until someone recognized the name they were trying to say. When they were given this name they stopped crying. This shows that someone who had once lived on the earth came back to live again. » I. A. Hallowell, « The Ojibwa self and its behavioral environment », *loc. cit.*, p. 38-39.

Ce matin-là, j'ai posé une question à Daria. Sa réponse allait changer pour toujours ma perception de nos nuits à Tvaïan, y instillant un poids et une efficacité non pas symboliques et éthérés, mais historiques et pragmatiques. Il n'y a plus de chamanes ? J'ai demandé à Daria. Non, Appa, celui de ma naissance, était le dernier. Il est mort quand j'avais dix ans. Appa, le vieux que tu connais qui vit tout seul sous des branchages dans une tanière en amont de la rivière, c'est son fils. Il rêve encore, c'est d'ailleurs pour ça qu'il vit là-haut tout seul comme un renard, mais il n'aide plus personne. Tout ça, c'est fini. Alors comment faire pour aller rencontrer les autres âmes dont tu dis que nous avons besoin pour survivre dans certains cas, quand on sait que tout seul on n'y arrivera pas ? C'est simple, me dit Daria. Il faut rêver soi-même, sans les chamanes. Il faut s'entraîner à rêver. Pas seulement des esprits des morts qui nous visitent parfois, et qui peuvent nous aider, ou que nous pouvons aider, surtout au moment des morts et des naissances ; c'est aussi des autres qu'il faut rêver, si tu veux pouvoir survivre en forêt. Les animaux ? Oui, les animaux. Il faut essayer de rêver avec eux pour comprendre ce qu'ils font et où ils vont. Pourquoi ? Daria rit de nouveau. Pour savoir ce que nous, nous allons faire !

Un autre matin d'hiver, je me réveille, j'avise les garçons qui dorment et Matchilda, le beau-fils de Daria, accoudé à la petite table près du poêle. Je le fixe sans but, la tête vide, pensant vaguement à la longue journée probablement ennuyeuse qui m'attend. Elle est déjà partie, me dit-il sans me regarder. Elle a dû rêver, dit-il encore, ses traces partent vers la rivière... elle a rêvé c'est sûr. Il a l'air agacé, presque jaloux. Je m'habille à la hâte, enfile mes bottes et sors dans l'air brillant. Avant même que j'aie pu atteindre le bout du camp, je vois la silhouette de Daria qui se découpe au fond de la clarière sur le petit chemin de neige qui remonte de la rivière. Je m'arrête, la regarde s'approcher. Elle a le sourire aux lèvres, elle est fière comme une gamine qui aurait attrapé son premier papillon, sur son épaule se balance un sac humide. Elle le dépose à nos pieds, l'ouvre et me montre les truites arc-en-ciel. Cette nuit je les ai vues, elles m'ont parlé, elles m'ont dit l'endroit où elles allaient être, dit-elle sans se départir de son large sourire. J'ai su qu'elles allaient se donner. Je me suis dépêchée, je suis allée à l'endroit que j'ai vu en rêve. Elles sont venues presque tout de suite.

Plus tard dans la journée, devant la maison sur le petit banc, assises sous les quelques rayons de soleil du jour, nous pouffons de rire : Matchilda revient de la rivière, bredouille. Tu es né hier ou quoi ? lui lance Daria. Tu sais que ça ne sert à rien d'y aller, si tu n'as rien vu la nuit ! On peut toujours essayer, marmonne Matchilda en nous passant devant, l'air renfrogné.

Rêver sans

> Pour les éveillés, il y a un monde un et commun, mais parmi ceux qui dorment, chacun s'en détourne vers le sien propre.
>
> Héraclite

Au sein de la modernité, nous sommes héritiers d'une tradition dans laquelle rêve et réalité ont progressivement été conçus comme deux sphères bien séparées, hiérarchisables en importance. Si les images nocturnes, apparentées aux *phantasia*, étaient déjà considérées comme de pâles reflets du monde par Aristote[13], cette conception ne fera que se durcir au fil du temps, le travail de distinction entre réel diurne (l'original) et illusoire nocturne (la

13. M. Armisen-Marchetti, « La notion d'imagination chez les anciens. I : Les philosophes », *Pallas*, 26, 1979. p. 11-51.

projection) devenant le point nodal et fondateur de cette conception. Aujourd'hui encore, la plupart de nos contemporains, même s'ils ne sont ni philosophes ni scientifiques, s'accordent pour penser que le monde vécu pendant la journée est plus « vrai » que les images nocturnes qui peuplent leurs songes. L'hypothèse d'Aristote s'est convertie en un lieu commun partagé par tout un chacun : les rêves dénaturent le monde, puisqu'ils ne sont que les projections déformées d'une réalité dont l'esprit humain se ressaisit maladroitement pendant la nuit. De cette idée découle une assertion qui fait l'objet d'un tel consensus qu'elle en devient difficilement discutable : les rêves *dérivent* de la réalité, mais ne sont pas la réalité.

On peut considérer que la césure entre images diurnes et images nocturnes se stabilise plus fermement à la Renaissance. En 1633 Descartes, dans son traité *L'Homme*, présente une thèse qui s'imposera rapidement en Occident comme une évidence irréfutable : les rêves sont des événements intégralement psychiques, analysables en termes quasi mécaniques. Les philosophes ferment définitivement la porte aux dormeurs visionnaires européens, dont les pratiques présupposaient pourtant l'indépendance partielle de l'âme par rapport au corps[14]. Si, au Moyen Âge, le rêve était encore conçu comme « *transport*, mise en présence, exploration et révélation[15] », ses possibles registres d'action et d'efficacité se simplifient drastiquement, confinés au seul lieu de l'esprit humain. Malebranche considérait, par exemple, le sabbat comme le signe de songes déréglés, témoignant de la grande force

14. C. Ginzburg, *Le Sabbat des sorcières*, Paris, Gallimard, 1992 ; C. Ginzburg, *Les Batailles nocturnes. Sorcellerie et rituels agraires aux XVIe et XVIIe siècles*, Paris, Flammarion, 2019.

15. D. Fabre, « Rêver. Le mot, la chose, l'histoire », *Terrain*, 26, 1996, p. 69-82.

de l'imagination, puissante mais illusoire[16] : si l'âme vagabonde, voyage, dévie et divague, elle ne le fait désormais qu'en termes métaphoriques. Rien ne « sort » plus du corps ; sa détente suffit à rendre compte des mouvements erratiques de l'esprit qui y reste cloîtré. Cette nouvelle conception de l'être indique que les images confuses produites par l'esprit sont incapables de générer des informations objectives utiles, sauf dans le cadre de l'auto-analyse qui sera développée par les psychanalystes, comme nous le verrons plus loin. Le rêve, à l'instar du regard et de la vision, devient le théâtre du dedans, une expérience de représentation à laquelle on pourra par la suite accorder une valeur intime, mais aucunement sociale.

Pourtant, comme le montre Daniel Fabre, le mot « rêve » ne s'impose qu'à la fin du XVIIe siècle pour remplacer celui de « songe »[17], même si le foisonnement de la recherche étymologique autour de l'énigme posée par le mot rêve semble indiquer qu'il s'agissait à l'origine d'un concept mobile, qui ne s'est cristallisé dans sa dernière acception, la plus pauvre et la plus simplifiée (le rêve comme projection mentale), que très récemment[18]. Dévier, rager, endiabler, rebrousser chemin, être égaré, taquiner, divaguer, s'évader, délirer, rôder, traîner, s'échapper, être transporté... Fabre nous donne les errances, les allers et retours de la « chasse étymologique » au mot *rêver*, qui convoquait encore à la fin du Moyen Âge le « masque qui va

16. N. Malebranche, *De la recherche de la vérité. Livre II (De l'imagination), parties 2 et 3*, Paris, Garnier-Flammarion, 2006.

17. « Alors que dans la tragédie classique, jusqu'à Racine et même au-delà, les héros continuent à *songer*, dans la prose des philosophes et des moralistes on commence à *rêver* », D. Fabre, « Rêver. Le mot, la chose, l'histoire », *loc. cit.*, p. 69-82.

18. « *Rêve*, par son étymologie, par le champ de ses dérivations, fut d'abord, sans aucun doute, un terme très concret, décrivant une conception "mobile" du songe », *ibid.*

de nuit dans les bandes du carnaval[19] », jusqu'à ce que l'âge classique en fixe le sens. À ceux qui « brûlaient les rêveurs succédaient les modernes mécaniciens de l'esprit[20] », éliminant ainsi les anciennes acceptions du terme.

Néanmoins, au XIXe siècle, le principe établi de la projection onirique semble vaciller quelque peu sous la plume des ethnographes. À les lire, il s'avère que ce que les modernes tiennent pour vrai lorsqu'ils considèrent leurs fantaisies nocturnes est une conception dérivée de leur histoire, mieux, une *exception* par rapport aux histoires des autres. Les récits de rêves rapportés par les ethnographes déportent leurs lecteurs dans des mondes qui considèrent que les visions nocturnes permettent d'accéder à des réalités souvent plus importantes que celles qu'autorise la vision diurne et oculaire ; ces mêmes récits les ramènent simultanément à leurs « vieilles conceptions », celles-là mêmes qui ont cédé la place, en évoluant, aux catégories scientifiques actuelles. C'est, entre autres, l'un des effets que produit le mouvement analytique d'Edward Tylor dans *Primitive Culture* en 1871 :

> Quand nous réfléchissons à la série innombrable de semblables histoires de rêves que l'on rencontre à chaque pas dans la littérature ancienne, dans celle du Moyen Âge et dans la littérature moderne, nous reconnaissons qu'il est assez difficile d'y distinguer la vérité de la fiction. Mais, en passant en revue cette multitude de récits touchant les fantômes humains apparaissant en songe pour consoler ou pour tourmenter, pour conseiller ou pour faire des révélations, soit encore pour demander l'accomplissement de leurs propres désirs, on peut suivre le problème des apparitions dans le rêve dans son évolution progressive, depuis la croyance primitive qu'une âme dépouillée de corps visite

19. *Ibid.*
20. *Ibid.*

réellement l'homme endormi, jusqu'à l'idée moderne, que ce fantôme est un produit de l'imagination du rêveur n'impliquant la perception d'aucune figure objective externe[21].

C'est en documentant les conceptions exotiques et antiques du rêve que Tylor développe sa théorie de l'origine de l'âme, et dans son sillage la possibilité d'existence de l'anthropologie sociale comme un domaine de savoir autonome. *Primitive Culture* nous propose un inventaire, s'apparentant souvent à un cabinet de curiosités, de rêves et visions disséminés dans le temps et l'espace, cherchant à exemplifier la manière dont l'âme humaine était « primitivement conçue ». Des rêves cosmopolites, que le fondateur de l'école anthropologique anglaise additionne, émergera une théorie de l'animisme comme religion archaïque de l'humanité. L'animisme conceptualisé par Tylor découle directement d'une constante qu'il a pu dégager des divers rêves exotiques et antiques qu'il consignait : l'âme était, dans d'autres lieux et à d'autres époques, non seulement détachable du corps mais aussi partageable par d'autres êtres que les seuls humains.

Si Tylor ne « croit » pas à ce qu'il écrit, il l'écrit néanmoins, replaçant peut-être malgré lui ces bizarreries animiques dans l'espace scientifique censé être public de la modernité industrielle. Un geste de déplacement s'enclenche vers des rêves qui sont encore conçus comme des transports, comme des portes de communication possibles entre les humains et les autres êtres qui peuplent le monde, quoique le schème de pensée évolutionniste dans lequel il s'inscrit l'empêche alors de symétriser les conceptions du rêve qu'il étudie avec celles issues de l'histoire de la modernité. On lit ainsi, non sans quelques crampes

21. E. B. Tylor, *La Civilisation primitive*, t.1, Paris, Alfred Costes, 1920, p. 443.

d'estomac : « Le sauvage et le barbare, même lorsqu'il est éveillé et en pleine santé, n'a jamais appris à faire la distinction bien précise entre le subjectif et l'objectif, entre l'imaginaire et le réel, ce qui est un des principaux résultats de l'éducation scientifique[22]. »

Les animistes sont, pour la plupart, les ethnographes et les anthropologues eux-mêmes ! s'offusque Émile Durkheim en réponse à Tylor. Les religions qu'ils étudient comptent parmi les plus grossières de l'humanité ! De là, sûrement, « l'importance primordiale qu'ils attribuent aux âmes des morts, aux esprits, aux démons, c'est-à-dire aux êtres spirituels de second ordre[23] ». De là aussi, les trente pages acérées que Durkheim leur consacre en 1911 dans *Les Formes élémentaires de la vie religieuse*, pour contrer un argument selon lui inacceptable : les rêves se trouvent aux origines de la notion d'âme, elle-même à l'origine des religions.

Durkheim voit dans la thèse sur l'animisme de Tylor un simplisme dangereux, qui manifeste l'« aveugle crédulité » prêtée aux primitifs, lorsque l'on fait comme s'ils prenaient *vraiment* « leurs rêves pour des réalités ». Pour Durkheim, il est évident que la « paresse intellectuelle » est à son maximum chez ces peuples, tout occupés qu'ils sont à disputer leurs vies aux forces qui les assaillent. Il est selon lui impossible qu'ils aient le temps de « faire du luxe en matière de spéculation », et donc encore moins de faire du rêve « le thème de leurs méditations ». Comme il n'a jamais vécu parmi les intéressés, Durkheim projette sur eux ce qu'il tient

22. « [...] Aussi, quand, sous l'empire d'un trouble physique ou moral, il voit autour de lui des fantômes affectant la forme humaine, peut-il encore moins douter du témoignage de ses sens. Il en résulte que, partout où la civilisation est peu avancée, les hommes croient, avec la foi la plus vive et la plus complète, à la réalité objective des spectres humains qu'engendre leur esprit malade, abattu ou surexcité », *ibid.*, p. 443-444.

23. É. Durkheim, *Les Formes élémentaires de la vie religieuse*, Paris, PUF, 1968, p. 71.

pour vrai dans sa propre cosmologie : « Qu'est-ce que le rêve dans notre vie ? Combien il y tient peu de place, surtout à cause des très vagues impressions qu'il laisse dans la mémoire, de la rapidité même avec laquelle il s'efface du souvenir, et comme il est surprenant, par suite, qu'un homme d'une intelligence aussi rudimentaire ait dépensé tant d'efforts à en trouver l'explication[24] ! »

La sentence durkheimienne est sans appel : des deux vies que l'être humain mène successivement, diurne et nocturne, c'est la première qui doit nécessairement l'intéresser le plus. Sa critique se déploie à partir de ce point : « N'est-il pas étrange que la seconde ait assez captivé son attention pour qu'il en ait fait la base de tout un système d'idées compliquées et appelées à avoir sur sa pensée et sur sa conduite une si profonde influence[25] ? » Pour Durkheim, une telle conception est tout bonnement impossible, Tylor et ses disciples ont manifestement construit la notion d'âme d'après les « vagues et inconsistantes images qui occupent notre esprit pendant le sommeil[26] ». Si la thèse de l'animisme se révélait valide, cela nous obligerait à admettre que les croyances religieuses sont autant de « représentations hallucinatoires, sans aucun fondement objectif[27] ». Pire encore, l'animisme ferait de la religion un simple « rêve systématisé[28] ».

Face à une théorie qui peuple la nature d'esprits analogues à ceux des humains, Durkheim va jusqu'à se demander si le mot de « science » peut vraiment être employé pour qualifier le mouvement analytique que déploie Tylor[29]. Il l'achève en balayant d'un

24. *Ibid.*, p. 60, pour les dernières citations.

25. *Ibid.*, p. 60-61.

26. *Ibid.*, p. 69.

27. *Ibid.*

28. *Ibid.*

29. « Une science est une discipline qui, de quelque manière qu'on la conçoive, s'applique toujours à une réalité donnée. La physique et la chimie sont des

revers de main toute la puissance d'une conception qui, malgré elle, menace son objet d'étude : « La religion ne saurait survivre à la théorie animiste, du jour où celle-ci serait reconnue comme vraie par tous les hommes : car ils ne pourraient pas ne pas se déprendre des erreurs dont la nature et l'origine leur seraient ainsi révélées[30]. » Durkheim pose enfin cette question, oh combien stimulante pour les objets qui nous concernent ici : « Qu'est-ce qu'une science dont la principale découverte consisterait à faire évanouir l'objet même dont elle traite[31] ? »

On ne sera pas surpris de se rappeler que le moment où l'école française de sociologie récuse « toute valeur fondatrice à la vie onirique tout en lui conservant sa dimension essentiellement religieuse[32] » coïncide avec celui où la psychanalyse s'en ressaisit pour élaborer sa thérapeutique et sa théorie de la culture. Cette dernière applique l'immense diversité culturelle des rêves à son nouvel objet : l'esprit humain. Les règles de l'interprétation des rêves sont généralisées, ces derniers devenant les portes d'accès royales aux pulsions sexuelles et aux désirs infantiles censurés et rejetés dans les tréfonds de l'inconscient. La vie onirique redevient originaire[33] en se dépouillant néanmoins des possibles qu'elle impliquait lorsqu'elle était prise au pied de la lettre – c'est-à-dire au sérieux –, ce qui était, depuis son époque et avec ses outils, ce que Tylor avait tenté de faire en stabilisant la notion d'animisme[34]. Les analyses de

---

sciences, parce que les phénomènes physico-chimiques sont réels et d'une réalité qui ne dépend pas des vérités qu'elles démontrent. Il y a une science psychologique parce qu'il y a réellement des consciences qui ne tiennent pas du psychologue leur droit à l'existence », *ibid.*, p. 70.

30. *Ibid.*

31. *Ibid.*

32. G. Charuty, « Destins anthropologiques du rêve », *Terrain*, 1996, § 6, p. 1.

33. *Ibid.*

34. Voir aussi S. Poirier, « Une anthropologie du rêve est-elle possible ? », *Anthropologie et Sociétés*, « L'ethnolinguistique », 23, 3, 1999.

Tylor, doublées des critiques de ses contemporains, constituèrent une porte ouverte où la psychanalyse allait pouvoir s'engouffrer. Cette dernière, loin de renouer avec les usages sociaux des rêves, s'en servit néanmoins pour monter en généralité, considérant qu'ils renvoyaient aux formes archaïques de la culture, qui resurgissent en nous modernes lorsque notre inconscient prend le relai pendant la nuit : si le fond mythique dans lequel puisent nos rêves exprime l'origine de l'humanité, l'expérience intime qui le transpose et le traduit fait dès lors remonter en nous notre propre enfance.

Le psychanalyste et anthropologue Géza Róheim reprit les thèses défendues par Freud dans *L'Interprétation des rêves* et *Totem et tabou*[35] pour affûter les principes systémiques de l'anthropologie psychanalytique, où s'articulent observation clinique, hypothèse biologique et description ethnographique. Selon Róheim, l'analyse des rêves doit absolument continuer d'être réalisée « hors contexte », car c'est la seule manière d'en saisir le contenu inconscient. Il repose ainsi l'une des questions fondamentales de la psychanalyse : « Si l'interprétation n'a de valeur que dans le cadre d'une seule culture, comment se fait-il que nous trouvions des éléments identiques dans de nombreuses cultures, bien qu'elles puissent être orientées vers des buts différents[36] ? » Pour lui, la raison d'être des composantes analogues des rêves, qui traversent cultures et continents, est claire : les rêves ont partout « la même signification latente[37] » ;

35. Freud expliqua le contenu inconscient des rêves par l'hypothèse de la horde primitive : le souvenir des luttes réelles entre le chef et ses fils dans le passé phylogénétique aurait été revécu au cours de chaque ontogenèse, et expliquerait son resurgissement inconscient la nuit.

36. G. Róheim, *Psychanalyse et anthropologie. Culture, personnalité, inconscient*, Paris, Gallimard, 1950, p. 49.

37. *Ibid.*

les humains rêvent dans les termes d'un même « symbolisme fondamental ». On ne sera dès lors pas surpris de lire, sous la plume de Róheim, que l'animisme a essentiellement le sens « de la formation d'un double, d'une reduplication de nous-mêmes[38] », idée qui expulse une fois de plus la possibilité d'un transport et d'une rencontre dans le domaine de la superstition, pour faire d'un symbolisme universel dont nous serions tous les porteurs inconscients le seul lieu d'une investigation encore un tant soit peu défendable scientifiquement.

Les « antiques légendes » qui faisaient voyager l'âme hors du corps furent ainsi confinées à deux espaces de formulation précaires et restreints au sein de la modernité : celui de l'ethnographie, dont témoigne entre autres la compilation de Tylor, et celui de la poésie qui, comme ce dernier le remarque, aime à offrir un refuge romantique et mélancolique aux interprétations désuètes de l'âme. Les « antiques croyances, comme il arrive si souvent pour ses pareilles, trouvent un refuge dans la poésie moderne : *Your child is dreaming far away, And is not where he seems*[39] ».

Rêve projectif et rêve animique

Soyons honnêtes. Même auprès de Daria dans la forêt d'Icha, il est impossible d'envoyer Durkheim dans les limbes, et force est de constater que sa critique de Tylor est loin d'être obsolète, par-delà la « genèse hasardeuse[40] » que manifeste la mise en dépendance systématique de la notion d'âme avec la question des rêves : « En tout cas, à supposer que certains rêves appellent assez

38. *Ibid.*, p. 89.
39. E. B. Tylor, *La Civilisation primitive*, *op. cit.*, p. 440.
40. Ph. Descola, *Par-delà nature et culture*, *op. cit.*, p. 172.

naturellement l'explication animiste, il en est certainement beaucoup d'autres qui y sont absolument réfractaires. Bien souvent, nos rêves se rapportent à des événements passés où nous revoyons ce que nous avons vu ou fait, à l'état de veille, hier, avant-hier, pendant notre jeunesse, etc. ; et ces sortes de rêves sont fréquents et tiennent une place assez considérable dans notre vie nocturne. [...] Il est, d'ailleurs, probable que le primitif distingue entre ses rêves et qu'il ne les explique pas tous de la même manière[41]. »

Si Daria et les membres de sa famille ne m'ont jamais livré de catégorisation précise de la vie onirique chez les Even, une première chose est certaine : lorsqu'ils considèrent leur trajectoire autobiographique, ils n'en excluent pas les rêves. Ce qui se passe pendant la nuit existe dans leur vie comme un événement, au même titre que ce qui leur arrive dans la journée. Le quotidien avec Daria m'a appris qu'elle distinguait deux grands types de rêves, qui constituent des processus si différents qu'ils méritent à peine le même mot pour les saisir. Non, les animistes ne passent pas leur temps à rêver avec les âmes des animaux ou des morts ; eux aussi projettent sur l'extérieur des choses qui viennent d'eux et revisitent des situations qu'ils ont vécues, comme nous. Toutefois, n'en déplaise aux psychanalystes, la différence primordiale d'avec nos conceptions modernes, c'est non seulement que ces rêves ne sont pas considérés comme les seuls et uniques ayant voix au chapitre, mais surtout, qu'ils les intéressent peu, sinon pas du tout. « Tu n'es allée nulle part, tu n'as rencontré personne. ». Voilà bien le commentaire le plus classique de Daria à mon égard lorsque je lui raconte mes visions projectives nocturnes. Contrairement à moi, elle s'abstiendra généralement de raconter de tels rêves le matin (sauf si je l'en supplie), puisqu'ils ne disent rien du monde au-dehors, ni surtout des relations envisageables

41. É. Durkheim, *Les Formes élémentaires de la vie religieuse*, *op. cit.*, p. 59-61.

dans la temporalité diurne de l'existence avec les êtres qui le peuplent. Tandis que nous sommes coutumiers, en Occident, de la pratique consistant à nous raconter nos visions nocturnes au matin pour explorer nos problématiques intérieures, les Even d'Icha, lorsque cela leur arrive (et c'est souvent), restent discrets sur le contenu de leurs projections. S'ils font comme si « rien ne s'était passé », c'est tout simplement parce que pour eux, cette nuit-là, il ne s'est *vraiment* rien passé. Ils manifestent un grand désintérêt pour les mouvements internes de leur psyché, tandis qu'ils sont tout entiers tendus vers cet autre type de rêve, beaucoup plus difficile à manifester, qui consiste à sortir de soi pour rencontrer un autre. Daria s'accorderait certainement avec Michel Foucault pour dire que les rêves projectifs traduisent les affects du sujet qui « accompagnent l'âme dans sa course[42] », tout en manifestant son état à celui qui dort. Artémidore convoqué par Foucault résonne ici[43] : entre l'*enupia* qui traduit dans l'âme ce qui est de l'ordre du corps, et l'*oneiroi*, qui excite l'âme et la modifie depuis le dehors, il y a un monde. Le premier parle du monologue intérieur propre à la personne, le second du monde. L'un dérive des états d'âme et de corps, l'autre anticipe sur des événements

42. M. Foucault, *Histoire de la sexualité*, t. III, Paris, Gallimard, 1984, p. 18.

43. Foucault revient sur *La Clef des songes* d'Artémidore, écrit au IIe siècle apr. J.-C. et consacré à l'interprétation des rêves. Il s'agit d'un ouvrage de méthode quant aux procédures interprétatives des rêves, un « manuel pour la vie quotidienne ». La plupart des récits de rêves y sont interprétés métaphoriquement selon quelques règles conventionnelles qui constituent les éléments d'une clé des songes non écrite. Les songes ordinaires y ont le statut de signes à décoder d'un événement à venir. Ce n'est pas qu'à Icha il n'y ait pas non plus de rêves interprétés de manière analogique : s'envoler est par exemple considéré comme un bon signe, voir un incendie un mauvais, le sang, comme un membre de la famille qui va arriver. C'est plutôt que, comme les rêves projectifs, ces explications analogiques constituent pour les Even le parent pauvre des rêves animiques, ce à quoi on s'adonne (l'analogie interprétative) si vraiment « il ne se passe rien » pendant plusieurs semaines.

susceptibles de se produire. L'un manifeste des souvenirs, des désirs ou des manques, l'autre est un signe qui vient du dehors vers l'âme, susceptible de modifier sa trajectoire. « Comment reconnaître si on a eu affaire à un rêve d'état ou à un songe d'événement[44] ? » demande Foucault. Voilà une question à laquelle on entraîne les enfants à penser dès leur plus jeune âge dans la forêt d'Icha : comme les Ojibwa, ils vont « à l'école lorsqu'ils rêvent[45] ».

Daria et sa famille estiment que l'âme est reliée aux poumons (*uxti*), au cœur (*meven*), et aux reins (*bochti*). Quand on rêve « vraiment » (et non de manière projective) ces trois organes sont réputés être en activité dans le corps, même si l'âme est partie voyager. Si les rêves animiques sont difficiles à manifester, c'est qu'ils imposent une discipline à la fois mentale et corporelle, nécessitant une forme d'ascèse qui exige apprentissage et patience. Pour être en mesure de se déplacer dans le monde des autres, il faut d'abord se déplacer en soi (se mettre dans des dispositions mentales qui autorisent l'ouverture à l'altérité) et parfois se déplacer physiquement hors d'un quotidien qui ne favorise pas la porosité aux mouvements des êtres qui nous sont extérieurs. Si les rêves-rencontres se donnent à penser dans une multitude de formes, deux sont saillantes à Icha : les rencontres avec les âmes d'humains décédés, et celles avec les âmes des animaux qui peuplent un milieu partagé.

On se souvient du chamane Appa et du voyage onirique qu'il entreprit à la naissance de Daria, à l'issue duquel il diagnostiqua que sa souffrance postnatale était liée à sa grand-mère. Ici, le rêve animique permet de comprendre certaines situations problématiques chez ceux qui vivent, et parfois même de dénouer les

44. *Ibid.*, p. 20.

45. « ... for Ojibwa go to school in dreams », A. I. Hallowell, « Ojibwa ontology, behavior, and world view », *loc. cit.*, p. 68.

blocages, si le rêve-rencontre a porté ses fruits. S'ajoute à cela la nécessité assez commune à Icha d'aider ceux sont partis, lorsqu'ils trouvent difficilement leur route. Rappelons-nous Vitia, le deuxième mari de Daria, qui lui apparaît régulièrement en rêve sous la forme d'un ours, et avec qui elle converse la nuit lorsque, selon ses mots, il revient pour être auprès d'elle quand il devrait « être ailleurs ».

La variante la plus répandue et la mieux connue des rêves-rencontres avec les animaux est celle qui aide les humains dans leurs pratiques de chasse : ils servent à localiser les proies et à se figurer les dispositions dans lesquelles elles se trouvent, comme dans le cas des poissons que Daria retrouve au matin à l'endroit particulier de la rivière qu'elle a visité en songe la nuit. Il serait toutefois fort réducteur de croire que les rêves-rencontres avec les animaux ne sous-tendent *que* la logique de la prédation. Nombre d'entre eux ne produisent pas d'effets directs mais des effets différés, d'une ampleur bien plus grande : comprendre les mouvements des animaux est *aussi* une manière d'obtenir des indications sur le système plus vaste au sein duquel tous sont insérés. À Icha, comme partout où ils vont encore librement, les animaux sont réputés précéder les humains en termes d'attention au monde : ils sont plus sensibles aux changements météorologiques, sentent l'arrivée prématurée ou tardive des saisons, anticipent les mouvements et fluctuations des éléments de leurs milieux de vie. Parce que les animaux sentent et pensent en amont des humains, c'est à leurs mouvements que ces derniers doivent se rendre attentifs s'ils veulent saisir les dynamiques plus générales des conditions atmosphériques et des fluides terrestres desquels tous dépendent. En ce sens, si les rêves animiques autorisent une communication tendue vers la possibilité de revenir chargés d'une compréhension plus fine des puissances des autres, celle qui anime et intéresse les humains ici est en l'occurrence une sensibilité accrue aux composantes élémentaires – l'air, l'eau, le feu –, qui forment les milieux à travers lesquels les trajectoires de tous se déploient. Ce sont précisément ces capacités sensitives, majorées chez les animaux et minorées chez les humains, que ces derniers cherchent à redécouvrir la nuit par le truchement du dialogue animique, dans le but somme toute très pragmatique d'obtenir des informations sur la tournure que vont prendre les éléments et les événements, et de se donner ainsi les moyens d'y répondre de manière ajustée : si l'on est informé *a minima* de la direction générale des flux hors de nous, il devient malaisé d'agir inconséquemment, et nocif d'imaginer aller en sens contraire. À Icha, c'est donc la nuit que se noue en pensées un continuum d'existences dans et par les éléments qui rendent la vie possible ou la menacent ; on ouvre les yeux au matin pour redécouvrir ce que peut bien vouloir dire être dépositaires d'une vitalité incarnée dans ce monde-là, qui nous traverse intensément et nous dépasse infiniment.

C'est le début du mois de septembre, la toundra a viré au jaune et les feuillus oscillent entre les tons ocre et orangés. Le temps est doux, le ciel sans nuages depuis plusieurs jours. Avec les femmes et les enfants nous dormons encore dans l'at'ien, les petites heures du matin sont fraîches, je rallume le feu vers quatre heures. En sortant des couches j'ai laissé entrouvert le voile qui nous coupe du foyer et nous protège des moustiques. À la lueur des flammes qui commencent à consumer le bois, je vois le visage assoupi de Daria, cela bouge sous ses paupières, sa respiration est rapide. Je me dis qu'elle rêve. À l'aube je la questionne, elle me répond dans un murmure. Cette nuit j'ai volé avec elles. J'ai vu les oies partir, j'ai fait un bout de chemin dans le ciel à leurs côtés avant de revenir. Le temps va changer, l'hiver arrive. Il faut se préparer.

Rêver sans chamane

Daria, tu m'as toujours parlé de l'Appa de ta naissance, le père de l'Appa d'aujourd'hui dans sa tanière sous les branches, en me disant qu'il était le dernier des chamanes. Il était vraiment le dernier, ou il en reste encore ? Daria secoue la tête. C'était il y a longtemps. Aujourd'hui, il n'y en a plus un seul. Avant, il y avait toutes sortes de chamanes. Certains faisaient du mal aux gens, de la magie noire si tu veux ; d'autres soignaient, ils étaient lumineux. Ça existe partout, non ? Sûrement, je réponds sans réfléchir. Appa, il avait un costume spécial avec un chapeau, des cornes de fer et des pendentifs. Il avait aussi un bâton avec des pendentifs, qui indiquaient le nombre d'enfants. Les pendentifs, il les faisait avec des oreilles de rennes. Il marquait les oreilles, les coupait et les cousaient. Daria se met à rire. Évidemment, ça montrait aussi le nombre de rennes qu'il possédait. Il est mort très vieux, à plus de 90 ans. C'était un bon chamane, et il était très pauvre. Je me souviens d'un autre aussi, je ne dirai pas son nom mais il était très mauvais. À l'époque il y avait plusieurs camps de ravitaillement pour les rennes et dans le sien les rennes étaient bien gros, tout allait bien... alors que pendant un temps, dans les autres camps, les rennes mouraient, à cause des loups et des avalanches. C'était aux abords du volcan, là où je suis née. Il avait cette manière de parler aux êtres et aux éléments pour qu'ils fassent des choses négatives. Il était très sombre. Mais lui comme Appa sont morts il y a longtemps, et personne ne les a remplacés. 1975 et la disparition d'Appa, ce fut la fin d'un temps.

Dans un fragment du chapitre qui s'attache à « restaurer l'animisme », Descola écrit : le passage de l'humain vers l'animal est un « attribut du pouvoir dont on crédite certains individus – chamanes, sorciers, spécialistes rituels – de transcender à leur gré la discontinuité des formes pour prendre comme véhicule le corps d'espèces animales avec lesquelles ils entretiennent des relations privilégiées[46]. » La grande question que pose Daria et les siens à l'anthropologue est la suivante : comment faire lorsque les chamanes ne sont plus là pour médier nos relations aux êtres en usant de métamorphose et en revêtant, en rêve ou lors des rituels, les habits de l'autre pour se mettre sous sa peau et dans ses pensées ?

Jusque tardivement dans le processus colonial chez les Even, les rituels chamaniques assuraient la possibilité du transfert et du déplacement de l'âme dans les mondes des autres. Comme l'a montré Charles Stépanoff, le chamanisme est une technique par laquelle les humains font l'expérience de se considérer depuis le prisme d'autres existences, les chamanes endossant les habits de « diplomates cosmopolitiques ». Dans *Voyager dans l'invisible*, il pointe une forme de division du travail onirique chez les Tuva, entre les « gens simples » – qui font des rêves projectifs qu'ils interprètent par métaphores ou analogies – et les « spécialistes rituels » – dont les rêves constituent de réelles rencontres. Cela signifie que, pour eux, les modalités de communication du rêve que j'appelle « animique » ne sont pas accessibles à tous, loin de là, et qu'une certaine classe d'humains

46. Ph. Descola, *Par-delà nature et culture*, *op. cit.*, p. 192-193.

s'en réserve l'exploration[47] : là où le chamane peut transgresser, dans certaines conditions, les frontières des corps limités par la spéciation, les autres humains s'y retrouvent piégés ; ils ont besoin de lui pour jouer le rôle d'intermédiaire entre les mondes.

Il se trouve que les Even, comme les Tuva, font partie de ces sociétés que Stépanoff appelle à « chamanisme hiérarchique », par opposition aux sociétés dites à chamanisme « hétérarchique », ou encore à « tente claire » par opposition à « tente sombre »[48]. Selon lui, là où les nomades toungouses se sont déplacés en Asie septentrionale, ils ont introduit de nouvelles manières d'engager le dialogue animique avec les êtres du dehors, médié par le chamane, seul en mesure de comprendre et parler leurs langues. Ces techniques ont peu à peu pris le pouvoir sur des modes de relation plus égalitaires, où il existait un continuum de compétences réversibles et flexibles partagées entre tous[49]. Quand, au milieu du XIXe siècle, les Even arrivent avec leurs rennes sur la péninsule du Kamtchatka, ils rencontrent les Koryak et les Itelmen[50]. Ces derniers n'ont apparemment pas

---

47. « Dans les traditions hiérarchiques, l'ouverture chamanique devient corrélative d'une fermeture symétrique des profanes [...] le chamane se définissant comme ouvert par contraste avec les gens fermés, ces derniers apparaissant comme hermétiquement clos au regard de la porosité chamanique », Ch. Stépanoff, *Voyager dans l'invisible*, Paris, La Découverte, coll. « Les Empêcheurs de penser en rond », 2019, p. 137.

48. « La tente claire constituait le prototype du rituel chamanique pour la majorité des populations d'Asie du Nord, ignorant totalement la tente sombre. Ceci est vrai des peuples altaïques, c'est-à-dire de langue toungouse (Evenki, Even, Udeghe, Nanaï, Mandchous), de langue turque (Altaïens, Teleut, Khakas, Tuva, Iakoutes, Dolgan), de langue mongole (Bouriates, Mongols), ainsi que d'une partie des Samoyèdes (les Enets et les Nenets) », *ibid.*, p. 118.

49. *Ibid.*, p. 154.

50. La mobilité des Even avec les rennes leur permit de couvrir des territoires extrêmement vastes pendant leurs migrations, et d'avoir ainsi une expérience de la colonisation russe toute différente de celle des chasseurs-cueilleurs, plus

de chamanes, mais les vieilles femmes (les « koehtchoutche ») semblent être considérées comme des « magiciennes[51] » et sont réputées savoir interpréter les songes sans pour autant revêtir de costume ni utiliser de tambour, et sans non plus monopoliser l'accès aux autres mondes. Stépanoff considère que ces sociétés sont, contrairement aux Even, représentantes parmi d'autres de ces formes de chamanisme hétérarchique où l'exploration onirique n'a pas été confisquée par les chamanes et reste ainsi accessible à tout un chacun. Au Kamtchatka parmi les Koryak et les Itelmen, comme chez les Tchouktches plus au nord en Tchoukotka, chaque membre du collectif pouvait potentiellement rencontrer les âmes d'autres êtres en rêve sans avoir besoin d'être dépositaire de qualités innées pour accéder au statut de chamane ; au sein de ces collectifs, ce sont les rencontres elles-mêmes, oniriques et/ou diurnes, qui ouvraient à la disposition chamanique. On n'y trouve pas d'« expertise » du chamanisme transmise par héritage, mais plutôt une acquisition progressive de compétences toujours précaires et temporaires, qui émergent d'expériences de face-à-face répétées avec d'autres êtres que les seuls humains, la nuit comme la journée. Toutefois, cette manière égalitaire d'entrer en relation n'est pas partagée en tous lieux : Stépanoff considère qu'elle est inconnue des Altaïques, et restreinte en Sibérie à certains peuples paléo-asiates orientaux, Tchouktches, Koryak, Yukaghir et Itelmen.

Pourtant, la situation actuelle des Even d'Icha fragilise cette hypothèse, ou en tout cas la fait varier très sérieusement. Comme dans le cas des Yukaghir de la haute Kolyma étudiés par

---

sédentaires. Ils purent fuir les épidémies, et servirent même parfois de guides aux cosaques. Ce n'est qu'au milieu du XIXe siècle que les Even descendent dans la péninsule du Kamtchatka et s'y installent, avec l'approbation de l'administration russe. *Ibid.*, voir p. 382.

51. Kracheninnikov, 1768, cité par Stépanoff, *ibid.*, p. 141.

Rane Willerslev[52], le pouvoir soviétique a fait passer, pendant des décennies, les relations aux esprits des morts et des animaux comme une forme d'arriération qu'il convenait de moderniser. Il fallait convertir les autochtones à un mode de relation gestionnaire aux êtres qui peuplent leur milieu (c'est-à-dire à l'idée qu'ils étaient absolument extérieurs au règne humain), ces derniers se transformant en ressources exploitables pour le bien du collectif, les voix des esprits ingérables et incontrôlables plongeant quant à elles dans un silence de plus en plus profond. Comme pour les Yukaghir, l'effondrement du régime soviétique constitua un électrochoc à même de raviver des formes qui semblaient éteintes : les sovkhozes ruinés laissèrent les Even seuls et sans rennes face à la taïga, qui redevint leur unique lieu de subsistance ; c'est avec les êtres et esprits qui la composent qu'il fallut réactualiser des relations sinon stables, du moins dynamiques, pour être en mesure d'y survivre.

Admettons avec Stépanoff que Daria et sa famille soient issues de sociétés à chamanisme historiquement hiérarchique. Toutefois, l'histoire des Even d'Icha montre que ce dernier n'a pas résisté longtemps à la double contrainte de la collectivisation d'une part (Daria estime que les derniers chamanes à Icha sont morts dans les années 1970) puis de la chute du régime (personne n'est venu les remplacer quand la structure politique s'est disloquée). L'effondrement a été pour les Even d'Icha l'occasion de retrouver en eux-mêmes, comme dans le cas des sociétés dites à chamanisme hétérarchique, les puissances pour opérer un déplacement vers le monde des autres, nécessaire à la préservation de la vie diurne et incarnée en forêt. Les chamanes ayant disparu, il fallut réapprendre à voyager dans les sphères invisibles de l'existence sans intermédiaires, puisque tous ceux qui disposaient des

52. R. Willerslev, *Soul Hunters*, Berkeley, University of California Press, 2017.

qualités innées et générationnelles pour opérer ce voyage avaient été décimés par le processus colonial.

La manière actuelle dont Daria et sa famille rêvent ne ressemble ainsi plus du tout aux traditions altaïques qu'ils ont emportées avec eux en nomadisant jusque dans la péninsule du Kamtchatka ; ils se retrouvent paradoxalement plus proches des manières hétérarchiques sibériennes, comme de celles des chasseurs-cueilleurs athapascans d'Amérique du Nord, dont certaines sont évoquées plus haut (gwich'in, nabesna, ojibwa, par exemple). Cela pose une question épineuse : le chamanisme égalitaire, s'il semble plus précaire et moins stabilisé, est-il une forme plus pérenne que le chamanisme hiérarchique ? S'il a seulement fallu un siècle pour que la hiérarchie régulant l'accès aux rencontres dans les rituels et les rêves s'effondre partiellement, au contact de la montée en puissance du système soviétique puis de sa disparition, et pour qu'un dialogue avec les êtres du dehors puisse être *repris* sur une forme plus égalitaire, que peut-on dire de la capacité du système hiérarchique à durer dans le temps ? Et encore, peut-on considérer les techniques oniriques qu'il favorise comme ontologiquement différentes de celles du système hétérarchique ? Stépanoff s'est attaché à montrer que les contrastes entre les deux formes ne traduisaient pas forcément des différences dans l'organisation sociale (le chamanisme hiérarchique serait structurant dans des sociétés plus segmentées et plus hiérarchisées que d'autres) ou encore des variations dans les modes de subsistance (il serait l'une des saillances des sociétés pastorales, absente dans celles à dominante de chasse[53]). L'idée consistait plutôt pour lui à mettre

53. Les Koryak comme les Tchouktches avaient de larges troupeaux de rennes et ont pourtant gardé des traditions hétérarchiques, alors que les chasseurs-cueilleurs toungouses, selkup ou ket n'avaient pas de rennes, ou très peu, et

au jour des contrastes profonds au sein des collectifs, situés au niveau du *degré d'autonomie* qu'on accorde à certains humains pour se relier aux esprits d'autres êtres. Si ces contrastes sont si marqués, comment expliquer le retour de la vie onirique sans médiateurs à Icha en 1989, au moment précis où tout semblait perdu, les traditions chamaniques des Even résonnant au son des tambours et des cliquètements des costumes ornés, toutes ces formes extérieures exprimant et médiant des relations malmenées par un système politique qui intégrait peut-être leur dimension scénique et culturelle, mais certainement pas cosmologique ?

On peut faire l'hypothèse que l'accès aux êtres invisibles redevient une technique partageable par tous dès l'instant où le collectif reprend des relations quotidiennes et incarnées de dépendance choisie avec les êtres qu'il côtoie. Si la vie onirique sans diplomates cosmopolitiques est un outil à la disposition des humains pour se relier à d'autres mondes, c'est peut-être que les formes de voyages et de transports animiques plus égalitaires précèdent les traditions hiérarchiques, ou à tout le moins qu'elles sont des capacités en dormance partagées par tous ces collectifs, ramenées à leur souvenir quand les conditions extérieures (économiques, politiques, écosystémiques) achèvent de faire imploser les structures qui tenaient leurs membres dans des rôles stables et définis. La reprise de la relation avec des êtres incertains peuplant un monde instable, instabilité redoublée dans le contexte actuel de crise écosystémique, commande une flexibilité des pratiques, au sein de laquelle la dimension hiérarchique implose nécessairement. Le principe qui est en jeu ici est une fois de plus celui de la métamorphose :

---

pratiquaient pourtant une forme hiérarchique de chamanisme : le développement économique de l'élevage n'est donc pas un critère satisfaisant pour saisir les différences d'organisation du travail chamanique.

le collectif even d'Icha, en se réappropriant ses capacités à rêver sur les ruines d'une tentative politique qui a échoué, reconnaît en actes qu'entrer en dialogue avec les êtres qui soutiennent son existence ne peut se faire sur le seul plan diurne de l'existence et, plus encore, qu'il doit être multiplié et pluralisé, c'est-à-dire partagé, pour avoir des chances d'aboutir. Que l'on pense ici à l'aspect tabou que revêtent certains rêves en contexte nord-américain, à l'impératif de taire les visions sous peine de perdre le pouvoir qu'elles confèrent au rêveur[54]. Les interdits de partage de certains rêves très présents, par le passé aussi chez les Even selon les dires de Daria et de sa famille, se dissipent en même temps que l'autorité de ces quelques humains élus qui « eux, rêvent ». Nous n'en sommes plus là, m'a dit un jour Daria alors je la questionnais à ce sujet. Les choses bougent plus vite maintenant au-dehors, il faut les regarder en face, a-t-elle ajouté. Le partage chuchoté des rêves au matin, par-delà les puissances oniriques inégales de chacun, peut être compris comme un genou en terre : l'acceptation d'une mise en mouvement collective de tous côtés, celui du voyage animique nocturne y compris, pour pouvoir comprendre quelque chose à un monde qui change rapidement ; un délaissement de la forme – les costumes, les tambours et les rituels dans lesquels ils s'animent – au profit du fond – les relations animiques qu'il faut coûte que coûte maintenir. Ce partage entre humains de dispositions autres touchées du bout de l'âme lors des rêves et déposées dans les corps au réveil est porteur de conséquences qui débordent le champ des relations interspécifiques : en franchissant la barrière des formes corporelles pendant la nuit, Daria et sa famille se donnent les moyens de métamorphoser, du même coup, leurs relations au collectif humain qui a régi leur vie pendant plus d'un siècle.

54. Voir, par exemple, B. Elk et R. J. DeMallie, *Le Sixième Grand-Père*, Monaco, Éditions du Rocher, 1999.

S'émanciper de l'institution étatique consiste ici à reprendre le dialogue avec les oubliés de la grande histoire, ces êtres ressourcifiés qui recouvrent leurs puissances en redevenant des personnes individuées qu'il est possible, dans certaines conditions, de *rencontrer* à nouveau ; leur existence réaffirmée rend le monde plus vivable pour les humains eux-mêmes.

Reprenons notre cartographie accidentelle, où la pensée est approchée comme un fond commun partagé à partir duquel il est possible d'entrer en relation avec d'autres, par-delà la diversité des dispositions physiques stabilisées pendant le temps de la spéciation. Le lieu d'une pensée conçue comme transversale et interspécifique se transforme en un espace de reformulation collective du devenir : il est possible de survivre à l'effondrement de toutes les structures que nous connaissions auparavant, si nous démantelons la totalité englobante du monde dans lequel nous étions censés vivre pour le *reprendre*, partie par partie, être par être. La remise en jeu des limites propres à la spéciation au sein des pratiques oniriques est, simultanément, une remise en jeu du type de relations qui se sont stabilisées à un moment donné entre *tous les êtres*, dans les temps mythiques avec les autres qu'humains, comme dans les périodes plus actuelles, notamment celle de la colonisation, entre humains ; l'espace de la pensée tel qu'il se reconfigure dans les voyages oniriques devient celui de la réinvention d'un nexus relationnel et, subséquemment, de la résistance à un état diurne du monde paraissant inébranlable.

Daria au-dessus des flammes murmure les mots pour sa mère disparue. Sa tête repose à l'est, le regard de Daria devant le petit feu est tourné vers le levant. Demain tu reviendras autre. Demain, tu pourras à nouveau t'*orienter*.

Quatrième partie

Composer avec l'économisation du monde

Il est une heure pour les mots.
Depuis les mutismes insensibles
la vie transmet
hautement ses droits
Peut-être – à cause de l'épaule
serrée par un front.
Peut-être – à cause d'un rayon
invisible le jour.
Pour une corde vaine,
restes – geste vers un drap.
Tribut à sa peur
et à ses restes
Heure des brûlantes iniquités
– et des demandes chuchotées.
Heure des fraternités sans terre.
Heure des orphelinages du monde.

Marina Tsvétaïéva, *Après la Russie*

INTRODUCTION

Avez-vous déjà remarqué comme tout est plus compliqué lorsque l'on tente de faire de la place aux zones dérangeantes de l'expérience, précisément là où les choses sont mal lissées, un peu emmêlées, pas très cohérentes voire parfois complètement contradictoires ? Je pense à toutes ces petites apories dans l'entendement, que l'on préférerait laisser bien soigneusement cachées sous le tapis pour ne pas risquer de bousculer le système heuristique que l'on s'est évertué à stabiliser ; à tous ces petits riens perturbateurs confiés au silence, de peur qu'ils ne fragilisent l'édifice solide sur lequel nous nous tenions, enfin, juchés. Ces petits riens ne sont pas rien, ils sont des cailloux dans nos chaussures, qui avec le temps deviennent si gênants qu'il faut s'arrêter et se déchausser avant de pouvoir repartir d'un pas plus souple.

L'économie de vie qui existe hors de la forêt et avec laquelle les Even d'Icha composent au quotidien fut l'un de ces cailloux dans mon soulier. Pendant plusieurs années, j'ai refusé de m'intéresser aux produits tels que la farine, le sucre, l'essence, les pièces mécaniques de bateau, de motoneige, les tronçonneuses, le groupe électrogène et le tabac ; de me demander comment ils arrivaient à Tvaïan. Le pourquoi, je l'avais saisi depuis le début, et il relève de l'évidence pour chacun d'entre nous : même pour un Even à Icha, voire *a fortiori* pour un Even à Icha, il est plus confortable de se déplacer de manière motorisée qu'à pied ou à cheval, de manger du pain avec son saumon séché plutôt que des racines ou des baies, de fumer une cigarette avec un thé très sucré par moins quarante l'hiver plutôt que de boire du cynorhodon amer en écoutant le vent siffler dehors. Le comment, quant à lui, je l'avais laissé complètement de côté. Ils consommaient, comme vous et moi, ils avaient été convertis aux produits phares de la modernité, mais cela ne m'intéressait pas, je préférais fermer les yeux et travailler les questions qui refondaient leur altérité, plutôt que celles qui la fragilisaient. Ces produits parachutés en forêt relevaient pour moi de cette partie d'eux-mêmes qui avait été forcée à s'assimiler au monde moderne, sur un mode mineur. Mineur dans l'acception la plus faible du mot, c'est-à-dire pouvant être totalement ignoré.

Je m'intéressais à tous les endroits de leurs vies qui manifestaient une résistance à l'économisation générale de nos existences, et donc, en ce qui les concerne, à leurs manières d'avoir su se délier au moins partiellement des modes de vie préconisés par la Russie actuelle, au profit de la remise en mouvement d'un dialogue quotidien avec un milieu animé, dialogue qui n'était tourné ni vers l'extractivisme des ressources ni vers la capitalisation des richesses, et encore moins vers la patrimonialisation de la nature. Pour toutes ces raisons, j'avais volontairement occulté toutes les zones quotidiennes qui débordaient le cadre théorique dans lequel je m'étais moi-même confinée. Ils avaient abandonné l'élevage de rennes confisqué par l'État puis par les entreprises privées, ils étaient redevenus chasseurs-pêcheurs-cueilleurs indépendants, ils échangeaient sous le manteau des vivres avec les bergers even qui étaient encore à la solde des entreprises, ils rêvaient : cela ne réglait pas la question de l'argent dans la forêt mais cela me suffisait, cela *devait* me suffire. Les longues heures sur le *buran* à attendre qu'il redémarre par un grand vent glacial, les journées entières sur la berge assaillie par les moustiques à tenter de prêter la main pour réparer un moteur de bateau qui cassait inexorablement, les dizaines de fois à s'échanger des paquets de cigarettes dans des coins de toundra improbables et, surtout, les longs moments à savourer des tartines de caviar de saumon sur du pain par de pluvieuses journées d'été m'ont forcée à adresser la question. Les pièces mécaniques, l'essence, les produits comme le tabac, le sucre et la farine, bien que souvent en pénurie et toujours en insuffisance, étaient achetés. L'argent nécessaire à ces achats venait de quelque part, d'un endroit dont ils ne parlaient jamais. Que vendaient-ils, à qui et comment, si les rennes avaient perdu ce statut de ressource financière pour eux ?

Je me souviens de cet après-midi estival de 2014 passé à Esso avec Charles dans un bureau de l'administration, face à la responsable des droits indigènes, avant même que nous n'ayons connaissance des Even d'Icha. Elle nous avait parlé de l'exploitation des ressources minières depuis les années 2000, de l'or, du nickel, du cobalt et du cuivre extraits dans la région sans compensation financière pour les autochtones ; de la piste de 170 kilomètres qui trouait désormais la forêt pour y accéder et qui menaçait les Even, les rennes et leurs manières de vivre ; des régulations drastiques et souvent arbitraires de chasse et de pêche ; des cent kilos de poisson par an que les autochtones étaient autorisés à prélever. Je relis les notes prises ce jour-là, et tombe sur le commentaire de cette femme : on ne sait pas pourquoi ils décident de cette quantité et pas d'une autre. Nous, on n'a pas besoin de pommes de terre et de cornichons, on veut juste du poisson. À Moscou, ils disent que les quotas sont décidés localement. Mais l'administration ici dit que c'est à Moscou que les décisions sont prises. Tout le monde se décharge de la responsabilité de produire des quotas intenables.

Je pense encore à Volodia à Tvaïan, au retour de la pêche matinale, après avoir passé les mains sur les écailles glissantes des saumons, évité que les fils ne s'accrochent dans leurs dents, réimprimé le mouvement de la nage à ceux qu'il relâche. Je vois le lit d'herbe que Daria a préparé pour y déposer les poissons, ses mains ensanglantées tenant le long couteau tranchant. Volodia, cigarette entre les doigts assis devant l'at'ien, remplit les papiers des quotas de pêche. Une case par espèce de saumon, garboucha, kita et nerka aujourd'hui. À combien tu as droit par jour ? je lui demande en m'asseyant à côté de lui. Pas beaucoup. Combien ? Neuf ? Dix ? Volodia soupire, ne veut pas dire exactement. Oui, par là. Et si tu en as trop pris tu dois payer ? Hum hum. Sauf que je ne peux pas payer. Donc s'il y en a trop, tu en marques moins ? Silence. Puis : on s'arrange. Et tu les remplis tous les jours ces documents ? C'est ce qui est préconisé, non ? Hum hum. Sauf que c'est la première fois que je te vois les remplir. Volodia commence à s'agacer de mes questions. Je te dis, on s'arrange. On remplit quand on peut, ce qu'on peut. Si on faisait comme ils nous disent, on ne survivrait pas.

Autre vision, deux ans plus tard en automne. Un hélicoptère passe au-dessus de Tvaïan, revient, décrit des cercles. Volodia et Ivan courent, se saisissent du fusil, le dissimulent dans les fondations de la cabane en rondins. Pourquoi vous cachez votre arme ? je demande naïvement alors que nous rentrons dans l'at'ien pour s'abriter des yeux du ciel. Parce qu'on n'a pas les papiers. Alors si c'est la police et s'ils atterrissent, pas d'arme, pas de problèmes. Pendant ce temps à côté de moi, Daria remplit à la hâte le cahier de pêche dans l'éventualité d'un contrôle. Le nombre, les variétés. Elle noircit les pages des deux dernières semaines qu'elle avait laissées vides. Elle inscrit un chiffre acceptable chaque jour, en prenant soin que l'addition ne dépasse pas le quota. Ironie de Tvaïan : un camp de pêche au quota, un camp de chasse sans fusil. Mais apparemment cela ne choque personne : tout est possible au Kamtchatka, même des Even sans rennes, sans poissons et sans fusils au fond des bois. N'avait-on pas tenté de faire des autochtones des agriculteurs à Silo Tvaïan jusque dans les années 1960 ?

Les mots que Daria me répète inlassablement depuis des années tournent en boucle dans ma tête : ici, il n'y a pas de braconniers. Nous, on prend seulement ce dont on a besoin pour se nourrir, pas comme les Russes, pas comme les Américains. Oui Daria. Volodia, dans la case « profession » sur ses papiers d'identité, il a coché *axotnik*. Et être « chasseurs » pour les Even d'Icha, ça n'est certainement pas être braconniers. Ça ne devrait pas l'être. Sauf que les cases ne veulent plus dire grand-chose, depuis que les régulations sont intenables, depuis que pour vivre il faut s'arranger avec la loi, et que pour acheter des denrées, il ne suffit plus de ramener un nombre de peaux défini au préalable au comptoir d'Esso dans l'espoir que les émissaires de l'État vous les échangent contre les quelques produits dont vous avez besoin.

Le soir de l'hélicoptère, à Ivan et Volodia : alors comme ça vous êtes patriotes ? Rires. Ça dépend des jours. Aujourd'hui, on est plutôt renégats.

7
ZIBELINES

Je sais ce qu'ils font des zibelines. Ils les rêvent, ils les piègent dans les bois l'hiver, ils les entourent d'égards quand ils les dépècent, puis ils donnent leurs corps morts et nus à manger aux chiens, car leur viande est réputée très mauvaise pour les humains. De novembre à janvier, Iyip est le sujet de discussion principal à Icha. On devise sur leurs ruses et leur intelligence pour contrer les tactiques de piégeage, mais pas seulement. Elles ont cette autre qualité, très prisée depuis des centaines d'années partout en Sibérie, d'être parées d'un habit qui se vend à prix d'or hors de la forêt. Sous mon matelas à Tvaïan, il y a des peaux de zibelines. Ils en cachent partout. Un matin au réveil, le nez collé sur leur pelage odorant, je pense à la métamorphose ; à la capacité de modifier la position d'observation que nos corporéités originelles nous imposent, pour s'attacher à coïncider avec les perspectives de ces autres que nous poursuivons ; à se mettre dans leurs peaux et sous leurs têtes. J'ai un accès de tristesse. Ces peaux-là, je me dis qu'elles n'ont pas été retirées à leurs porteurs pour des raisons métamorphiques ou oniriques. Je rêve peut-être de zibelines en dormant sur leurs habits mais ces derniers ne sont pas destinés à ce monde-là.

Nous sommes en 2017, une fin d'après-midi de novembre. Avec Ivan nous rentrons de la chasse au tétras, bredouilles. Nous avons tous migré pendant quelques semaines à soixante kilomètres au nord de Tvaïan, à Manach' chez Artium, le frère de Daria. Attablés face à un bol de viande de renne nous discutons un peu. Avant il y avait plus d'animaux, remarque Artium. Mais maintenant tu vois, ils sont de plus en plus rares. Les zibelines disparaissent, elles suivent les loups qui remontent au nord, et il n'y a presque plus d'élans. Daria semble contrariée, mais Artium continue en ignorant sa mine réprobatrice. De toute ma vie, je n'ai jamais vu aussi peu de zibelines. Chaque année ça empire, leur nombre s'amenuise. Le climat ? Je demande. Non, trop de chasseurs, répond Artium en devançant Daria qui s'agite. Et que ferez-vous quand toutes les zibelines seront parties avec les loups ? Artium se renfrogne. C'est vrai que l'année prochaine elles auront peut-être toutes disparu. Daria s'emporte. Ça suffit, taisez-vous maintenant. On ne parle pas de ces choses-là. Elles reviendront, elles reviennent toujours, lance-t-elle en jetant un regard à Ivan qui baisse les yeux. Je reste sur ma faim, comme souvent. Évoquer la question du non-retour potentiel des êtres qui comptent, ce n'est pas dans leurs cordes. Et quoi, si le cycle se brisait ? On a tellement envie que le monde revienne sur lui-même, que la profusion profuse encore.

Le jour baisse, le froid est mordant. Des particules de gel en suspension brillent dans les derniers rayons du soleil. Artium rentre de l'abattage des rennes du troupeau stationné à quelques kilomètres de Manach', gardé par des cousins. Ils viennent de tuer deux cents bêtes en trois jours, qui seront demain envoyées par traîneaux à Esso, où la viande sera vendue pour partie localement, le reste sera expédié à Petropavlovsk sous forme conditionnée. La toundra est rouge, les yeux des hommes aussi. Je suis seule avec Artium, Daria Ivan et Volodia sont restés dîner à la yourte. Pendant le repas, je profite de l'absence de Daria pour le questionner. Et toi, tu as déjà été éleveur de rennes ? Oui, pendant l'armée, et deux ans avant. À seize, puis à dix-neuf ans. Trois ans en tout. Mais je n'ai jamais aimé ce travail. Et puis de toute manière, j'avais toujours rêvé d'être chasseur. À mon inévitable *potchemou*[1], Artium me lance un *ne znaïou*[2] laconique. Sait-on toujours pourquoi on fait les choses ?

Artium boit une gorgée de thé, lève le regard vers moi. Tout était plus simple à l'époque soviétique. Pour nous comme pour les animaux à fourrure. Il y en avait un certain nombre à tuer, et cela ne servait à rien d'en tuer plus, puisque de toute manière on ne serait pas payé davantage. L'ours, le loup, le renard, le glouton, la zibeline, tout ça s'échangeait à Esso, mais les quotas étaient sérieux, et personne ne braconnait. Aujourd'hui, tout est à vendre et il faut de plus en plus d'argent pour acheter les produits. Nous sommes tous tombés dans le cercle vicieux. Sauf que la peau d'ours, de glouton, ça ne se vend plus. Le loup, il n'y en a presque plus. Le renard, ça continue de bien se vendre mais pas cher, si tu sors 2 000 roubles d'une peau tu es content. Reste les zibelines, à Moscou aux ventes aux enchères elles valent des fortunes, dix fois plus que le prix auquel on les vend à Esso aux négociants de peaux… mais quelque part peu importe, puisque, bientôt, elles ne seront plus. Artium fait une pause, fixe mon visage médusé. Non Nastia, ce n'est pas le réchauffement climatique qui les décime. Ce sont les hommes. Les Russes qui braconnent ? je demande. Bien sûr, les Russes. Mais que peut-on dire ? Nous faisons exactement la même chose, même si les proportions ne

1. Pourquoi.
2. Je ne sais pas.

sont pas les mêmes. C'est à ce prix qu'on est libres de ne plus être les bergers des rennes qui appartiennent maintenant aux grands propriétaires. Libres du *natchal'nik*[3] et de la maigre paye. Libres de vivre ici toute l'année plutôt que de nomadiser onze mois sur douze loin de nos enfants. Un autre silence passe. En fait, vous êtes un peu des entrepreneurs de la forêt, dis-je à Artium en tentant de détendre l'atmosphère. On pourrait dire ça. Mis à part qu'on n'est pas équipés. On fait, mais on ne veut pas vraiment faire. On sait chasser et piéger, ça oui. Mais on n'a pas les codes pour vendre. Et le pire, c'est qu'on n'a pas envie de les apprendre. Revenir ici, ce n'était certainement pas suivre la voie balisée pour nous, me dit encore Artium. Mais c'est quand même devenu se mettre au service du chic et du cher. Cette phrase me fait sursauter : Artium vient de nommer une réalité que je connais depuis des mois sans que personne n'ait jamais posé de mots dessus. Les conditions d'existence actuelles des Even d'Icha sont suspendues aux excentricités des urbains les plus riches : ce sont les habitants des lointaines forêts qui leur procurent leurs signes de distinction les plus forts. Ou plutôt, qui leur ont procuré. Parce que la mode change, et que les temps sont au véganisme ; parce que les zibelines elles-mêmes sont *has-been*, et que la mode des fourrures disparaît en même temps qu'elles.

Ce jour-là je me dis : ceux d'Icha se sont reconvertis en derniers trappeurs et, comme tous les derniers trappeurs, ils vont disparaître. Que ferez-vous ? réponds-moi ! Que veux-tu qu'on fasse ? Notre salut à nous, pour ne pas être les bergers des rennes qui ne sont plus les nôtres, c'était la fourrure. Il n'y a pas mille solutions Nastia. Nous aussi, nous finirons par vendre tout ce qui a encore un prix ici.

3. Le chef.

Un matin de janvier à Tvaïan, Ivan s'inquiète car le prix des zibelines est passé de 7 000 roubles à 5 000 roubles. Nous buvons le thé, et il s'emporte un peu. Souvent je pense à la *tiotka*[4] qui se balade dans les rues de Milan, rouge à lèvres, ongles peints et cigarette entre les doigts. Elle porte sur elle un manteau cousu avec des zibelines que j'ai tuées. Ça me rend triste pour les zibelines. Et triste qu'au bout de la chaîne ce soit elle qui nous fasse vivre. Qui nous permette tout juste d'acheter de la farine, du sucre et des clopes. Tu sais ce qui serait vraiment drôle ? Tu sais à quoi je pense quand je déprime ? Qu'au lieu que cette fille porte du Chanel numéro 5 sur son manteau, elle exhale le parfum des zibelines mortes. Le parfum de la viande rancie qui sèche. Ivan saisit une peau, me l'envoie par-dessus le feu. Je la porte au nez en composant sur mon visage une mimique d'extase, nous éclatons de rire. Ça, ce serait vraiment drôle, dit encore Ivan. Ça, ça me plairait.

Le printemps suivant de retour à Manach', Mikouleï, le cousin d'Ivan, a dégoté une sorte de petit tracteur, avec lequel il est venu jusqu'ici depuis Esso. Cela fait trois jours que nous entendons le ronronnement du moteur dans les toundras alentour. Je n'y comprends rien, ce manège me semble la chose la plus absurde à laquelle j'ai assisté ici. Je pense un temps qu'il se régale de se déplacer sur un engin motorisé, plutôt qu'à pied ou à cheval dans la toundra humide, même si sa machine ne

4. La « tante », signifiant humoristiquement une jeune femme apprêtée.

fait que s'enliser pour caler puis redémarrer de plus belle dans d'assourdissants vrombissements. On dirait un peu la tondeuse à gazon d'*Une histoire vraie* de Lynch, en un poil plus gros. Je me dis qu'il tourne en rond, tout simplement, et que ça l'amuse. Mikouleï est accompagné d'un Russe à l'étrange allure, qui l'aide à dégager la machine chaque fois qu'elle s'embourbe. Je l'ai déjà rencontré l'été précédent à Tvaïan. Daria m'avait dit qu'il sortait de prison, qu'il n'avait nulle part où aller, et qu'elle lui offrait le gîte et le couvert en échange de main d'œuvre pour les aider à construire une nouvelle cabane. Je me demande ce qu'il fait là maintenant avec le cousin, la situation s'obscurcit de plus belle. À force de l'accabler de questions, Ivan finit par me répondre. Ils ont un nouveau business tous les deux. Mais quoi ? Attends qu'ils reviennent, tu verras bien. À la tombée de la nuit, le grondement du vieux moteur se rapproche, pour enfin faire silence devant la cabane. Je distingue un amoncellement d'objets effilés à l'arrière du tracteur, je me rapproche, et je vois enfin de quoi il s'agit. De bois de rennes empilés les uns sur les autres, ceux que les mâles ont perdus pendant l'hiver alors qu'ils nomadisaient dans le coin avec leurs bergers. Et ça, c'est pour quoi faire encore ? je lance à Mikouleï. Il part d'un grand éclat de rire. Ça, c'est pour les Chinois. Il paraît qu'ils en font de la poudre, ils disent que ça les soigne. Ça tombe bien, on en a plein !

Ce soir-là je raconte à Ivan et Mikouleï qu'il y a quelque temps j'ai lu un article dans *National Geographic*, qui expliquait comment, avec la fonte du permafrost, les défenses de mammouths morts il y a des milliers d'années s'étaient mises à affleurer hors des glaces en Yakoutie. Je leur raconte que nombre de Yakoutes s'étaient embarqués dans une chasse effrénée aux restes de mammouths ; que l'ivoire se vendait à prix d'or, chez les Chinois justement, les plus riches d'entre eux y faisaient sculpter leurs cosmogonies les plus anciennes, pour les exposer dans leurs maisons et dans leurs salles de réception. Ivan et Mikouleï pouffent de rire en m'écoutant. Nous aussi, si on avait des mammouths sous la toundra, on les déterrerait ! Mais on a que des bois de rennes, alors...

Se taire

Ce sont des fragments d'expériences et de discussions telles que celles-ci qui m'ont permis de réaliser que l'apparente abondance des animaux au Kamtchatka, qui m'avais sauté aux yeux en comparaison de l'Alaska subarctique, n'était bel est bien que cela : une apparence. Certes, la profusion d'ours et de saumons en été induit en erreur, tout comme les grandioses retours des oies sauvages au printemps, qui font monter les larmes aux yeux des humains qui les attendent avec impatience sur les berges, parce qu'ils savent qu'enfin les temps difficiles sont passés. Mais l'hiver, les traces ne mentent pas. Lorsque même les signes des présences invisibles s'amenuisent, on saisit que si l'on retire au milieu kamtchatkien ceux qui dorment et ceux qui migrent, il ne reste plus grand monde.

Ainsi, pendant des mois, j'ai pensé ce lieu comme s'il s'agissait d'une enclave miraculeusement préservée, ni trop au nord ni trop au sud du point de vue climatique, et pour l'instant relativement préservée d'une économie extractiviste massive, les deux paramètres principaux qui altèrent les cycles de migrations des animaux. Et c'était partiellement vrai : ils étaient encore reconnaissables et leurs trajectoires restaient compréhensibles, contrairement à ce que j'avais pu entendre des Gwich'in en Alaska ; les barrières d'espèces n'avaient pas encore été franchies, du moins dans la part diurne et biologique de l'expérience ;

les hybrides ne proliféraient pas et laissaient pour l'instant les animaux bien au chaud dans leurs dispositions corporelles spécifiques et leurs attributs physiques propres ; les humains semblaient peu ou prou savoir ce qui allait se passer l'année d'après, une fois intégrée l'incertitude constitutive des habitants divers qui composent un monde animé. En dépit de la proximité géographique des territoires, les tourments de *scarcity* qui m'avaient habitée en Alaska des années durant semblaient loin. Je laissais donc, pendant toute la première partie de mon terrain, la question de l'instabilité écosystémique de côté, non sans un certain soulagement, pour la remplacer par la déstabilisation politique. Là où les choses se compliquèrent, c'est que les illusions dont je me berçais étaient maintenues par les Even d'Icha eux-mêmes. Peu à peu, il s'est avéré qu'eux aussi couraient sur les traces de proies qui s'invisibilisaient : les élans étaient déjà presque tous décimés, maintenant c'était le tour des zibelines, les rennes quant à eux bien sûr n'allaient nulle part, mais c'était une tout autre affaire, puisque leur présence autour du volcan Itchinski était la conséquence directe d'une vision gestionnaire et ingénieriste des ressources animales au Kamtchatka importée par les Russes. Le monde connu partait en lambeaux ici aussi et je ne l'avais pas remarqué, d'abord parce que les Even eux-mêmes ne formulaient presque jamais l'effilochage de leurs relations aux animaux. Pourquoi ce silence ? Voilà une autre question qui occupa mes nuits durant de nombreuses lunes.

Je me souviens du regard horrifié de Daria peu après l'enterrement de sa mère, serrés les uns contre les autres dans la cabane du poste frontière de Šanuč au bout de la piste carrossable, avant de repartir vers le village et la ville. Elle m'avait demandé à voix basse de quoi était mort mon père. D'un cancer j'avais dit. De la vessie j'avais spécifié, en montrant la zone sur mon propre corps.

Daria avait violement poussé la main posée sur mon bas-ventre. Ne montre jamais sur toi, avait-elle dit. Des années plus tard, j'ai compris qu'ils agissaient exactement de la même manière avec les autres êtres vivants ; qu'ils s'efforçaient de minimiser les gestes et les paroles pouvant produire des effets indésirables en retour, puisque absolument tout, au-dehors, écoute et se souvient des mots prononcés et des gestes performés. À Icha, aucune action n'est jamais totalement anodine, et tout porte potentiellement à conséquence. Dans ces conditions, Daria ne risque pas de mentionner ouvertement que quelqu'un ou qu'un groupe d'êtres est en train de disparaître. Ceci parce que cette éventualité, si verbalisée – c'est à dire posée dans le monde –, risque bien de se produire.

Si la possibilité que la parole soit performative est certainement l'une des idées les plus fortement ancrées chez les Even d'Icha, et si telle est bien l'une des saillances principales de leur cartographie cosmologique, pourquoi Artium s'autorise-t-il à mettre des mots sur la situation qu'il constate, quand tous les autres membres de sa famille gardent le silence sans être dupes pour autant ? On peut faire l'hypothèse que sa condition de chasseur professionnel d'animaux à fourrure depuis l'époque soviétique, reconverti en trappeur indépendant après l'avènement du capitalisme, l'a obligé à composer plus directement avec une idée du monde où ses habitants sont, en même temps que des êtres dotés d'âmes similaires aux nôtres, des ressources disponibles pour obtenir de l'argent. Ses allers et retours fréquents au village pour négocier avec les acheteurs de peaux lui ont certainement permis d'objectiver ses rapports à leurs porteurs, bien plus que les autres membres de sa famille, pour lesquels les modes « prélèvement » et « vente » restent mineurs. Ceux qui ne quittent presque jamais la forêt, comme les habitants actuels de Tvaïan, se risquent ainsi rarement aux considérations alarmistes. Ils pensent et disent le retour plutôt que la disparition même si, chaque année, c'est pire. Daria change de sujet quand je lui demande comment et pourquoi les élans ont presque tous disparu, et parle de la profusion de canards cette année ; Ivan baisse les yeux en souriant quand je lui fais remarquer que s'il reste concentré sur les zibelines en hiver, il se retrouvera bientôt sans rémunération. Cette non-disposition à toute forme de parole négative ou pessimiste, ce refus quasi catégorique du catastrophisme, est une disposition d'esprit éminemment puissante : elle présente le visage d'un optimisme sans faille face aux turpitudes de l'histoire, d'où se dégage une force qui est d'abord un sourire sur l'existence, dont l'efficacité est largement prouvée si l'on regarde la manière dont ils ont traversé les périodes les plus sombres et chaotiques du passé. C'est certainement cette posture, positivement ancrée dans tout ce qui est encore à naître et non dans ce qui disparaît, qui leur a permis de survivre après 1989. Nous n'avons rien lâché, nous sommes restés unis, m'a dit un jour Daria en évoquant la chute du régime et la déshérence au kolkhoze. Tout s'est effondré, peut-être, mais les esprits sont revenus dans la nuit et nous les avons suivis. Parce que si tu ne crois pas au monde, rien ne s'offre à toi. Cette attitude presque chevaleresque séduit immédiatement, mais il faut bien avouer qu'elle présente quelques inconvénients qui ne sont pas mineurs : on ne dit jamais rien sur les choses qui font mal pour privilégier la vie, mieux vaut donc camoufler les douleurs plutôt que les exposer ; on ne parle surtout pas de ce qui dysfonctionne, ou risque de dysfonctionner, pour éviter qu'il ne vienne à l'esprit des autres, dehors, de vous prendre au pied de la lettre et de n'en faire qu'à leur tête.

Je revois encore le vieil Appa enforesté dans sa tanière de branchages, fils d'Appa le chamane de l'enfance de Daria, lors de mon retour à Icha en janvier 2016. Il fixe mon visage gonflé et tuméfié pour la première fois. T'as mal aux dents ? Non, j'ai rencontré un ours. Ah ! Je vois. Mais les ours sont de très belles personnes !

8
SAUMONS

La neige et le froid menacent ; les bords de la Tvaïanskaïa commencent à geler. Les moteurs des bateaux sont cassés, nous ne disposons pas des pièces nécessaires pour les réparer ; et quand bien même nous les aurions eues à portée de main, nous n'avons plus d'essence. Comme de coutume, quitter la forêt s'annonce compliqué. L'automne est bien entamé et ça se sent, des saumons en décomposition flottent sur la rivière, une odeur de mort et de pourri infuse l'air, une petite dépression guette chacun d'entre nous. Le soleil se lève sous un ciel gris et pesant, nous chargeons nos affaires et nos vivres sur les montures. Il nous faut quitter Tvaïan au plus vite pour éviter que la neige toute proche nous assigne à résidence jusqu'à la fin de l'hiver. Daria, Ivan et Volodia se hissent sur deux chevaux blancs et un gris pommelé ; moi et ma fille Ayla montons sur un cheval bai, renommé Françouz depuis trois ans, clin d'œil à notre présence parmi eux à Icha. Il nous faudra toute une journée pour rejoindre Manach', d'où nous pourrons envisager de rejoindre la seule piste carrossable de la région, soixante kilomètres à l'ouest. Nous arrivons à onze heures du soir, trempés et frigorifiés. Artium nous y attend avec Mikouleï. L'accueil est sobre mais efficace, il fait chaud, nous avalons une soupe de têtes de poissons et nous nous affalons par terre sur les couches en peau de renne près du poêle. Je me réveille le lendemain matin en pensant au moyen par lequel nous allons rejoindre la piste, je suis impatiente de rentrer chez moi, même si « chez moi » c'est encore loin. Le branle-bas de combat au-dehors me fait comprendre que depuis hier les plans ont changé, et comme cela arrive régulièrement ici, nous entrons à nouveau dans une zone de flou et d'indéfini indescriptiblement agaçante car je ne dispose d'aucune clé de compréhension pour en sortir. Ivan passe devant moi sans un regard, une selle chargée sur son épaule, il se dirige vers les chevaux. Je l'interpelle, lui demande où il va, *na rybalke* me répond-il laconiquement, finalement nous devons pêcher encore un peu avant de quitter la forêt.

Je riposte immédiatement à ce changement de programme intempestif en annonçant à Ivan et son cousin que je viens avec eux. Je sens immédiatement la gêne du premier et la désapprobation du second. À contrecœur ils me désignent le cheval que je peux monter, Mikouleï marmonne tout bas en se détournant, Ivan me tend un filet et une longe avant de s'éloigner au pas de course. Après deux heures de cheminement dans la forêt, nous débouchons sur une toundra d'altitude au sol spongieux. Au milieu se dessine un lac aux eaux noires immobiles. Nous mettons pied à terre. Ivan et Mikouleï, toujours silencieux, débâtent les chevaux, commencent à gonfler le bateau, entassent la senne dans le fond de l'embarcation. On dirait qu'il n'y a pas grand-chose, dit Ivan en regardant la surface placide du lac. Il s'enfonce dans l'eau jusqu'à mi-cuisses, et lorsqu'elle lèche le haut de ses bottes, il s'élance sur le bateau, faisant contrepoids face à son cousin. Je suis sur la rive, je les observe déployer le filet sur toute la longueur du lac. Mes pieds pataugent dans une fange noirâtre, pleine de carcasses de poissons en décomposition. Je pars faire quelques pas pour endormir ma fille emmitouflée contre mon ventre, son corps se détend, je l'enroule dans ma grosse veste en duvet et la dépose sous l'arbre qui surplombe le lac. Je me détourne et jette à nouveau un regard vers la berge : je saisis enfin les raisons de la mauvaise humeur et du silence qui ont présidé à cette journée. Ivan et Mikouleï ont ramené le filet sur la rive. Il n'y a pas cinq ou dix saumons, mais une soixantaine de corps qui se trémoussent dans la boue en cherchant désespérément de l'air. Je me rappelle les gestes d'Ivan tout au long de l'été. Ses mains qui chaque matin libéraient les saumons dont nous n'avions pas besoin pour la journée, surtout les femelles encore vivantes. Je le revois penché sur la rivière de Tvaïan, les mains plongées dans l'eau, tentant de réimprimer le mouvement de la nage et sa vitalité à une femelle épuisée par une nuit de bataille contre les mailles du filet. Allez, vas-y, lui avait-il dit, lorsque après dix minutes il l'avait relâchée dans le courant où elle s'était élancée en frétillant. Je cligne des yeux pour faire disparaître la vision. Ivan, la mine sombre, est en train d'éventrer toutes les femelles pour en sortir le caviar, son cousin le seconde, il maintient ouvert entre ses jambes un grand sac en toile imperméable, qui se remplit peu à peu d'œufs rouges et gluants. Les quelques mâles qui restent ne sont pas remis à l'eau, ils gisent à terre comme de vulgaires objets, ce qu'ils n'ont jamais été, à ma connaissance, pour aucun des membres de cette famille.

Je m'approche d'eux l'air de rien, en tentant de ne pas dramatiser. Ça va être dur de préparer tous ces poissons et de les fumer, il y en a beaucoup... Ivan lève la tête, esquisse un sourire forcé. Disons que c'est notre cadeau pour les ours. Ils vont être contents ce soir, que quelqu'un leur ait mâché le travail pour s'offrir un grand festin. Je souris à mon tour. D'accord, les ours. Quelques heures plus tard, tout est empaqueté et bien ficelé sur les montures, nous repartons, nous tournons le dos à la rive du lac, jonchée de corps gluants et sans vie. Un lourd silence s'installe à nouveau, qui se transformera en colère quelques heures plus tard, explosant sous forme de dispute entre les deux cousins et portant sur le fait qu'« elle » ait tout vu, qu'« elle » sache, que même si « ils ne font pas ça », ils le font quand même. Sur le chemin du retour, les garçons m'ont fait promettre de ne rien dire à Daria, j'ai ri intérieurement de cette requête absurde parce qu'eux comme moi savent qu'elle sait très bien ce qu'ils sont allés faire au lac noir, que pour gagner les quelques kopecks de plus qui leur permettront de réparer les moteurs de leurs bateaux et de leurs motoneiges, ils participent eux aussi à ce gigantesque secret de polichinelle qui concerne la plupart des Russes du Kamtchatka.

Braconner le caviar en forêt et le vendre illégalement de retour au village est loin d'être anecdotique ; caviar qui sera en bout de chaîne reconditionné légalement dans de petites boîtes bleu et rouge et vendu aux touristes en partance à l'aéroport de Petropavlovsk, ravis de pouvoir ramener un produit « local et naturel » à la maison. « Braconnier » est un mot à la fois classique et tabou dans l'extrême est de la Russie. Chez les Even d'Icha ce terme est sinon proscrit, du moins prononcé à voix très basse, toujours pour les mêmes raisons : « ils » écoutent. Si la mise à mort qui conclut une chasse (ou une pêche) réussie ne pose pas de problème en soi – au contraire, elle est un moyen de clore le cycle périlleux des métamorphoses qu'implique la chasse en milieu animiste et de « revenir à soi[1] » –, la surchasse (ou la surpêche), de surcroit doublée du mépris du corps de l'animal après la mort, n'est jamais favorable à une « écologie des

1. N. Martin, *Les Âmes sauvages*, *op. cit.*

relations[2] » équilibrée, *a fortiori* lorsqu'il s'agit d'animaux migrateurs. Pour Daria comme pour tant d'autres chasseurs-pêcheurs en Béringie, le plus important, pour pouvoir vivre en forêt, est de s'assurer que les êtres avec lesquels ils cohabitent puissent revenir vers eux l'année suivante. On se souvient du « demain, tu reviendras autre » qu'elle chuchota à sa mère au-dessus du petit feu ; on pense aux innombrables formules similaires qu'elle prononce systématiquement pour l'animal qu'elle vient de tuer, alors qu'elle retire précautionneusement la peau qui enveloppe son corps, qu'elle se saisit de la tête et l'oriente de telle manière que ses yeux désormais vides regardent l'est : elle s'efforce de faciliter le passage de l'âme dans l'autre monde, puis le retour à l'incarnation sous une autre forme.

Daria n'est pas une écologiste moderne camouflée dans le corps d'une animiste séculaire. Elle n'a qu'une vague idée de ce que peut représenter la « Nature » au sens occidental du terme, elle ne sait que partiellement ce que signifie « gérer des ressources et des stocks », elle ignore largement les raisons qui nous poussent à protéger certaines espèces et pas d'autres et, encore plus, ce qu'impliquent au niveau planétaire les conséquences désastreuses du réchauffement climatique. Ce qu'elle possède, en revanche, c'est une connaissance approfondie – cette fois-ci comparable aux savoirs naturalistes et spécialisés des éthologues – des modes de vie des animaux qu'elle poursuit, en rêve la nuit comme pendant la chasse diurne et incarnée. Lorsqu'elle raconte à ses petits-enfants l'importance du retour des saumons, elle ne le fait jamais en insistant uniquement sur la nécessité de ce retour pour les humains (bien que, sans eux, la vie deviendrait réellement invivable dans la forêt d'Icha), mais

2. Ph. Descola, *L'Écologie des autres. L'anthropologie et la question de la nature*, Paris, Éditions Quae, 2011.

en mettant d'abord ses interlocuteurs dans la peau du saumon qui remonte à la source de sa naissance, pour le comprendre « de l'intérieur ».

Les saumons vêtus de leur tenue nuptiale sont enfin arrivés au bout de leur voyage, pour les plus chanceux, parce que nombre d'entre eux sont morts d'épuisement, ou ont été pêchés en route par des gens, des humains, des ours. Ils forment des couples, nagent côte à côte et jouent, fouillent les galets de leur nez, chassent les limons déposés au fond du lac. Arrive cet instant que seule la femelle connaît. Elle s'immobilise au-dessus de son nid et dépose les œufs en frétillant des nageoires. Son corps est parcouru d'un spasme, comme chez nous. Le mâle lui aussi vibre à ses côtés. Il se fige alors au-dessus du nid et recouvre les œufs de sa laitance. Ça se passe toujours comme ça : ils ont un orgasme incroyable et ils meurent. À la fin du mois d'octobre tout est déjà terminé dans les lacs de la toundra. Le gros du banc a frayé. Les saumons gisent au fond, désagrégés et pourris, à côté de leurs enfants à naître, pour ceux qui n'ont pas été emportés par le courant. Les beaux corps argentés et pleins de vie, qui avaient déjà commencé à se décomposer de leur vivant (ils étaient recouverts d'une masse visqueuse jaune et grise bien avant de mourir) flottent désormais tout près des bébés dans leurs œufs. Au printemps suivant, lorsqu'ils naîtront, ils n'auraient rien eu à manger si leurs parents ne s'étaient pas laissés mourir près de leurs nids, s'ils ne s'étaient pas sacrifiés pour leurs enfants qu'ils ne rencontreront jamais.

Quelque part dans le flot de cette histoire, j'avais demandé à Daria : à quoi tu penses que les poissons pensent ? Mais je n'en sais rien moi ! Et tu crois qu'ils ont une âme ? Daria avait ri. Évidemment, comme chacun d'entre nous. Tout ce qui vit a une âme. Même les poissons ? Bien sûr même les poissons. Mais enfin c'est quoi cette question ? Ils ont une âme, ça ne veut pas dire que je sais à quoi ils pensent ! Ce que je sais, c'est qu'à un moment donné de leurs vies ils font la même chose que nous, ou plutôt nous les imitons sans y penser : nous revenons tous un jour vers le lieu de notre naissance.

Ce matin, je m'assois à côté de Daria dans la yourte, une tasse de thé brûlante entre les mains. Elle semble mal à l'aise. Les garçons sont repartis seuls au lac noir à l'aube. Je fixe Daria avec un regard interrogateur, je n'ai même pas besoin de lui poser la question qui me brûle les lèvres. Je sais, elle me dit. Les yeux brillants, elle commence à parler. *Doucha bolit*, ça me fait mal à l'âme, dit-elle. Si j'y étais allée, moi, sur la berge du lac noir, j'aurais dû préparer tous les poissons correctement... mais c'est impossible, il y en a trop. Daria baisse les yeux, soupire. J'ai peur, ils ne vont jamais laisser passer ça... ils n'oublieront pas. Elle m'explique par la suite qu'elle laisse ses enfants braconner de temps en temps, mais qu'elle ne le fait pas de la même manière que les Russes ; elle et sa famille ne cherchent pas à s'enrichir sur le dos des animaux, mais simplement à gagner le peu d'argent qui leur permettra d'acheter ce dont ils estiment avoir besoin en forêt. Comme avec les zibelines en hiver, le caviar automnal met en exergue le paradoxe de la situation : Daria et sa famille se trouvent placés au cœur et à la source de l'un des commerces les plus florissants de notre modernité, à savoir l'industrie des produits de luxe, de la mode à la gastronomie. Les fourrures et le caviar qu'ils sortent de leurs bois au prix de grands risques et aux dépens de ceux qu'ils respectent le plus finiront dans les assiettes ou sur les corps de ceux que l'on appelle « les riches », quelque part loin de la forêt d'Icha. Si, en repartant en forêt à la chute de l'Union soviétique et en se soustrayant au regard du tout-État, la famille de Daria a regagné une forme d'« autonomie » et de « liberté », pour le dire dans leurs propres mots, les motifs de l'économie capitaliste n'ont pas tardé à parvenir jusqu'au fond de leurs bois ; plus encore, en redevenant chasseurs-pêcheurs dès 1989 et en abandonnant les élevages de rennes qui, de toute manière, ne leur appartenaient plus depuis la collectivisation, ils ont quelque part eux-mêmes créé les conditions d'existence de ce commerce malaisé qui allait s'installer avec notre modernité.

La vapeur s'échappe de la théière posée sur le feu et monte en volutes jusqu'à l'ouverture sommitale noircie par la suie. L'injustice, dit Daria, c'est que la police et les gardes-chasse ne s'acharnent que sur les petits, les autochtones surtout. Les pêcheries industrielles florissantes en mer d'Okhotsk ratissent les fonds marins avec leurs chalutiers, en toute légalité... Les braconniers russes donnent de bons bakchichs aux contrôleurs et ne sont jamais inquiétés. Daria plisse les yeux et les plante dans les miens : est-ce que c'est pareil en Alaska ? Je baisse la tête, fixe un point sur le plancher cabossé de la yourte. Je laisse remonter les souvenirs, et j'entends résonner les échos des débats que nous avions avec mes amis gwich'in au sujet des pêcheries à l'embouchure de la rivière Yukon. Je relève la tête. Oui, c'est pareil. C'est une mafia, conclut-elle.

Le problème de Daria ici n'est pas seulement d'être hors la loi lorsque sa famille pratique le braconnage. Daria est coincée entre deux mondes, deux économies, deux injonctions contradictoires : gagner de l'argent et survivre en forêt ; s'assurer du retour des migrateurs et maintenir les échanges avec le monde moderne ; trouver les moyens d'obtenir les produits qu'elle convoite sans se mettre à dos les êtres qui écoutent. Le problème de Daria, c'est que les animaux, attentifs aux mots et aux actes des humains, finissent par faire payer aux humains leurs manques d'égards. C'est précisément pour cette raison que Daria et Matchilda baissent la voix et chuchotent à l'aube dans la yourte ensommeillée lorsqu'ils se racontent leurs rêves. Tu as peur de réveiller les autres ? j'avais demandé un matin d'été. Non, je ne veux pas qu'ils entendent, dehors, avait répondu Daria. Mieux vaut ne pas trop parler, sur eux… parce que quand tu parles, ça arrive. La parole performative dans la forêt d'Icha n'est pas un mythe, mais une réalité périlleuse avec laquelle il faut composer au quotidien.

L'heure est enfin au départ mais, là encore, rien ne se passe comme prévu. Depuis quelques semaines cet automne, un Russe nommé Nikolaï sillonnait la rivière. Il disait connaître Matchilda et était venu à Icha pour braconner, mais ça, évidemment, je ne l'ai compris que bien après l'avoir rencontré à Turkatchan, dans le camp de chasse de la fille et du beau-fils de Daria. Je me suis d'emblée sentie très mal à l'aise auprès de cet homme épais et rougeaud qui hurlait tout le temps, mais j'ai dû faire taire mes *a priori*, car c'est finalement lui qui a proposé de nous rapatrier au village avec son véhicule, qu'il avait laissé au bout de la piste à Šanuč. Après avoir parcouru en bateau les soixante kilomètres qui nous en séparaient, nous nous sommes, Daria, ses fils, ma fille et moi, entassés à l'arrière du vieux Kamaz avec les dizaines de jerricans de vingt litres pleins d'œufs de saumon, préparés et emballés la veille par Ivan, qui après les avoir fait passer par trois tamis comme il se doit, les a salés pour la conservation puis scellés. Les dix heures de route sur la piste cahoteuse furent extrêmement pénibles, ponctuées de nombreuses pannes et embourbements, et de jurons russes tonitruants. Au matin de notre arrivée au village de Milkovo, Ivan nous débarqua chez des amis de la famille et partit seul avec Nikolaï afin de « mettre le caviar en sûreté » avant d'entrer en contact avec son intermédiaire à la ville, et de pouvoir le vendre. Le lendemain, nous rejoignîmes tous ensemble Petropavlovsk ; la fille de Daria vint nous chercher à l'arrêt de bus avec ses quatre enfants et nous nous entassâmes dans un petit appartement délabré que je louais pour nous au « kilomètre 5 » de l'artère principale de la ville, mon avion ne partait que deux jours plus tard. Ivan, quant à lui, rencontra son contact, il allait enfin pouvoir vendre le caviar. Cependant le deuxième matin, un coup de fil changea tout. Ivan, le fils taiseux qui ne hausse jamais la voix, se mit à hurler dans le combiné du téléphone. La conversation dura quinze minutes, puis il raccrocha brutalement. Je l'interrogeais du regard. Nikolaï ne rendra pas le caviar lança-t-il, dépité. Il me raconta les grandes lignes de leur conversation, me dit qu'il l'avait menacé de demander à ses cousins de sortir de la forêt pour le forcer à leur rendre ce qui leur appartenait, c'est-à-dire, précisément, vingt jerricans de vingt litres, d'une valeur approximative de 250 euros pièce – de quoi se procurer tout ce dont la famille a besoin pendant plus d'un an. Deux heures plus tard, tout s'emballa. Nikolaï avait appelé la police, sans mentionner évidemment le caviar dont il était désormais en possession mais en dénonçant Ivan et sa famille comme braconniers, et en posant une main courante contre eux sous prétexte de menaces à sa personne. Quelques heures plus tard encore, Ivan fut interpellé par les autorités de Milkovo, nous quitta pour aller immédiatement « se rendre » à la police sous peine d'incarcération, avec interdiction de retourner chez lui en forêt pour une période indéterminée.

Le soir même, nous nous retrouvâmes entre femmes, Daria, Julia, sa fille Vassilina, moi et ma fille Ayla. Nos cuillères tournaient en silence dans nos tasses de thé. Des larmes roulèrent sur les joues de Daria. Tu vois ? me dit-elle enfin. C'était sûr, j'aurais dû le savoir, j'aurais dû le prévoir. Ils se sont vengés, comme je te l'avais dit. Nous sommes allés trop loin cette fois. C'est ça qu'ils nous disent.

Dans l'avion de retour, je ressasse les événements des derniers jours, et une sourde colère m'envahit. J'entends cette petite voix récurrente qui me raconte, une fois encore, la même vieille histoire : les riches contre les pauvres, les modernes contre les indigènes, les capitalistes contre les animistes, le rapport de force inévitablement déséquilibré, depuis le commencement, la domination imparable, si bien ancrée dans l'histoire coloniale que rien ni personne ne pourra, jamais, inverser la donne. Je suis accablée, j'ai l'impression de tout faire pour traduire un mode de vie autre et encore bien vivant, mais je me trouve de nouveau confrontée à l'inéluctable dénouement tragique d'une relation avariée entre eux et nous. Je me ressaisis. Ce n'est pas ce que Daria a dit, je projette. Daria, la première concernée, ne comprend pas cet événement ainsi, je dois sortir de mes jugements de valeur pour essayer de saisir, vraiment, la réponse qu'elle est en train de formuler. Daria a déjà évacué de sa mémoire Nikolaï le voleur. Elle évoque en revanche les saumons, et le fait que c'est bien eux qui sont à l'origine de ce drame domestique, puisqu'ils leur font payer leurs actes déplacés. Est-ce une manière réflexive pour Daria de se ressaisir d'emblée de sa puissance en ne laissant pas aux humains du monde moderne la capacité de définir ce qu'il leur arrive à eux, et en leur refusant un quelconque pouvoir sur leurs existences ? Pas seulement.

La question qui se pose ici est bien plus abyssale, et pourrait être formulée ainsi : comment se fait-il que Daria et sa famille expérimentent un retour de bâton d'une telle violence lorsqu'ils transgressent les règles des « bonnes relations » envers les animaux qui les font vivre, alors que les Russes qui s'adonnent aux pratiques de braconnage à une échelle sans commune mesure avec celles des indigènes ne sont soumis à aucune conséquence directe et au contraire s'enrichissent ? Un esprit occidental dirait que les indigènes ignorent les jeux de pouvoir et les codes propres à l'économie capitaliste, et que le reste (les saumons qui se vengent) est affaire de croyance. En pensant un peu plus loin, il admettrait peut-être qu'à se tenir dans l'incertitude et la circonspection, Daria et sa famille reçoivent parfois des « cadeaux du monde », comme ils le disent eux-mêmes, de belles surprises de l'existence auxquelles ils ne s'attendaient pas et qui pourtant infléchissent leurs trajectoires. Le revers de cette posture est qu'ils se font simultanément manipuler par tous ceux qui n'ont pas les mêmes scrupules à parler à tort et à travers sur les êtres du dehors en plus de les utiliser sans arrière-pensées.

Mais si l'objet de l'anthropologie est bien de traduire les propriétés de modes d'existence distincts qui déploient leurs réalités sur un même plan, horizontal et non hiérarchisable, alors, une fois encore, il faut percevoir et comprendre autrement ce que dit Daria. La « trahison » des humains envers les saumons dont elle fait état ne peut pas rester sans conséquences, puisqu'elle implique justement que les Even ont failli à la tâche la plus importante qu'ils s'étaient assignée : s'assurer du retour d'autres qu'eux-mêmes en s'occupant le mieux possible du passage des âmes mortes dans l'autre monde et donc de la reconduction future de la vie en forêt.

Ce récit recèle un intérêt fondamental pour l'anthropologue : si au sein de l'ontologie naturaliste telle qu'elle s'est constituée historiquement, parachevant son institution aux moyens de l'économie capitaliste, nous avons sinon effacé, du moins secondarisé les conséquences directes de nos manques d'égards vis-à-vis des non-humains, chez ceux qui disposent encore d'une praxis animiste, les animaux ont la capacité de répondre aux humains et à leurs actes pour leur manifester le déséquilibre qu'ils ont engendré. Pour le dire autrement, si nous avons « dépersonnifié » les situations et événements que nous expérimentons au quotidien, ces derniers sont restés résolument personnels et *adressés* au sein des ontologies animistes : les causes d'une situation ne sont jamais purement accidentelles ; la responsabilité (d'une maladie, d'un dysfonctionnement collectif) est toujours incarnée dans les motifs d'une relation particulière, plutôt que rejetée sur le fatum propre à un monde extérieur neutre – neutralisé –, c'est-à-dire profondément *non concerné*. Cette idée peut nous aider à comprendre les raisons pour lesquelles nombre de collectifs autochtones n'ont jamais réussi à « s'intégrer » de manière satisfaisante aux nécessités économiques du monde moderne : comment exploiter efficacement les êtres qui nous entourent si, chaque fois, on s'expose à des représailles pouvant entraîner des conséquences désastreuses ? En témoigne Ivan qui, coincé dans un appartement de Milkovo en attendant que la police le laisse repartir en forêt, m'envoya un sms deux mois plus tard alors que je me trouvais à nouveau en France : j'ai décidé d'arrêter de faire ça, quoi qu'il en coûte. Ils m'ont montré la limite, et moi je veux pouvoir continuer à vivre avec eux en forêt. À cet endroit de l'histoire, je ne peux m'enpêcher de penser à Descola : « Les cultures et les civilisations font preuve d'une remarquable permanence lorsqu'on les envisage du point de vue des visions du monde, des styles du comportement et des logiques institutionnelles qui signalent leur caractère distinctif[3]. » Que nous révèle cet événement, sinon que les « propriétés des existants » qu'une ontologie

3. Ph. Descola, *Par-delà nature et culture*, *op. cit.*, p. 176.

animiste implique – ici, celle de pouvoir *répondre* – continuent de produire des effets majeurs à l'heure actuelle, lorsqu'elles sont confrontées à l'économie de marché ? Les conséquences du choc entre ces deux ontologies[4] ne sont pas uniquement d'ordre symbolique ou conceptuel : elles sont tangibles et troublantes, quoique largement incalculables tant ce qu'elles impliquent constitue encore aujourd'hui un impensé (voire un impensable) au sein de notre propre société. Pour continuer d'entretenir des relations quotidiennes avec les animaux qu'ils chassent, nous disent les Even d'Icha, il existe une limite, à laquelle les humains doivent se rendre sensibles s'ils veulent préserver la vie, la leur et celle de leurs compagnons autres qu'humains, sans lesquels plus rien ne serait possible. Cette limite est, dans l'ontologie animiste, pensée et actée au quotidien ; au sein du naturalisme tel que stabilisé dans nos institutions, elle ne l'est pas. Dans nos cités nous avons, depuis des siècles, invisibilisé les relations constitutives avec les êtres qui nous font vivre. Est-il déraisonnable de penser que les conséquences de cette rupture ne sont peut-être pas immédiates et locales, comme dans le cas de Daria, lui permettant *in fine* de se repositionner et de se réajuster pour reprendre le dialogue, mais reportées dans le temps et l'espace pour devenir littéralement incommensurables ? La sixième extinction des espèces, la pollution généralisée, les catastrophes climatiques sur terre sont en étroite résonance avec ce dialogue avorté entre eux – tous les êtres qui bordent l'humanité – et nous. Tant de gestes oublieux accumulés, tant d'animaux livrés à eux-mêmes dans l'obscurité d'abattoirs mécanisés, sans plus de main précautionneuse qui se poserait sur leur flanc au

4. Voir N. Martin et B. Morizot, « Retour du temps du Mythe. Sur un destin commun des animistes et des naturalistes face au changement climatique à l'Anthropocène », *loc. cit.*

moment de se saisir du couteau, sans plus de voix attentive qui prononcerait doucement, pour eux, avant la mort, que demain ils reviendraient autres. N'est-ce qu'une fable morale que d'imaginer que tous nos manques d'égards accumulés dans l'espace et semés dans le temps nous ont conduits, ici et aujourd'hui, à récolter la tempête ?

Cinquième partie

Tempête

Vois, Glaucos, déjà la mer se creuse de hautes lames et, à la pointe des Roches Gyres, un nuage s'élève tout droit, signe de tempête. Une brusque terreur nous frappe.

Archiloque, *Tétramètres*, fragment 103

INTRODUCTION

> Il y eut un claquement de tonnerre puis un autre. Tout à coup le vieil homme se tourna vers sa femme et demanda : « As-tu entendu ce qui s'est dit ? » « Non, répondit-elle. Je n'ai pas saisi. »
>
> A.I. Hallowell[1]

Nous sommes en février, il pleut depuis trois jours. Avec Daria nous buvons le thé en silence, sa mine est grise, son optimisme faiblit à vue d'œil et c'est paniquant, elle qui ne dit jamais un mot plus haut que l'autre semble en proie à un sentiment que je connais bien : la désespérance. Elle lève des yeux brillants vers moi : bien sûr, nous avons eu des tempêtes. Mais pas comme maintenant. C'étaient des tempêtes de vent, de neige et de froid, en hiver. C'était dur mais tout le monde y était préparé, les saisons avaient un rythme, un sens. Regarde cette pluie. Demain si tout gèle à nouveau, une épaisse couche de glace se formera sur l'herbe et les lichens. Les chevaux et les rennes ne pourront plus se nourrir, ils ne pourront plus gratter la neige. Les cousins doivent être inquiets pour les rennes... il vont les déplacer ? je demande à Daria. Bien sûr qu'il va falloir les déplacer, mais pour les conduire où ?

1. « There was one clap of thunder after another. Suddenly the old man turned to his wife and asked, "Did you hear what was said?" "No", she replied, "I did not catch it" », A. I. Hallowell, « Ojibwa ontology, behavior, and world view », *loc. cit.*, p. 64.

C'est comme ça à des kilomètres à la ronde. Daria se tait, soupire. La rivière va dégeler, si ce temps dure encore deux ou trois jours. Mais il vaut mieux ne pas avoir trop d'appréhension. Si tout regèle au contraire, on sera comme les zibelines. On marchera sans s'enfoncer dans la neige, comme sur la terre ferme et dure. En prononçant ces mots, un bref sourire passe sur le visage de Daria puis s'efface. Pour nous ça ira, mais pour les autres ? Les renards ne pourront plus trouver de souris ; les lynx resteront sans lapins. Ils viendront demander de l'aide ici. Comme chez Alicia et Romka, à Azernoï. Il y a deux ans en novembre, un lynx s'est installé près de leur maison. Il était si maigre… À la fin de l'hiver, ils avaient partagé toutes leurs réserves de saumon fumé et séché entre lui et leurs chiens ; il a pu repartir tranquillement. J'écarquille les yeux. Mais vous ne pourrez pas nourrir tous les animaux affamés ? Je demande. Non, bien sûr que non, répond Daria, nous sommes déjà incapables de faire quoi que ce soit pour les chevaux. Avant, dans des situations d'urgence comme celle-là, l'Administration nous aidait. Mais c'est fini, maintenant nous devons nous débrouiller seuls. Nous étions préparés à tout, mais pas à un climat si détraqué. Tout bouge si vite maintenant, dehors. Comment vous dites déjà, là-bas dans les villes ? *Global'noïe poteplenie* hein ? Oui, on dit comme ça je réponds. Réchauffement climatique.

Deux semaines plus tard, les carcasses de rennes et de chevaux sont innombrables sur la toundra. Les cousins bergers de rennes ont perdu dix pour cent du troupeau sans rien pouvoir y faire à part compter les morts au fond de leurs profonds trous, comme s'ils avaient creusé leurs tombes jusqu'à l'épuisement. Quant aux chevaux de Daria et sa famille, sur dix, il n'en reste que deux. Nous retrouvons Françouz et Spoutnik gelés dans un bois à quelques kilomètres de Tvaïan. La neige est remuée tout autour de leurs carcasses, on s'imagine leurs tentatives désespérées pour gratter la croûte de glace au sol, sans succès.

9
PROVINCIALISER LES RÉCITS MODERNES DU CHANGEMENT CLIMATIQUE

La tempête, donc. Ici et là-bas, pour l'instant plus là-bas qu'ici, mais pour combien de temps. En termes élémentaires, la tempête est d'abord d'ordre météorologique. Chacun sait que « le temps qu'il fait » est certainement le sujet de discussion le mieux partagé au monde entre humains. De *small chat* quotidien, les considérations météorologiques ont acquis ces dernières années une profondeur et une densité inconnues, dans le Grand Nord comme chez nous. Ici où je me trouve écrivant ces lignes, dans les Hautes-Alpes françaises face à la Meije qui s'écroule à petit feu et au glacier qui fond à grande vitesse, dans la taïga alaskienne où la forêt brûle et où les rivières débordent, à Icha où les variations de températures extrêmes et rapprochées font mourir les animaux et assignent les humains à résidence, il est devenu très difficile de dire un mot léger à propos du temps qu'il fait, qu'il fera, sans que la globalité, l'interconnectivité et l'imprévisibilité des phénomènes climatiques ne s'écoulent dans une parole émanant depuis une localité située. L'attention à la performativité des mots posés dans le monde et la propension à les taire pour éviter qu'ils ne produisent des effets incontrôlables sur ceux qui les entendent ne suffisent plus vraiment pour s'éviter de plonger dans d'abyssales et insolubles considérations quand le sujet des discussions humaines touche aux éléments qui composent le dérèglement météorologique.

Face à une crise climatique d'une ampleur sans précédent, nous avons fait entrer la nature, l'environnement, le milieu, l'*Umwelt*[1], l'écosystème dans nos disciplines pour tenter de comprendre comment ce grand « extérieur » constituait et modifiait structurellement les collectifs humains, mais nous avons tout au plus péniblement réussi à faire trembler nos cadres disciplinaires en y faisant jouer ces termes. Au sein des sciences humaines et sociales, l'une de nos plus grandes avancées a certainement été de démembrer un à un les termes se référant à ce qu'anciennement nous appelions la Nature, en les rattachant à un contexte historique, institutionnel voire ontologique, pour se rendre compte qu'ils étaient contingents aux développements de sciences situées prenant leur essor depuis un monde particulier, le nôtre, qu'on l'appelle moderne, occidental, capitaliste ou anthropocénique. Pourtant, nous peinons encore à trouver les récits et les mots justes pour saisir la situation : même la littérature n'a pas encore vraiment réussi à aborder la question climatique de manière convaincante, ainsi que le déplore Amitav Ghosh dans *Le Grand Dérangement*[2]. Comment sortir du récit dualiste moderne, qui a pris en charge la crise climatique par deux discours adossés l'un à l'autre : celui de l'effondrement et celui du progressisme technologique ? Quels rôles l'anthropologie peut-elle avoir pour faire varier ces discours ?

L'incertitude qui préside à nos existences face au changement climatique est collective et partagée quoique, pour

1. Sous la plume de Jakob von Uexküll, l'environnement uniforme se transforme en une pluralité de mondes, qui varient d'espèce à espèce en fonction de leurs capacités physiologiques et sensorielles. J. von Uexküll, *Milieu animal et milieu humain*, Paris, Rivages, 2010.

2. A. Ghosh, *Le Grand dérangement*, Marseille, éditions Wild project, 2021.

l'instant, le sol ne se soit pas encore dérobé sous les pieds de ceux qui produisent les données scientifiques relatives au climat. Si nombre d'entre nous admettent l'imminence de la crise en « adhérant aux faits » présentés par les climatologues, cette reconnaissance restait jusqu'à il y a peu largement théorique en comparaison de ce que vivent les collectifs situés aux avant-postes climatiques. Ce constat lui-même est pourtant en train de partir en fumée : pensons par exemple aux feux californiens et australiens aux abords des grandes villes, aux cyclones américains dont l'intensité augmente, aux inondations dévastatrices qui se multiplient en Europe, aux sécheresses à répétition et aux mauvaises récoltes, et encore à ces nouvelles pathologies psychologiques modernes récemment diagnostiquées sous le taxon « éco-anxiété », qui touchent même les citadins qu'on pensait relativement protégés des affres d'une météo capricieuse.

Du côté du Grand Nord, les effets dramatiques du réchauffement climatique ne sont plus à prouver, et les témoignages des populations indigènes, brutalement affectées par les métamorphoses environnementales, se multiplient, relayés par les scientifiques et médias du monde entier[3]. L'Arctique, système de refroidissement pour l'ensemble de la planète, a perdu cinquante pour cent de sa masse glacière depuis la moitié du XXe siècle[4], devenant un véritable « baromètre » de ce qui est

3. La communauté internationale est interpellée sur le sujet depuis nombre d'années : en 2005, accompagnée d'experts en droit de l'environnement et de chasseurs inuit, Sheila Watt-Cloutier, infirmière inuit de Kuujjuak au Canada, dépose une pétition à la Commission interaméricaine des droits de l'homme, demandant que la protection contre les changements climatiques soit reconnue comme un droit humain fondamental, braquant ainsi le projecteur sur l'aspect humain du débat.

4. M. E. Mann, *The Hockey Stick and the Climate Wars: Dispatches from the Front Lines*, New York, Columbia University Press, 2013.

en train nous arriver[5]. De la Sibérie au nord des Amériques, la taïga n'en finit plus de brûler chaque été, les berges des rivières s'effondrent sous l'effet de la fonte du permafrost, les animaux migrateurs migrent de manière tout à fait inattendue, ou ne migrent plus du tout. Pour des collectifs de chasseurs-cueilleurs, les conséquences de ces bouleversements sont immédiates et sans appel : se nourrir, se déplacer, trouver refuge, c'est-à-dire tout simplement « exister », se complique dramatiquement.

Pour toutes ces raisons, les manières dont ces collectifs des avant-postes climatiques appréhendent les flux des éléments qui composent les changements vécus doivent être au cœur d'une anthropologie qui souhaite continuer de prendre ses interlocuteurs au sérieux : ce faisant, elle remet au centre de son investigation le processus réflexif inhérent à sa discipline, lui intimant d'abord ici de regarder *depuis l'extérieur* les récits modernes qu'entraînent les productions scientifiques sur le climat. Ces derniers font le constat documenté d'un potentiel bouleversement climatique irréversible ; les régimes de discours qui s'emparent de ces données oscillent quant à eux entre effondrement et progressisme. D'un côté, les adeptes de la « collapsologie » proposent un récit accablant, celui de la civilisation thermo-industrielle fonçant vers sa perte, à laquelle rien ni personne n'échappera. Ils articulent l'incertitude climatique dans un récit annonçant la fin inexorable du monde qui soutient nos modes de vie, duquel nous n'aurions plus qu'à faire le deuil. Les partisans du progrès technologique nous disent, quant à eux, que même si l'être humain est à la source des dérèglements environnementaux actuels, il sera aussi en mesure de le sauver de ses excès : les projets de géo-ingénierie[6] devraient être à même

5. S. Watt-Cloutier, *Le Droit au froid*, Montréal, Écosociété, 2019, p. 23.

6. Les deux domaines principaux de recherches sont ciblés sur la capture du CO_2 atmosphérique, regroupant les techniques visant à créer des « puits de

de réparer le climat d'ici quelques années. Dans le même ordre d'idées s'inscrivent par exemple les recherches sur les modifications génétiques des êtres vivants, plantes et animaux, qui seront bientôt capables de survivre dans des milieux abîmés, tout en répondant plus efficacement à la demande calorique humaine[7]. Qu'on pense encore aux projets pharaoniques, qui ne sont plus si délirants pour leurs inventeurs et entrepreneurs, consistant à déplacer des colonies humaines sur d'autres planètes pour y exploiter les ressources en matières premières, dans un horizon prochain où les conditions de production de notre modernité auront rendu notre planète inhabitable, à moins d'une artificialisation intégrale de la vie sur terre.

La modernité produit donc un discours normatif sur l'état de fait scientifique lié au réchauffement climatique, mais elle produit aussi, simultanément, un récit marqué par la pensée dualiste. La réversibilité de ces registres en témoigne : progrès technologique ou effondrement, « perte de contrôle » ou « tout contrôle » environnemental. Dans sa capacité fulgurante, inégalée par aucun autre mode de vie passé, à ingérer les phénomènes extérieurs pour se reproduire sur elle-même, la modernité capitaliste s'empare aujourd'hui des questions menaçantes du changement climatique avec une avidité au moins comparable à celle qui présida à la découverte et à l'annexion des « nouveaux mondes », à l'est, aux suds et à l'ouest.

Dans ce contexte, se ressaisir des techniques ethnographiques pour décrire d'autres possibles n'est pas simplement un geste

---

carbone » naturels ou artificiels, et la gestion du rayonnement solaire, regroupant les techniques de réfléchissement chimiques ou mécaniques. Paul Crutzen, à l'origine du terme « anthropocène », propose par exemple de projeter des particules de soufre en haute atmosphère pour contrer le rayonnement solaire.

7. Par exemple, le saumon transgénique créé par la société américaine AquaBounty, *AquAdvantage® Salmon* (voir N. Martin, *Les Âmes sauvages*, *op. cit.*, p. 153).

intellectuel et discursif : décrire d'autres réponses, informées par d'autres ontologies, permet de rendre compte de dimensions qui résistent au récit dominant du changement climatique, sans peuples et sans histoires, dressant le constat du grand effondrement mondial, et n'ouvrant aucun autre devenir hors d'un *monitoring* environnemental éclairé.

L'anthropologie face au climat détraqué

La question qui va nous occuper à présent est la suivante : comment l'anthropologie doit-elle aborder le changement climatique qui affecte directement ses sujets d'étude[8] ? Pour y répondre, il faut d'abord acter que, si notre entrée dans l'anthropocène est commune, les plus précaires face aux risques induits par les changements climatiques sont (très classiquement dans l'histoire de notre modernité) les plus désengagés des conditions de production des métamorphoses écologiques ? Ce constat pousse certains à dire que le réchauffement climatique est l'étape la plus avancée et la plus accomplie du processus de colonisation[9], et qu'il va donc falloir trouver des manières renouvelées de traduire ce qu'expérimentent les collectifs autochtones, et éventuellement d'y répondre[10] – c'est-à-dire

8. S. A. Crate et M. Nuttall (dir.), *Anthropology and Climate Change: From Encounters to Actions*, Walnut Creek, Left Coast Press, 2009.

9. « Climate change is environmental colonialism at its fullest development – its ultimate scale – with far-reaching social and cultural implications. Climate change is the result of global processes that were neither caused nor can be mitigated by the inhabitants of the majority of climate-sensitive world regions now experiencing the most unprecedented change », *ibid.*, p. 9.

10. « We, with our field partners, are also encountering the local manifestations of this global phenomenon. And, like them, we are confronted with the challenge of comprehending and responding to it. [...] Some of us feel we are in an

de coupler les traductions à des formes d'actions. Ensuite, si l'une des tâches traditionnelles de l'anthropologue consiste à brosser le tableau d'une cosmologie stabilisée à partir des données ethnographiques de son enquête, que faire lorsque les collectifs qu'il étudie formulent eux-mêmes la précarité de leur monde ou, à défaut de la formuler, qu'elle déborde par tous les pores du collectif, même lorsque l'armature cosmologique était censée la contenir ? Dans un monde sujet à des mouvements atmosphériques brutaux et inattendus, habité par des animaux dont les comportements transformés font désormais imploser les catégories traditionnelles de l'entendement, tous sont forcés de questionner leur sens commun[11], qu'ils le fassent ouvertement (comme les Gwich'in) ou de manière détournée et secondarisée (comme les Even). Tous, cela veut dire nous aussi, avec nos régimes de connaissance et de restitution ; questionner la méthode de production du savoir anthropologique ainsi que les objets classiques dont il traite n'est plus une simple option intellectuelle, mais l'expression d'une attention redoublée portée à ceux qui peuplent nos articles, nos livres, nos films, et plus encore, l'ouverture à un devenir autre.

Les conséquences concrètes qu'expérimentent les collectifs autochtones face à un climat détraqué posent le problème des éléments qui le composent. Ce ne sont pas seulement les animaux qui ne se comportent plus de la même manière, ce sont aussi les flux élémentaires avec lesquels leurs trajectoires perturbées entrent en étroite résonance. Le ciel se déchaîne, il pleut en

---

emergency state as field researchers and struggle to design conceptual architecture sturdy enough to withstand the storminess of the intellectual and practical challenges before us. We are confronted with an ethical and moral issue », *ibid.*, p. 9.

11. G. Cometti et N. Martin, « Indigenous responses to climate change in extreme environments. The cases of the Q'eros (Peruvian Andes) and the Gwich'in (Alaska) », *Journal of Royal Anthropology*, 2020, p. 122.

hiver, il gèle en été, un vent se lève trop fort, la rivière entre en crue trop souvent, le feu ravage les forêts. L'air, l'eau et le feu (je laisse volontairement la terre de côté, on comprendra pourquoi plus tard) se manifestent en s'animant sous des formes de plus en plus inattendues et violentes. J'ai exploré plus haut les formes de dialogue possibles avec les animaux, par l'intermédiaire des pratiques de chasse, des mythes et des rêves, mais qu'en est-il des éléments ? Comment sont-ils pensés par des collectifs tels que celui d'Icha ? Dans les rêves-rencontres évoqués plus haut, les animaux donnent des indications aux humains sur les directions des flux géophysiques : ils jouent ainsi le rôle de médiateurs avec les éléments. Est-il possible que ces derniers soient considérés autrement que comme des composants de l'environnement abiotique avec lesquels se forment les milieux de vie, c'est-à-dire qu'ils constituent, comme les animaux, des entités animées auxquelles les humains peuvent s'adresser directement ?

Notre travail n'a pas changé : il exige toujours de nous que nous restions sensibles à des types de relations au monde différents des nôtres, que nous les prenions au sérieux, c'est-à-dire que nous considérions la possibilité qu'ils soient autre chose que des saillances contingentes et culturelles qui s'appliquent aléatoirement sur une nature extérieure dont les lois universelles et immuables sont mises au jour par la science moderne. C'est avec cette idée en tête, et mus par une urgence géosociale qui nous oblige à regarder ces éléments aujourd'hui débordants avec de nouvelles focales, que nous formulons le problème suivant : depuis ces cinquante dernières années, au sein de notre propre régime de savoir, nous pouvons admettre que les éléments de l'environnement abiotique sont constitués de et par les êtres vivants qui, en même temps qu'ils habitent leurs milieux, les fabriquent. À ces découvertes, est-il possible d'en adjoindre d'autres, qui ne dépendent pas du même régime de savoir, et qui pourraient pourtant contribuer à les diversifier de l'extérieur vers l'intérieur, sans avoir à en passer par des justifications somme toute néocoloniales faisant appel à la coproduction des savoirs et aux sciences participatives ?

Impensés ontologiques, que faire des éléments ?

À la lumière d'une anthropologie qui s'intéresse aux cosmologies telles que l'animisme, on sait désormais que nombre de collectifs considèrent pouvoir communiquer avec les mondes animaux et végétaux. Les jaguars, les ours, les loups, les oiseaux, les rennes, les plantes, etc. peuvent devenir des partenaires, lors des rituels, dans les rêves, pendant la chasse, ou lors de l'entretien des jardins et de la cueillette par exemple, en Amazonie[12], en Sibérie[13], ou en Amérique du Nord[14]. Il est réputé possible, dans de nombreux cas, de dialoguer avec eux d'esprit à esprit, de pensées à pensées. Mais qu'en est-il des éléments ? Nous touchons

12. Ph. Descola, *La Nature domestique. Symbolisme et praxis dans l'écologie des Achuar*, Paris, FMSH, 2019 ; A. L. Gutierrez Choquevilca, « Face-à-face interspécifiques et pièges à pensée des Quechua de Haute Amazonie (Pastaza) », *Cahiers d'anthropologie sociale*, 9, 1, 2013, p. 33-47 ; E. Kohn, *Comment pensent les forêts. Vers une anthropologie au-delà de l'humain*, Paris, Zones Sensibles, 2017.

13. Ch. Stépanoff, *Voyager dans l'invisible*, *op. cit.* ; *idem*, *Chamanisme, rituel et cognition chez les Touvas de Sibérie du Sud*, Paris, Éditions de la MSH, 2014 ; R. Willerslev, *Soul Hunters: Hunting, Animism, and Personhood among the Siberian Yukaghirs*, Berkeley, University of California Press, 2007 ; R. Hamayon, *La Chasse à l'âme. Esquisse d'une théorie du chamanisme sibérien*, Paris, Société d'ethnologie, 1990.

14. R. K. Nelson, *Make Prayers to the Raven*, *op. cit.* ; A. Fienup-Riordan, *Eskimos Essays: Yup'ik Lives and how We See Them*, New Brunswick, Rutgers University Press, 2003 ; *Hunting Tradition in a Changing World: Yup'ik lives in Alaska today*, New Brunswick, Rutgers University Press, 2000 ; M.-F. Guédon, *Le Rêve et la Forêt*, *op. cit.*

ici à un problème théorique de taille. L'anthropologie ne s'est que peu intéressée à la question de la relation métaphysique aux éléments, et on la comprend : adresser cette problématique touche de très près ce que nous tenons pour acquis au sein de notre propre ontologie et qu'il nous est donc difficile de déstabiliser – à savoir, que les éléments sont résolument inanimés, non pas au sens physique, mais au sens animique[15].

On veut bien admettre – dans le sillage d'une anthropologie ayant effectué son « tournant ontologique » et avec laquelle ont fleuri de nouvelles philosophies de l'écologie et du vivant – les possibilités d'existence d'une intersubjectivité réputée symétrique entre humains et animaux, caractérisant l'animisme dit « standard » dans les Amériques ou en Sibérie[16]. De nombreux philosophes ont par ailleurs contribué à stabiliser l'idée qu'il existe une gradation du type d'intentionnalité conférée aux êtres à l'intérieur du règne vivant – des « domestiqués » aux « sauvages » et, parmi les « sauvages », selon le type d'organisation biologique. Les manières d'exister et de communiquer des plantes et animaux peuvent faire écho aux manières humaines tout en étant différentes, puisque les motifs évolutifs et dispositions corporelles ne permettent pas les mêmes capacités de communication ni les mêmes « mondiations[17] ».

---

15. L'une des perspectives les plus stimulantes pour adresser cette question depuis la discipline anthropologique me semble être celle d'Elizabeth Povinelli, lorsqu'elle remet en cause l'opposition classique entre vivant et non-vivant : en partant des récits et luttes politiques de ses collègues autochtones en Australie, et de sa propre rencontre avec l'« Anthropocène » elle propose d'ajouter à nos boîtes à outils théoriques le concept de « Géontology ». Voir E. Povinelli, *Requiem to late liberalism*, Durham, Duke University Press, 2016.

16. Cours du Collège de France de Ph. Descola, *La Composition des collectifs. Formes d'hybridation*, Anthropologie de la nature, compte rendu, 2018, p. 13.

17. B. Morizot, *Manières d'être vivant. Enquêtes sur la vie à travers nous*, Arles, Actes Sud, 2020 ; V. Despret, *Habiter en oiseau*, Arles, Actes Sud, 2019 ;

Mais les éléments? Cela va trop loin. Faire bouger le curseur de l'animisme[18] jusque ce vers quoi rien n'importe, puisque cela se meut sans corps et sans pensée, est certainement un geste périlleux. Désormais, la coupure ontologique se situe donc plus loin que animaux, plus loin que les plantes: au-delà des êtres vivants. Même au sein des ethnographies de cosmologies non modernes et des anthropologies philosophiques participant du « tournant ontologique », les données traitant des relations entre collectifs autochtones et éléments sont rares. Ces derniers sont peu abordés et, quand c'est le cas, c'est souvent en tant que milieux et lieux de vie d'esprits tutélaires ou d'ancêtres[19]: les possibilités d'existence d'un dialogue « direct » ou en tout cas l'adresse à ces éléments *en tant qu'éléments* ne sont généralement pas interrogés.

E. Coccia, *La Vie des plantes. Une métaphysique du mélange*, Paris, Rivages, 2018; D. Haraway, *Manifeste des espèces compagnes*, Paris, Climats, 2019; *idem*, *Staying with the Trouble: Making Kin in the Chthulucene*, Durham, Duke University Press, 2016; D. Bird Rose, *Le Rêve du chien sauvage. Amour et extinction*, Paris, La Découverte, coll. « Les Empêcheurs de penser en rond », 2020; A. L. Tsing, *Le Champignon de la fin du monde. Sur la possibilité de vie dans les ruines du capitalisme*, Paris, La Découverte, coll. « Les Empêcheurs de penser en rond », 2017.

18. Dont l'expression minimale est ici conçue comme la possibilité de communiquer avec d'autres êtres que les seuls humains.

19. La relation des humains aux milieux de vie et aux éléments qui les composent sont la plupart du temps abordés comme *les lieux de vie d'esprits qui les peuplent*, avec lesquels les humains s'efforcent de dialoguer, dans des conditions et contextes précis. Dans son cours sur les hybridations possibles entre les quatre ontologies, Descola fait par exemple référence aux Shan, des bouddhistes theravada qui cohabitent avec de nombreux et divers esprits, généralement associés à des lieux – c'est-à-dire à des milieux – comme les rivières, les forêts, les vallées, les maisons: « Certains sont les gardiens des villages, d'autres sont associés aux quatre éléments, d'autres encore sont attachés à des tatouages et à des amulettes protectrices et veillent sur ceux qui les portent », Ph. Descola, Cours du Collège de France de Philippe Descola, *La Composition des collectifs*, *op. cit.*, p. 16. Voir aussi les travaux de Hamayon, Charleux, Delaplace (sur la Mongolie), Cometti (sur les Andes péruviennes), Cruikshank (sur la Colombie britannique, 2005), Glowczewski (sur l'Australie 2021).

On peut faire l'hypothèse que si l'étude des relations aux flux géophysiques est longtemps restée mineure, c'est probablement parce que les anthropologues eux-mêmes n'ont que peu soulevé la question face à leurs interlocuteurs : jusqu'à très récemment, elle n'était pas encore devenue, *pour eux*, un sujet de préoccupation majeure, et se retrouvait donc invisibilisée. Invisible ne veut pas dire inexistante, mais plutôt latente. Les débats autour de l'anthropocène, du changement climatique et de la condition géosociale désormais partagée par tous les humains qui peuplent la terre rouvrent cette question en l'extirpant brutalement des limbes où elle se trouvait[20].

Pour mieux saisir ce silence des anthropologues, il faut d'abord comprendre qu'ils n'ont pas seulement hérité du grand partage entre nature et culture, même si nombre d'entre eux se sont attachés à le défaire ces dernières décennies. À un niveau *infra*, ils sont porteurs de divisions plus profondes encore : celle entre vivant et non-vivant, en résonance avec la césure entre animé et inanimé, héritée de l'Antiquité et retravaillée au début de la modernité. Les philosophes et historiens de la biologie ont montré que la distinction, qui nous semble aujourd'hui évidente entre vivant et non-vivant, se stabilise à la fin du XVIIIe siècle, au moment où la tripartition de l'histoire naturelle (entre minéraux, végétaux et animaux) cède la place à une bipartition (dans le sillage de la constitution du concept d'organisme par Kant), donnant lieu à la constitution de la biologie comme discipline[21]. Dans le sillage de cette bipartition, une philosophie de la vie

20. B. Latour et N. Schultz, *Mémo sur la nouvelle classe écologique. Comment faire émerger une classe écologique consciente et fière d'elle-même*, Paris, La Découverte, coll. « Les Empêcheurs de penser en rond », 2022.

21. Ph. Huneman, *Métaphysique et biologie. Kant et la constitution du concept d'organisme*, Paris, Kimé, 2008. M. Foucault, *Les Mots et les Choses*, Paris, Gallimard, 1966.

– de Nietzsche à Foucault en passant par Canguilhem et von Uexküll – va constituer l'ensemble des organismes comme des « centres normatifs » (pour reprendre une expression de Canguilhem) – des entités qui ont des préférences (vitales) et des sensibilités à leur « milieu » et à leur « monde » (milieux et mondes variant suivant les espèces) que l'on ne retrouve pas dans le monde abiotique des éléments : en l'absence de vie et de mort, de santé et de pathologie, tout devient indifférent ; l'idée d'un milieu appréhendé comme environnement abiotique (physique, chimique, géologique) devient structurante. Mais ces dernières décennies ont pourtant vu le milieu se réanimer, les sciences et philosophies de l'environnement ayant exporté la dimension normative du vivant vers ce que l'on considérait auparavant comme le « milieu abiotique ». Cela n'a été possible qu'à partir du moment où diverses disciplines scientifiques ont montré que ces milieux étaient en réalité construits *par et pour* les êtres vivants, et en étaient donc une extension[22]. Autrement dit, la césure vivants/non-vivants, animés/inanimés, dont nous héritons depuis au moins la fin du XVIIIe siècle, traverse l'ensemble de notre régime de savoir – des sciences biologiques et environnementales à l'anthropologie.

La relative absence des éléments au sein de la discipline anthropologique n'a pourtant pas toujours été si criante : l'animation des éléments est une question qui a été posée par les précurseurs du tournant ontologique, bien qu'ils aient été souvent ignorés par les têtes de proue de l'anthropologie philosophique actuelle[23]. Ainsi, dans les années 1960, Hallowell

22. S. Dutreuil et A. Pocheville, « Les organismes et leur environnement. La construction de niche, l'hypothèse Gaïa et la sélection naturelle », *Bulletin d'histoire et d'épistémologie des sciences de la vie*, 22, 1, 2015, p. 27-56.

23. P. T. Strong, « Irving Hallowell and the Ontological Turn », *HAU. Journal of Ethnographic Theory*, 7, 1, 2017, p. 468-472.

s'est demandé pourquoi une pierre, le tonnerre, une rivière, pouvaient *dans certaines conditions* être considérés comme animés par les Ojibwa, alors que la science moderne conçoit ces entités ou phénomènes géophysiques comme inanimés – ou encore, dénués d'« affordances[24] » – au contraire des êtres « vivants ». Il avait déjà questionné les raisons pour lesquelles l'animation de ces entités était communément partagée (d'un point de vue sensitif) pour tout un chacun – quoi de plus animé qu'un ciel chargé d'électricité donnant brusquement un éclair puis le bruit sourd du tonnerre ? – alors que la science, en mettant au jour les causes physiques de ces phénomènes, annulait du même coup la possibilité qu'ils soient « animés » sur un autre plan[25].

Les aurores boréales dans le Grand Nord alaskien sont un bon exemple du fossé interprétatif entre physique des éléments et conceptions autochtones. Particules chargées de vent solaire qui entrent en collision avec la magnétosphère ou esprits des morts qui se manifestent aux êtres vivants ? Nous ne voulons peut-être pas réduire les cosmologies des peuples que nous étudions à de simples expressions culturelles appliquées sur une universelle nature, et pourtant ces deux idées sont difficilement réconciliables ; pire, elles ont tendance à s'exclure l'une l'autre du point de vue du sens commun, la Vérité tombant forcément du côté de l'ontologie dominante. La question n'est pas de départager des versions de monde en fonction d'une vérité scientifique qui, d'expérimentale, devient toujours

24. J. Gibson, *The Ecological Approach to Visual Perception*, Hillsdale, Lawrence Erlbaum, 1979.

25. Pensons ici à la langue navajo (à l'intérieur du grand ensemble Athapascan), qui attribue par exemple aux éclairs un degré d'animation, ou d'animéité, supérieur à tous les autres, humains compris (voir les travaux de Perkins et de Witherspoon).

étonnamment transcendantale, mais d'éviter que la vieille dualité entre universel (la nature mise au jour par la science moderne) et contingent (les cultures telles qu'elles l'interprètent) ne nous empêche de penser plus loin. On se demandera donc, dans la droite ligne méthodologique qu'avait indiquée Lévi-Strauss[26], et non comme une simple formule rhétorique, *ce que ça fait* de penser les phénomènes géophysiques d'une manière plutôt que d'une autre et, dans le cas présent, de *choisir* – comme les Gwich'in le font avec les aurores boréales, comme les Even le font avec le feu, l'atmosphère et la rivière – de *s'adresser* à eux.

Décaler nos lignes de partage grâce à l'ethnographie, en plaçant notre attention sur les statuts particuliers d'entités jusqu'alors négligées, sera utile pour sortir de l'hégémonie produite par l'utilisation de bannières abstraites telles qu'« organisme », « environnement », « milieu » et « vivant », porteuses d'ambiguïtés inhérentes au régime de généralisation vers lequel elles tendent. En plaçant notre attention sur les statuts particuliers des entités qui sont censées peupler ces cadres, nous ajoutons une pierre supplémentaire pour tenter de baliser l'épreuve consistant à diversifier les « mobiliers ontiques[27] » qui composent nos mondes. Ce geste est ce que je choisis d'appeler,

26. « Cette alternance de rythme entre deux méthodes – la déductive et l'empirique – et l'intransigeance que nous mettons à les pratiquer l'une et l'autre sous une forme extrême et comme purifiée donnent à l'anthropologie sociale son caractère distinctif parmi les autres branches de la connaissance : de toutes les sciences, elle est la seule, sans doute, à faire de la subjectivité la plus intime un moyen de démonstration objective. Car c'est bien un fait objectif que le même esprit, qui s'est abandonné à l'expérience et laissé modeler par elle, devienne le théâtre d'opérations mentales qui n'abolissent pas les précédentes et transforment cependant l'expérience en modèle, rendant possibles d'autres opérations mentales », C. Lévi-Strauss, *Anthropologie structurale II*, *op. cit.*, p. 25.

27. Selon une expression de Descola.

dans le sillage d'Hallowell, une « ethno-métaphysique des éléments[28] ».

Portons le regard au-delà des corps et des pensées des êtres vivants tels que saisis au moment de la spéciation. Voyageons plus loin encore, vers cette tentative humaine de faire taire la pensée et de dissoudre les corps, pour les remplacer, l'une et les autres, par le monde. Y a-t-il des façons humaines de se rapprocher des *manières et expressions* des éléments ? Des moyens par lesquels certains collectifs humains tentent parfois de minorer l'incessant dialogue intérieur pour le remplacer par les flux élémentaires eux-mêmes ? Des espaces recherchés dans l'existence, où les sensations face à ce qui se meut « sans corps et sans pensée » tout autour pourraient tendre vers l'immédiateté, comme dans le cas des animaux ? Daria et sa famille reconnaissent au quotidien la propension des humains à se confiner en eux-mêmes. Depuis les profondeurs de leur forêt, une de leurs grandes raisons d'être est d'éviter à tout prix ce confinement dans les limites de leur corps, de leur esprit, de leur espèce, c'est-à-dire de leur humanité.

28. I. A. Hallowell, « Ojibwa ontology, behavior and world view », *loc.cit.*, p. 20.

10
ADRESSER LES ÉLÉMENTS

Tout récit – toute la littérature – est, en un certain sens, mémoire de la perte du feu.

G. Agambem, *Le Feu et le Récit*

Nourrir le feu

La scène se déroule le tout premier jour de notre arrivée à Tvaïan. Nous sommes assis autour du feu, la soirée est bien avancée, les cendres rougeoient. Matchilda fixe le foyer. Une braise se tient debout parmi les autres. Après de longues minutes, elle tombe sur le côté. Quelqu'un arrive ou quelqu'un part, ce n'est pas clair, dit-il. Après quoi il se saisit d'une cuillère, la remplit de cendre blanche et la déverse sur le sommet de la braise. Pour le protéger dans son voyage, dit-il encore. Nous plongeons dans le silence, la soirée se termine ainsi. Le lendemain matin, nous apprenons que Memme est morte dans la nuit.

Il m'a fallu des années pour renouer les fils de cette histoire, pour la faire sortir de la correspondance hasardeuse, à partir de laquelle rien d'intéressant ne peut être formulé, comme de la fascination pour l'acte magique qui, symétriquement, ne mène nulle part non plus, si ce n'est à rêver d'haruspices fulgurateurs réincarnés en Even. Avec le temps passé à enrouler ma pensée autour de l'attention portée au feu naissant, aux flammes, aux braises et aux cendres, j'ai peu à peu saisi que le feu, par-delà ses bienfaits concrets, n'était pas l'objet d'une simple contemplation. N'en déplaise à Gaston Bachelard, il n'était pas seulement le support parfait d'une rêverie, qu'elle soit divagante ou structurante. Les humains *regardaient* le feu. Plus encore, ils l'*observaient*, à la manière des naturalistes qui observent un insecte ; ils l'épiaient, comme le chasseur tapi dans l'ombre fixe son attention sur l'animal qu'il poursuit. Mais, à la différence de l'observation naturaliste, le feu était réputé pouvoir signifier des choses qui concernaient directement et *littéralement* les humains, non sur le plan uniquement métaphorique ; à la différence du qui-vive des chasseurs, le but désiré n'était pas de tuer l'objet de l'attention, mais de tenter de le comprendre. Pourquoi vouloir comprendre le feu ? devint pour moi une interrogation si lancinante qu'elle se dissipa d'elle-même à mesure que le gouffre interprétatif s'élargissait, laissant toute tentative de processus analytique sur la touche pendant de nombreuses années.

Un matin du mois de juillet, devant le thé fumant, après avoir écouté Daria murmurer une formule aux étincelles naissantes, je me relance dans une question que j'ai déjà posée plusieurs fois, et à laquelle Daria n'a jamais vraiment répondu. Pourquoi parlez-vous au feu ? C'est qui, pour vous, le feu ? Daria éclate de rire. « Le » feu ? *Quel* feu ? Ça dépend duquel tu parles ! Je ne sais pas, tous, je lance naïvement. Il n'y a pas un feu, il y en a plusieurs Nastia. En fin de compte, bien sûr qu'ils sont tous des manifestations du même feu, mais nous leur donnons des noms différents. Je me renfrogne, je sens déjà que mes réponses vont se dilater en temps et en histoires. Voici une recomposition des dizaines de fois où nous avons abordé le sujet toutes les deux, aux aurores, au crépuscule ou la nuit.

À Icha, le feu est divisé en plusieurs catégories. Le feu « ontologique », en tant qu'élément premier, s'appelle *toré*, mais le feu que les humains gardent chez eux, *oulekit*. Les braises qui se tiennent, rarement mais parfois, debout (et qui sont donc signifiantes), *torélakakan*. Chaque fois qu'un repas est pris autour du foyer, la première cuillère de nourriture est pour le feu. Quoi que l'on soit en train de manger ou de boire – de la soupe, de la viande, du saumon – personne ne s'avisera de mettre quelque chose en bouche avant d'en avoir offert au feu. Cette pratique est si courante que l'on finit par ne plus la voir. On l'oublie, parce qu'on ne sait pas quoi en penser, parce que rien n'est dit de plus pour accompagner ce geste. Après chaque fin de repas, quand tout le monde a quitté la table, Daria prononce doucement une formule : *tchach échiné èmdayé*, si c'est le matin ou après le déjeuner. *Tchach échiné timina*, si c'est le soir et qu'il faut *coucher* les braises, en accompagnant le geste d'une cuillère de cendre sur la « tête ».

À la question « pourquoi parlez-vous au feu », Daria a souvent répondu qu'il était important de le remercier, parce qu'il se trouve, avec l'eau, aux sources de leurs possibilités d'existence à Icha. Il prodigue de la chaleur, il permet de cuisiner, il illumine la nuit. Pour toutes ces raisons évidentes, on l'alimente, on le soigne et on lui parle. Mais il existe des raisons plus métaphysiques, qui tiennent dans la définition que Daria me donne, en russe, des formulations qu'elle adresse en even. Le sens de l'adresse – à défaut d'une traduction littérale qu'elle ne m'a jamais accordée – peut être résumé ainsi : qu'il n'engloutisse pas tout, qu'il se retienne ; qu'il ne perde pas le contrôle de lui-même. C'est comme si je te disais *derji sebia* ! explique encore Daria. Tiens-toi en place ! N'implose pas, ne laisse pas tes nerfs te contrôler, parce que tu n'es pas seul ici, tu es avec nous. Je riais de me sentir prise à partie comme le feu. Mais je n'ai jamais lâché le sens pour l'habileté de la métaphore humanisante. Après de nombreuses tentatives, Daria a fini par me décrire l'élément qui anime le centre de la maisonnée en toute saison.

Quand tu parles au feu, tu parles à un bout de ce qui vit au fond de la terre, comme à une partie de ce qui gronde parfois dans le ciel. Le feu nous fait vivre, mais il pourrait aussi bien tout consumer, nous avec. Il est, dans un même mouvement, la vie et la mort concentrées. L'expression d'une tension à tenir et d'un équilibre à préserver. C'est pour préserver cet équilibre que vous lui parlez ? Mais comment est-ce qu'il entend ? Daria riait. Il n'entend pas avec des oreilles, il entend autrement ! Est-ce que vous lui parlez parce que c'est un esprit ou un dieu ? À ce stade, elle me prenait manifestement pour une demeurée. Non, je te l'ai dit, c'est un principe, un élément – Daria utilise ici le terme russe *stikhia*. Il traverse les corps, sans lui pas de vie ici, alors qu'il est pourtant aussi la mort. Un principe de transformation alors ? Si tu veux. Au centre de notre maison, nous mettons la vie *et* la mort, ensemble. C'est le feu lui-même : il tient tout et il peut tout détruire. Tenir un feu correctement, c'est tenir la vie par les deux bouts. Sa possibilité et son anéantissement. Daria se taisait, observait les réactions que ses mots entraînaient chez moi, et reprenait plus doucement. Le feu, c'est notre soleil à nous les humains, quand le ciel s'éteint et qu'il fait noir. On met le soleil au centre de la yourte, de l'at'ien, de la cabane. Comme on met le soleil au centre de notre cœur, *meven*. Les étoiles illuminent le ciel mais elles sont lointaines et froides. La foudre est un trait d'union entre les astres et la terre mais elle foudroie et terrifie. La lave du volcan est brûlante, liquide et visqueuse mais elle détruit tout sur son passage. Daria pose son regard sur le foyer à nos pieds. Lui, le petit, *Oulekit,* il est lié à tous ces autres feux mais ne doit pas vouloir les rejoindre, il ne doit pas vouloir faire comme eux. Il doit être bien, là où il est. Car nous avons besoin de lui. Tu as compris maintenant ? Tu me demandes si je lui parle ? Bien sûr que je lui parle !

Je repense aux nombreuses fois où j'ai vu les Even d'Icha construire des yourtes, à commencer par cette toute première fois, à Drakoon, pour accueillir la famille rassemblée autour du vide laissé par la disparition de Memme. Le premier emplacement choisi est toujours celui du foyer. La yourte se dresse autour du feu, les éléments de construction s'agençant comme les planètes autour du soleil. Le cercle de la yourte est toujours tracé *depuis* le feu, vient ensuite la structure, et avec elle la porte placée à l'est. Qu'est-ce que le feu ? Le centre. Le principe vital en amont de la vie elle-même, qui la précède et la termine, qui l'anéantit et la féconde.

C'est l'automne, les feuilles mortes jonchent le sol, les arbres dénudés oscillent dans une brise calme. Avec Ivan nous éteignons le reste de braises incandescentes du feu que nous avons allumé ce midi pendant la pause, avant de partir plus loin. Nous avons, lui, moi et son frère, quitté Tvaïan quelques jours pour chasser le tétras. Avant de laisser le foyer de fortune derrière nous et de remonter à cheval, Volodia repositionne les branches sur lesquelles nous avions accroché la théière, les arrime plus fermement dans la cendre et place un bâton en travers, qui pointe la direction du sud. Tu fais quoi ? je demande à Volodia. Eh bien, tu ne vois pas ? Si tu cherches des informations sur le monde, tu regardes le feu. Tu sais ça, n'est-ce pas ? Oui, je sais ça. Alors tu as déjà compris ! Si d'autres humains passent par ici, ils regarderont évidemment le feu, et sauront par où nous sommes partis. Évidemment... je réponds. Nous enfourchons les chevaux, sortons du couvert des arbres, laissons le foyer avec son bâton indicateur derrière nous et partons d'un pas égal vers la toundra.

Ivan et Volodia sont certainement plus taiseux que leur mère, mais non moins réflexifs. Lors de nos pérégrinations de chasse, le soir près du foyer rougeoyant, j'ai compris un certain nombre de choses sur le feu qui, selon eux, auraient dû me paraître évidentes, mais que sa présence quotidienne m'avait fait complètement oublier. Le feu change la nature de sa proie, et il est le seul à le faire, m'avait dit Volodia. Là où l'eau dissout ou mélange, là où l'air oxyde ou ramollit, là où la terre décompose, le feu transforme radicalement. Ni l'air ni l'eau ni la terre ne changent si rapidement la nature des choses qu'ils touchent, alors que le feu, si. Jusque-là je vous suis. Volodia continuait. Le feu est propre à l'homme, mais pas seulement parce qu'il est le seul à savoir le faire ou à s'en servir. Pourquoi alors ? Parce que l'homme s'est mis à ressembler au feu. Je regardais mon ami avec assiduité lorsqu'il prononçait ces mots. Comment ça « ressembler » ? C'est simple Nastia : nous l'avons sûrement trop regardé ! Parfois, on voudrait pouvoir se transformer aussi vite que lui, ou tout transformer autour de nous aussi vite que lui. Être la vie et la mort, comme lui. Sauf qu'on ne peut pas. Alors on l'observe et l'observe encore.

Avec Daria, un matin à l'aube. Si tu sais lire, tu vois quoi ? Daria rit. Ça dépend des jours, aujourd'hui je ne vois rien. Mais si tu regardes attentivement, tu verras toujours ce qui ne sera plus jamais pareil dans les braises qui disparaissent.

Et moi qui arrivais avec le « complexe de Prométhée » en tête ! Pire que dans la tête, je le portais sur mon corps. Celui qui nous pousse à vouloir savoir toujours plus que « nos pères et nos maîtres », ce besoin insatiable d'intellectualité, le « complexe d'Œdipe de la vie intellectuelle », comme l'avait écrit Bachelard en l'associant au feu brûlant du mental. Je me rendais compte qu'au fond des adresses au feu il n'y avait pas seulement le miroir de nos propres histoires, psychoses et rêveries, mais d'abord la reconnaissance profonde de ce que cet élément nous précédait et nous succéderait, en tant que *principe métamorphique* par excellence. Rien de plus mais c'est déjà tout, et *évidemment* il récoltait toute l'attention du monde.

Julia est assise devant le foyer, elle touille la soupe à l'aide d'une grande cuillère en bois. Une fumée sèche nous pique les yeux et enveloppe nos corps mais nous ne bougeons pas d'un poil, car c'est le seul endroit où nous sommes protégés des moustiques. Tu ne dis plus rien au feu ? Non, seulement maman et les anciens. Nous, on fait plus que les gestes. Elle remue les braises doucement avec le tisonnier, et pouffe de rire quand une histoire lui revient soudainement en mémoire. Quand Ivan était petit, il avait tellement envie que quelqu'un vienne. Il entrait dans l'at'ien quand aucun d'entre nous n'y était, dressait les braises verticalement et sortait en courant pour nous appeler dans le potager. Mama, Mama, Julia, Julia ! hurlait-il. Venez voir, vite ! Les braises sont debout ! Quelqu'un vient, quelqu'un arrive !

Chanter pour la rivière

C'est en 1964 que c'est arrivé. Daria a le regard brillant, elle se souvient et l'eau lui monte aux yeux. Peu après la faillite du kolkhoze, après qu'ils ont évacué tout le monde de Tvaïan et laissé tout en plan derrière eux. La rivière est montée. Ma mère m'a parlé d'une grande colère, m'a décrit la crue, plus violente que jamais. J'étais à l'internat quand ça s'est passé. Quand je suis revenue à Icha, elle m'a emmenée sur place, pour que je voie par moi-même. Tout ce qui restait de notre présence ici à Tvaïan – les tonneaux, les constructions, les machines –, tout avait été emporté par le courant. Il ne restait que des amoncellements de bois et de ferraille, des ruines. L'eau a tout nettoyé, m'a dit ma mère. Il y avait des tombes ici, pendant l'époque du kolkhoze. La rivière les a emportées aussi. Plus tard, bien plus tard, les enfants ont retrouvé des crânes dispersés dans les clairières.

La rivière Icha est juste une rivière qui dévale bruyamment les pentes du volcan Ichinski puis qui serpente, large et généralement sereine, à travers les toundras et la forêt jusqu'à la mer d'Okhotsk. Mais la rivière, pour les Even d'Icha, n'est pas *juste* une rivière. Elle est le fil qui maintient tous les êtres de cette région en vie. Les camps de pêche et de chasse sont installés sur ses berges. Comme Ivan me l'a souvent fait remarquer lorsque nous partions relever les filets en bateau, Icha est l'élément indispensable et essentiel à leur existence : les humains boivent la rivière, mangent la rivière, se déplacent sur la rivière, se lavent dans la rivière. Mais tout cette dépendance, si tu y réfléchis, il y a de quoi devenir fou, disait encore Ivan. Alors moi, pour éviter la folie, je fais et je n'y pense pas ! Je riais à ces mots, mais je saisissais bien le sens de son discours. Quelle relation entretenir avec une entité si totalisante, si ce n'est en intégrant (et en ingérant) les principes de vie qu'elle charrie dans son flot, tout en oubliant consciemment l'étendue du pouvoir vital qu'elle recèle – c'est-à-dire, aussi, la possible disparition qui guette les humains si la rivière venait à sortir de ses gonds ou pire, à se tarir ?

Dans l'at'ien en été, il y a des seaux de toutes les tailles. Des grands, pour les adultes ; des moyens, pour les jeunes ; des petits, pour les enfants. Leur tout premier geste participatif consiste à aller chercher de l'eau à la rivière pour la rapporter dans la maison. Comme dans le cas de mes blocages ontologiques face au feu, je n'ai jamais pensé à l'eau autrement que comme à celle que nous buvions ; à la rivière comme au milieu de vie des saumons et des truites arc-en-ciel que nous mangions, ou encore comme au chemin le plus rapide pour sortir de la forêt et rentrer chez moi. En poussant un peu plus loin, j'ai pu aller jusqu'à considérer le gigantesque réseau hydrographique dont elle faisait partie, le glacier en amont et la polarité océanique qui l'attirait, la manière dont son eau une fois mélangée s'évaporait pour revenir au ciel, les nuages qui l'alimentaient à nouveau. J'ai longtemps cru que lorsque Daria fredonnait en pêchant, elle vocalisait pour elle-même le chant qui tournait en boucle dans sa tête. Plus tard, après les récits de rêves-rencontres et les histoires de saumons vengeurs, j'ai pensé qu'elle chantait pour attirer les poissons, pour les apaiser, ou les deux. Mais un jour, alors que *ça* ne mordait pas, elle a retiré sa ligne et son chant s'est prolongé. Son regard suivait les clapots du courant. Lorsqu'elle s'est tue et qu'elle a tourné le dos à la rivière, elle m'a regardée en souriant : ça lui plaît, quand je chante.

J'ai eu du mal à saisir le sens des mots de Daria. Qui ça, elle ? Icha, Nastia. Tu chantes pour la rivière ? Je chante pour la rivière.

Julia et moi avons les mains plongées dans une bassine d'eau savonneuse, nous sommes assises à côté de la rivière, nous nous adonnons à une passionnante activité : la lessive. Nous tournons et retournons les petits vêtements de nos enfants, Julia s'amuse de me voir si maladroite, me montre une fois encore le geste approprié. Nos mains trempent, nous rions. Un poisson saute tout près de la berge, Julia tourne la tête vers le courant, son regard se durcit. Une fois, on a failli se noyer, Vassilina et moi. Elle était toute jeune… Julia pose brièvement les yeux sur son dernier-né qui joue à côté de nous, les tourne à nouveau vers la rivière. Elle devait avoir dans les deux ans, comme Sennia. On était partis d'Esso à cheval pour rejoindre Tvaïan, on était très nombreux. Memme était encore en vie. On a dû traverser la rivière pour rejoindre Drakoon au niveau de Turkatchan, il n'y avait pas d'autre passage. Grand-mère était devant sur Barmaley et moi derrière, sur Ouragan. Je tenais Vassilina devant moi. Nous avons été prises par le courant, il a commencé à nous emporter. Ma tête s'est mise à tourner, j'ai failli perdre connaissance. J'avais oublié les formules que Memme m'apprenait pour parler à la rivière, je n'avais rien à dire, je pensais juste très fort qu'elle se calme, qu'elle nous laisse vivre. On a perdu Ouragan, il a repris pied plus loin en aval. Je buvais la tasse, j'ai vu des gens courir sur l'autre rive. Vanka, Mikouleï, Vadim. Ils portaient un canot pour nous sauver. Mais c'est le cheval de grand-mère qui nous a sorties. Je ne sais pas ce que Memme lui a dit, ni comment ça s'est passé exactement, mais il nous a tirées vers la rive, je me suis accrochée à sa crinière, Vassilina serrait ses petits bras autour de mon cou de toutes ses forces. J'avais des ecchymoses partout le lendemain. Julia secoue la tête pour faire disparaître la vision, détache son regard de la rivière. C'est comme ça que ça s'est passé… Sans ce cheval, nous serions mortes.

C'est la fin de l'été, les enfants vont bientôt emprunter le chemin de la rivière pour retourner à l'école. Nous sommes assises dans l'at'ien devant un feu bien établi, la pluie tambourine sur le toit et la chaleur humide nous incommode. Daria essuie les gouttes de sueur qui perlent sur son front. Je n'aime pas ces moments de départ, murmure-t-elle. J'ai toujours peur, quand les petits partent en bateau. Tu as peur à cause des ours ? Non, à cause de la rivière et de ses mouvements d'humeur. Maman disait toujours que quand on traverse une rivière, surtout si elle est large, mieux vaut lui parler avant. *Okat méné touroutishtili*, on lui dit ça par exemple. Pour que l'eau nous soutienne, ou pour que l'on puisse la traverser sans problème. Le regard de Daria semble perdu dans le vague. Parce qu'il arrive, quand on traverse, qu'on regarde l'eau et qu'elle nous fasse tourner la tête. Ça t'est déjà arrivé à toi ? Je secoue la tête. Je n'y ai jamais pensé. Daria me regarde, incrédule. Moi j'y pense tout le temps. Je sais comment la rivière peut être. C'est pour ça que je crains toujours pour les enfants. Après la pluie encore plus, quand l'eau est haute et tumultueuse. *Okat méné touroutishtili koyané kongnal badouda*. Rivière ne sors pas de tes gonds, tu vois, des enfants voyagent. C'est ce qu'on lui dit pour qu'elle écoute. C'est aussi ce qu'on se dit pour avoir du courage.

J'ai longuement tourné et retourné ces mots dans ma tête. J'ai pensé à l'eau-miroir de Narcisse, et j'ai réalisé à quel point nous étions ici à des années-lumière d'une telle conception mythopsychologisante. La rivière ne renvoie pas Daria à sa propre image, mais à une altérité bien établie qui, elle aussi, peut sortir de ses gonds à tout moment, sur le même modèle que les animaux sont réputés pouvoir déborder les humains, même lorsqu'ils étaient les mieux préparés à la rencontre. Pour Daria, la rivière est animée d'une trajectoire et d'une vitalité bien à elle. S'il est quasiment impossible de s'y rendre complétement sensible, il faut à tout le moins faire le geste de la *reconnaître*. Tel est le sens de l'adresse à la rivière : une reconnaissance de son animation propre, par-delà les manières dont les humains en ont l'usage. L'intention placée dans cet énoncé *okat méné touroutishtili koyané kongnal badouda*, devient une véritable formule, à partir du moment où les locuteurs ont conscience de sa valeur performative. Dans la bouche de Daria, ces mots sont plus que des mots, ils doivent être porteurs d'une résonance pour la rivière. Saison après saison, les humains les ont choisis attentivement parce qu'ils étaient destinés à cette entité-là, parce qu'ils pouvaient produire ces effets-là. Dire cela, c'est accorder à l'élément « eau » médié par l'entité « rivière » la capacité d'une écoute, et la possibilité d'une réponse.

En suivant Daria qui s'adresse à la rivière, j'ai encore pensé que dire ou écrire certains mots plutôt que d'autres comptait énormément : ce choix est déjà un positionnement dans le monde. Si le choix est bon, peut-être que les mots se répercuteront chez leurs destinataires ; peut-être même qu'ils les feront bouger intérieurement. Est-il possible de faire avec nos contemporains la même chose que ce que Daria fait avec la rivière ? S'adresser à eux comme à des êtres dotés d'une trajectoire qui leur est propre mais aussi d'une attention à tout ce qui n'est pas eux ? Ils s'allient ainsi à nous dans la parole prononcée. Dire les paroles qui comptent, écrire les mots qui touchent deviennent des actes de liberté politique.

L'eau bouillonne dans le trou de glace. Daria plonge le seau dans le tourbillon, le ressort, je l'imite. Nous remontons le petit chemin qui mène à la cabane. Elle s'arrête pour se reposer, je fais de même, je titube un peu et m'éclabousse. Daria me regarde d'un air amusé. La chose avec l'eau, dit-elle, c'est qu'il faut y faire attention. Sinon, elle peut vite devenir ton ennemi mortel ! Nous rions, tirons sur les anses et repartons d'un pas chancelant vers la maison.

Des rennes pour le ciel

Nastia, comment ils s'appellent déjà, ces hommes qui voyagent à travers le monde, qui baptisent les gens et qui tiennent des registres ? Je manque de m'étouffer dans ma tasse de thé. Les missionnaires, je réponds en riant. Ah, les missionnaires, voilà ! Eh bien ceux de ma famille les ont rencontrés, avant d'arriver ici. Ils faisaient du nomadisme sous le nom de Koyerkov, alors que leur nom d'origine, c'était Kawarka. C'est un nom even. Ma grand-mère disait kawarka pour désigner notre famille. Mais quand ils ont nomadisé dans la région, ils avaient déjà des noms russifiés. Les missionnaires leur ont expliqué qu'il fallait arrêter de sacrifier des animaux, ils parlaient des idoles, que c'était mal. C'est vrai que ma mère avait des poupées quand j'étais petite. Des humains et des animaux. Elle leur parlait souvent. Je ne sais plus ce qu'elle leur disait. Petit à petit, les poupées ont disparu. Moi adulte, je n'en ai jamais eu, et mes enfants ne les ont jamais vues, elles avaient déjà disparu quand ils sont nés. Et les sacrifices ? Je demande. C'était pour quoi ? Daria se met à rire. *Pogoda* Nastia ! Le climat… évidemment !

Daria remet une bûche dans le feu, accroche la bouilloire au-dessus du foyer et se rassoit à mes côtés sur le petit tabouret de bois. Un jour, il y a très longtemps, quand j'étais petite, une tempête sévissait depuis plusieurs semaines, le temps était extrêmement mauvais. Les rennes n'en pouvaient plus, et nous non plus. Mes parents ont choisi le plus beau renne du troupeau. Il avait des cornes magnifiques, parfaitement symétriques. Ils lui ont coupé la tête. À ces mots, tous les voyants s'allument dans ma tête. Ils en ont mangé un peu ? Il était blanc ? Oui, il était blanc, et il avait une sorte de barbe, il était vraiment magnifique. Bien sûr, nous l'avons mangé, mais ce n'est pas pour ça qu'ils l'on tué. Sa tête, ils l'ont fixée au sommet d'un arbre. Je m'en souviens bien, c'était très joli. Ils l'ont orientée à l'est. Puis ils ont pris des aiguilles, qu'ils ont enfoncées une à une dans le tronc de l'arbre. Il y en avait beaucoup. Pourquoi des aiguilles ? je ne suis pas sûre. Peut-être qu'ils passaient par l'arbre comme par le renne pour signifier au temps qu'il devait se calmer. Ils ne nous ont rien expliqué mais ce qui est certain, c'est que tout le rituel était destiné au climat, il fallait lui demander qu'il se modère. À nous les enfants, ils nous ont interdit de nous rendre près de l'arbre qui portait la tête du renne, et bien sûr on y est allés quand même en cachette. On a juste regardé, on n'a touché à rien, on avait bien trop peur des représailles ! Et c'est vrai que le climat a changé après ça. Le ciel s'est enfin dégagé, le froid s'est installé, c'était en novembre je crois. Daria lève la tête, regarde l'ouverture sommitale de l'at'ien et la fumée qui s'en échappe. Oui, c'était au mois de novembre, le temps avait été très instable – du vent, de la pluie, des tempêtes de neige et à nouveau de la pluie. Un peu comme l'an dernier. Les rennes étaient très mal en point, on ne voyait plus que leurs queues, ils avaient de la neige jusqu'au ventre. Avant l'aube, mon père était déjà sur ses skis pour aller les voir. Parfois, il restait vingt-quatre heures d'affilée avec eux. Il les menait toute la nuit dans la montagne pour leur trouver à manger, parfois sans succès. Mon père était inquiet et très fatigué. C'est pour ça qu'ils ont décidé de faire quelque chose. Il fallait que ça s'arrête. Je regarde Daria, pensive. Je me souviens de l'année d'avant, du drame que la pluie puis le regel avait représenté pour tous les animaux qui nous entouraient. Pourquoi n'as-tu pas fait la même chose que tes parents, l'hiver dernier ? Daria se renfrogne. Parce que je ne sais plus ce qu'il faut faire. J'ai oublié les gestes appropriés. Tu vois, je ne sais même plus pourquoi, les aiguilles. Et personne ici ne le sait. Notre mémoire s'est perdue avec toute cette histoire, les hommes baptisés, le kolkhoze et le reste. Je n'ai plus que les mots. Allez, reviens beau temps, calme-toi ! Je lui parle encore, au ciel, quand il faut, mais je n'ai plus les gestes, et je n'ai plus de rennes non plus, alors...

Je reste circonspecte. Ça veut dire que le vent, la pluie, les nuages, je ne sais pas, tout ce qui ce qui se passe entre l'air et l'eau dans l'atmosphère et qui compose le temps qu'il fait, ils entendent tes incantations ? Bien sûr qu'ils entendent, me dit encore Daria. On peut communiquer avec eux. Mais ça ne veut pas dire qu'ils vont faire ce qu'on leur demande. Et encore moins sans les gestes rituels. Je sais qu'il manque des choses, quand je leur parle. Mais c'est tout ce qui me reste. Alors ça ne coûte rien d'essayer !

C'est la nuit et il neige, le vent forcit, manifestement nous sommes tous à nouveau confinés. Ivan est pensif et sombre. Ce n'est pas demain qu'on va pouvoir aller donner un coup de main aux cousins avec les rennes. Matchilda se met à rire. *Davaï*, on n'a qu'à tenter le coup ! Il se saisit d'un tison de bonne taille qui brûle dans le feu, ouvre la porte et le jette dehors dans la tempête. Allez, pour que le temps soit clément ! hurle-t-il dans le vent. Tout le monde rit, je suis la seule qui le regarde avec de grands yeux ronds, médusée. Avant, Nastia, les humains faisaient ça tout le temps, offrir du feu à la tempête pour qu'elle se calme ! C'est des histoires tout ça, l'interrompt Ivan en secouant la tête. Pas du tout, répond Matchilda. Tu n'y crois plus, c'est tout. Tu verras par toi-même : demain la météo sera clémente, il fera bon et la neige tombera bien droite. La cabane vibre d'un rire partagé, nous finissons nos assiettes sans hâte et nous couchons en rang d'oignon sur les peaux de rennes. Nous murmurons dans la nuit. Daria raconte comment c'était, avant. Les éleveurs qui se retrouvaient à mi-chemin tous les ans, les fêtes qu'ils faisaient. Elle se redresse un peu sur sa couche, un coude sur la fourrure et une main sous sa tête. On tuait un renne, on faisait un grand repas. On s'asseyait ensemble, on échangeait des nouvelles, on se racontait des blagues. Et puis, après, on se mettait à danser et à chanter. Chacun dansait à sa façon, chacun avec son style. J'aurais pu te montrer mais quand j'y pense, j'ai tout de suite envie de pleurer. Les femmes présentaient les meilleurs vêtements qu'elles avaient confectionnés, les perles de verre qu'elles y avaient brodées. Regarde ce que j'ai fait ! Tout était en fourrure. Il n'y avait pas de vêtement en tissu, parce que le tissu en vérité, ça ne sert pas à grand-chose dans la tempête et dans le froid. La fourrure était tournée vers l'intérieur. Avec la double couche, on pouvait s'allonger dans la neige et dormir tranquilles. Je ferme les yeux, je m'imagine à même la neige, je laisse partir mon esprit dans les rafales au-dehors.

11
ENTRE CIEL ET TERRE

Ivki ou le principe d'animation

Et Dieu, tu y crois ? m'apostrophe Daria quelques jours après nos discussions sur le ciel. Je pars d'un rire gêné et tente de composer une réponse. J'essaie plutôt de comprendre pourquoi on parle de lui et pourquoi on dit qu'il existe, plutôt que de croire en lui. Ah ! s'exclame Daria, tout comme moi ! Même si, jusqu'à présent, je ne suis toujours pas sûre de bien saisir tout ce qu'ils y mettent, dans Dieu. Ce n'est pas seulement que nos rites étaient différents de ceux des chrétiens... ou, en tout cas, de ceux des Russes. La commémoration au neuvième et au quarantième jour après le décès par exemple... nous, on n'a jamais fait ça. C'est surtout que c'est étrange, de voir dans une seule personne l'origine de tout ce qui existe. Daria se tait, plisse les yeux, reprend. Ma mère parlait d'Ivki. Elle disait qu'il est Un, aussi, mais qu'il n'est pas Dieu. Et ce n'est pas tellement que tu croies en lui... c'est plutôt que, où que tu ailles, tu es avec lui. Il est partout et nulle part, comme un souffle, comme le vent qui fait bouger les branches et les herbes, sauf qu'il n'est pas le vent non plus, il souffle à travers lui. À ces mots, je pense à l'éther qu'Aristote a ajouté aux quatre éléments d'Empédocle, et je tente un rapprochement. Un esprit supérieur ? je demande. Pas supérieur, et pas un esprit dans le même sens que les esprits des morts ou des animaux. Plutôt quelque chose qui traverse tout ce qui vit, et toi et moi aussi.

Du Dieu étranger qu'elle ne saisit pas entièrement à l'Ivki familier dont elle recompose la forme en assemblant ses souvenirs et en nommant sa résonance actuelle, Daria soulève une question d'importance : existe-t-il à Icha une force pensée qui « déborderait » à la fois les âmes individuelles (des humains, des animaux et des morts) en même temps que les milieux de vie et/ou éléments tels que le feu, l'eau et l'atmosphère ? Y a-t-il quelque chose comme un principe d'animation, qui traverserait toutes les composantes de ce monde ? Pour Daria et sa famille, la réponse est oui, même si, là encore, elle n'est pas formulée de manière entièrement stabilisée, et encore moins dogmatique.

Hallowell, en questionnant l'ontologie ojibwa, considère que « la nature des personnes » y est centrale. Il note que ces « personnes » sont si fortement marquées par la notion de causalité qu'elles deviennent bien souvent des *lieux* où se nouent des événements particuliers ; cela entraîne, pour les humains, la nécessité de se rendre sensibles à ces lieux-personnes pour être en mesure de leur répondre de manière adéquate. Dans le même ordre d'idées, il remarque que les « forces impersonnelles » (dans lesquelles nous autres modernes aurions bien volontiers rangé la tempête, les crues et les incendies) ne sont que très rarement convoquées par les Ojibwa pour saisir la nature des événements qui les traversent. Hallowell critique ainsi l'association, hâtive selon lui, entre le terme *manitu* et l'idée d'une force surnaturelle et universelle (une essence), en remarquant que la traduction y a adjoint le concept du Dieu tout-puissant propre à la chrétienté. Toutefois, ce ne sont pas seulement les exégètes de ces collectifs qui sont à l'origine de ce mot-valise converti en abstraction, comme le suggère Paul Radin, mais aussi les Ojibwa eux-mêmes, qui ont fait entrer l'idée de Dieu telle qu'ils la comprenaient dans le terme *Manitu*. Ce dernier ressemble, dans les antiques idées qu'il charrie comme dans les nouvelles conceptions auxquelles il s'associe, à l'Ivki d'Icha ravivé par Daria[1].

Pour sortir de l'affiliation notable mais réductrice d'Ivki au Dieu monothéiste, et donc de l'assimilation, de la dévoration d'une cosmologie par une autre, il me semble que le fil conducteur n'est pas à chercher dans l'idée partagée qu'il existerait une force toute-puissante extérieure à ce monde qui serait néanmoins à son origine. Bien plutôt, il nous faut porter l'attention vers ce qui est réputé être distribué chez tous les êtres, éléments et entités qui composent ce monde. Ce que toutes ses composantes reçoivent en partage est une *capacité de métamorphose*. Inégale toutefois, puisqu'il existe une gradation dans le type de métamorphoses possibles inhérentes à chaque être et entité, des différences de temporalité, de rythmes et de formes. La trajectoire formelle et rythmique d'une montagne qui s'érode n'est pas celle du feu qui se consume ; une oie sauvage ne se transforme pas au même rythme qu'un humain, et n'affecte pas son monde de la même manière ni à la même vitesse. À Icha, en haut de l'échelle des êtres dits « animés » on ne trouve donc pas

1. Hallowell note que les termes *Manitu* chez les Algonquiens (W. Jones), *Orenda* chez les Iroquois (Hewitt), *Wakanda* chez les Sioux (Fletcher) sont tous interprétés par leurs exégètes en référence à une force magique supérieure. Radin a au contraire montré, à partir de son terrain chez les Winnebago et les Ojibwa, que *Manitu* pouvait se référer à une idée de puissance et de sacralité, mais qu'il n'était en aucun cas appréhendé comme une puissance immanente dotée d'un pouvoir intrinsèque. P. Radin cité par I. A. Hallowell, « Ojibwa ontology, behavior, and world view », *loc. cit.*, p. 74.

les humains ni même les animaux, mais les flux élémentaires qui les traversent, capables de changer brutalement de forme et par là même de transformer un milieu de vie entier en un temps très court. Hallowell nomme l'éclair et le tonnerre chez les Ojibwa ; à Icha, ces deniers sont intégrés aux conditions atmosphériques, auxquelles s'ajoutent l'eau qui coule sur terre et le feu qui brûle au centre des yourtes comme celui qui ravage les forêts. Daria s'accorderait certainement avec Hallowell sur ce point : la métamorphose est un « signe distinctif du pouvoir[2] ».

Le feu, la rivière et les conditions atmosphériques sont perçus comme bougeant en amont des humains, des animaux et des plantes, plus vite et plus fort qu'eux ; ils n'en deviennent pas pour autant des « personnes » ou des « gens » au même titre que les animaux par exemple, puisqu'ils n'ont pas d'âme individuelle ; ils pourraient néanmoins être vus comme des méta-personnes, traversant toutes choses, traversés par toutes choses. Ce qui leur est reconnu est une puissance propre, une animation qui dépasse, en intensité, tout ce que les animaux et les humains peuvent faire ou dire, ainsi que leurs manières de se métamorphoser. Ivki, en relation avec l'instabilité des formes de ces derniers, peut être compris comme la capacité métamorphique que *manifestent* ces éléments. Ivki n'est pas supérieur, nous dit Daria, mais traverse toute chose. Cela veut dire que même les entités réputées « animées » au plus haut niveau, comme le feu, l'eau et les conditions atmosphériques, sont elles-mêmes traversées par un principe d'animation qui *tend*, en quelque sorte, les relations entre tous les êtres – un « vent » qui fait bouger les branches des grands arbres et frémir les toutes petites herbes.

2. A. Hallowell, « Metamorphosis to the ojibwa mind is an earmark of power », *loc. cit.*, p. 69.

Cette conception n'est pas sans rappeler les ontologies montagnardes en Indonésie[3], où l'idée d'un principe d'animation qui insuffle aux êtres et entités une capacité d'agir est commune. Comme l'a remarqué Descola, cette disposition à l'animation est partagée par chaque être, mais distribuée de manière discontinue : ils ne manifestent pas les mêmes intensités d'animation, ne condensent pas de la même manière les énergies cosmiques. Comme pour les Even d'Icha, la puissance d'agir vient à la fois de l'intérieur (l'âme individuelle et ses puissances) et de l'extérieur (la force d'animation qui meut toutes choses). En analysant le cas toradja en Asie du Sud-Est, Descola considère que s'y amorce la fragmentation générale des intériorités et des physicalités (des âmes et des corps) typique du régime ontologique de l'analogisme ; et que s'y manifeste la jonction des formes les plus « distribuées d'animisme et des formes les plus intersubjectives d'analogisme ». Dans une certaine mesure, l'entrée en scène des éléments feu, eau et atmosphère, et à présent d'Ivki, peut nous amener à dire la même chose des Even d'Icha, à savoir, qu'ils se trouvent certainement situés quelque part entre deux ontologies, l'animisme et l'analogisme, c'est-à-dire dans une ontologie grise.

Le cas du sacrifice du renne pour la tempête et de sa tête juchée sur l'arbre piqué d'aiguilles va dans ce sens : le dialogue entre humains et animaux n'est plus le seul à devoir être nourri, mais se double de la nécessité d'entrer en relation avec d'autres puissances. En cela, on peut penser que l'animisme sacrificiel de l'Asie du Sud-Est auquel Descola fait référence, notamment chez les populations montagnardes, est très proche de celui décrit à Icha en ce qu'il s'attache à relier des termes, des parties de monde,

3. J. Cuisiner, *Sumangat. L'âme et son culte en Indochine et en Indonésie*, Paris, Gallimard, 1951.

entre lesquelles le dialogue n'est pas évident, étant donné leur composition radicalement différente : on sait comment dialoguer avec un animal, mais dialoguer avec les éléments est une tout autre paire de manches, l'hétérogénéité radicale des uns et des autres limitant l'expérience. En sacrifiant un animal de rang élevé (le renne blanc à grande barbe et aux cornes parfaitement symétriques) et en l'offrant à une autre puissance, les humains ouvrent la possibilité d'une relation entre des entités fortement distinctes (ici, les humains et l'atmosphère) et balisent le chemin d'un dialogue avec ce qui est *a priori* trop distant et différent pour communiquer. Le renne devient, dans cette acception, un *pont* entre les humains et le ciel. Ce qui est étonnant, si nous reprenons les analyses de Descola sur le sacrifice, c'est que s'il considère sa présence avérée en Asie du Sud-Est chez les populations montagnardes, il le dit inconnu des collectifs animistes des Amériques et de Sibérie[4]. Plus encore, si le renne d'Icha devient un pont entre les humains et le ciel, c'est certainement moins, comme le suggère Descola à partir de son corpus d'analyse, en qualité de domestique sous contrôle des humains : il ne fait pas *que* se substituer à eux dans les échanges avec les méta-personnes élémentaires dont la survie de tous dépend. Le renne comme l'arbre sont convoqués, moins comme des leurres pour tromper les esprits qui y verraient des âmes humaines, mais d'abord parce que le temps qu'il fait (l'atmosphère, le climat) n'est pas

4. « À grands traits, on peut dire qu'il est très rare dans les collectifs relevant de l'animisme standard : absent parmi les populations qui refusent l'élevage, comme les Chewong, les Ma'Bétisek, les Batek ou les Penan, il est réduit à des offrandes rituelles de poulet ou de cochon parmi des populations comme les Bontoc ou les Buid. En revanche, le sacrifice est généralisé tant dans l'animisme distribué et l'animisme stratifié que dans l'analogisme standard où il se voit seulement limité par des versions rigoristes du bouddhisme et de l'islam qui ne sont pourtant pas parvenues à l'éliminer », Ph. Descola, *La Composition des collectifs*, *op. cit.*, p. 16.

ici pensé comme le milieu de vie d'esprits tutélaires, mais par et pour lui-même, en tant que puissance animée et métamorphique. Ensuite, parce que le renne comme l'arbre sont réputés se trouver, en termes de sensibilité aux flux élémentaires, dans une position relationnelle privilégiée. Pour saisir la nature de ce rituel, une hypothèse de travail peut être de prendre Daria au pied de la lettre, lorsqu'elle dit qu'il fallait « passer par le renne et l'arbre » pour parler au climat. Cela rejoint les analyses sur les rêves animiques d'animaux, qui indiquent aux humains la tournure que vont prendre les éléments ; ils ne sont pas convoqués comme des substituts ou projections des humains, mais parce que ces derniers se savent bien démunis lorsqu'il s'agit de sentir les mouvements atmosphériques et d'y répondre efficacement ; lorsqu'il faut tenter de remplacer la pensée *sur* le monde par les flux animés eux-mêmes.

À la question de savoir si les Even d'Icha se trouvent à la frontière entre l'animisme « standard » de Descola et l'analogisme – ce qu'il appelle, en stabilisant le cas toradja, un animisme « stratifié » – je ne répondrai pas. Non pas par manque de similitude entre le cas présent et ceux qu'il étudie pour tenter de comprendre à quels endroits et avec quels outils se noue le passage de l'animisme à l'analogisme ; plutôt parce que l'édifice théorique consistant une fois de plus à subdiviser puis classer des formes d'animisme qui ne rentrent pas (ou plus) dans le cadre ne me paraît pas pertinent pour l'objet qui m'intéresse. Les éléments, Ivki et les formes de dialogue qu'on invente débordent le cadre classique de l'ontologie animiste et rappellent les altérités composites et résonantes de l'analogisme ? Il faut donc prendre au sérieux la forme de monde qui se crée au point de jonction, à l'endroit de la friction entre ces deux ontologies. Que les Even d'Icha se dirigent vers une diversification toujours plus grande de leurs « mobiliers ontiques » en se reliant à des êtres toujours plus différents et individués dans un maillage d'interdépendance, cela paraît évident. La question devient : qu'est-ce qui motive cette transition, par-delà les formes culturelles stabilisées qui, comme nous l'avons compris tout au long de ce livre, n'ont eu de cesse d'imploser et de se reconfigurer les unes au contact des autres ? Pour aller plus loin encore, pouvons-nous considérer que nous sommes entrés, à Icha et pour des raisons historiques, dans une forme de monde où les âmes ne peuvent plus être uniquement « personnalisées » et incarnées dans des êtres bien particuliers, mais où ces derniers deviennent *aussi* dépositaires de la « diffraction en chacun d'eux d'une puissance vitale qui anime le cosmos tout entier[5] » ?

Sécuriser la terre

Bon, Daria. Le feu, l'eau et le ciel, d'accord. Ivki avec et à travers, j'ai compris. Mais la terre ? C'est un élément aussi non ? Tu as quelque chose à dire sur la terre ? Daria se met à rire. Quoi la terre ? La terre, ça me fait penser aux patates. Quand on plante des patates par chez nous, on leur chante une chanson. Parce que la patate meurt pour procréer. Quand tu la mets sous terre, c'est comme si elle partait pour mourir… Et pour faire naître ses descendants… Comme les saumons ! Je reste circonspecte, Daria part d'un grand éclat de rire. C'est de l'humour Nastia ! Je ris à mon tour, c'est vrai que je prends toujours tout au sérieux dis-je, je n'y peux rien ! Je raconte alors à Daria comment les patates, aux Gwich'in, ça ne leur parle pas trop ; qu'ils disent qu'il est impossible de rêver de patates, alors ce n'est pas très intéressant. Daria s'amuse et ça se voit. C'est vrai que rêver avec les patates, il

5. *Ibid.*, p. 13.

faut le faire ! Mais bon, chez nous en Russie la patate, c'est toute une histoire. Presque une histoire d'amour ! Cela dit, je ne fais plus ce qu'ils nous faisaient faire avant, à l'époque du kolkhoze. On déracinait des parcelles de forêt entières pour planter des patates. Toute la colline au-dessus de Tvaïan était une monoculture de patates. C'était un dur labeur, les femmes et les enfants s'en occupaient. On travaillait toujours en chantant. On rigolait, on bavardait. C'est très utile, les patates. Mais il ne faut pas exagérer non plus. Depuis que nous sommes revenus ici, je ne déracine plus la colline. C'est moche, une colline de patates. Je préfère les fougères et les arbres.

Je tente de forcer Daria à reprendre son sérieux. Et donc, la terre ? Daria s'assombrit. La terre, j'essaie juste de pas la perdre.

Daria sort de la chambre chargée d'une pile de papier. Le voilà, dit-elle, le document que la direction régionale m'a adressé. Nous sommes à Esso, dans la maison de la fille de Daria. Nous entrons toutes dans la cuisine et prenons place autour de la petite table en formica, les feuilles s'entassent sur la nappe en plastique ornée de grosses fleurs rouges et jaunes.

Regarde. « Direction de la démographie et de la cartographie du district de Kamtchatka. A été établi le contrat d'utilisation immédiate sans valeur commerciale. Date de signature : 17 mars 2017. » Ça fait un an déjà. Tous mes enfants sont dessus, tous les noms sont là. Banakanova, c'est moi. Banakanov Vladimir, Belikh Julia, Grisha, Ilia, Vassilina, Koyerkov Ivan, Victor, Inna, Maxim… Je n'ai pas mis Iaroslav[6]. Daria réajuste ses lunettes

6. Iaroslav est le gendre russe de Daria, le mari de sa fille Julia. Tous deux et leurs enfants vivent la plupart du temps dans une base militaire à une soixantaine

sur son nez, fronce les sourcils et suit les lignes du bout du doigt. « Le prêteur et le bénéficiaire reçoit un terrain pour l'exploitation gratuite. La surface est de 99 952 mètres carrés. Localisation : district du Kamtchatka. Catégorie du terrain : non renseignée. »

« Le terrain est prêté pour tout usage autorisé par la législation. Le contrat entre en vigueur à compter de la signature des deux parties. Le présent document a valeur de contrat de prêt. L'exploitation du terrain est possible à compter du moment de la définition du type d'exploitation en fonction des objectifs définis. Les bénéficiaires ont le droit de modifier le type d'exploitation en adressant la demande… » Daria s'agace, saute une ligne, reprends la lecture. « En cas de refus de la modification du type d'exploitation du terrain, selon la législation en vigueur… » Elle s'interrompt. Bon, tu as compris. Tout est là. Ici, ce qui est décrit, c'est le type d'activité. J'ai mis la chasse, la pêche, l'usage personnel. J'ai aussi mis la récolte de plantes sauvages. J'ai choisi « tout type d'usage personnel ». J'imagine que ça sous-entend toutes ces activités, la pêche, la chasse, l'agriculture, les chevaux. Je vais obtenir la carte. J'irai la chercher dans les jours qui viennent. Daria lève la tête du document, retire ses lunettes et les pose en soupirant. Si on n'utilise pas le terrain, on doit le rendre. Mais moi, j'y vis et je l'utilise déjà. C'est important ça. Pour les chevaux, la pêche et la chasse. J'ai entamé mes démarches il y a un an. Dans trois ans, on devra adresser un rapport d'exploitation. Mais d'ici là, on est tranquilles. Donc si on veut développer une activité, on peut le faire. Si on veut prendre plus de chevaux, ou construire une nouvelle cabane, on peut aussi. Le principal c'est la carte. Ils ont enregistré ma

---

de kilomètres de Petropavlovsk. Julia et ses enfants passent chaque année les quatre mois d'été à Tvaïan. Vassilina, la fille aînée de Julia, a vécu en forêt avec Daria jusqu'à l'âge de sept ans.

propriété en utilisant les images du satellite. Maintenant, on sait exactement où sont mes terres. La carte, c'est important.

Nous nous penchons sur la dernière page du document. Regarde encore. Les signatures, les cachets… de tous mes enfants. Ça veut dire que nous sommes protégés. Personne ne pourra venir nous prendre la terre. Quelle superficie ? Je demande. Dix hectares, pour chacun des membres de ma famille. Maintenant, l'administration sait. Que je suis là, que je m'occupe de ça. Je pense qu'avec ces papiers les enfants se débrouilleront ; ils pourront rester indépendants s'ils le souhaitent ; ils ne seront pas embêtés comme moi je l'ai été.

J'ai toujours eu beaucoup de mal à questionner Daria au sujet du régime soviétique, et encore plus de mal à la lancer sur la Russie actuelle. À chaque fois, elle me répondait qu'elle n'allait pas parler de ça, sinon… Elle s'interrompait toujours quelque part dans cette phrase, comme si un mot plus haut que l'autre risquait encore d'entraîner de fâcheuses représailles. Mais à ce moment de l'histoire, en 2019, cela fait plusieurs années que nous sommes liées d'amitié, et si mes limites se sont étiolées voire dissoutes dans les embruns de la rivière et le regard des animaux, les siennes aussi sont tombées face aux complexions qu'elle perçoit chez moi et qui, je crois, lui rappellent les siennes. Nous sommes assises au bord de la rivière à Manach', c'est l'été et, cette fois-ci, Daria se décide à me répondre plus directement que jamais. Quand l'ère soviétique a commencé, dit-elle sans détour, ils se sont mis à tout prendre. Ils ont instauré la collectivisation. Ils ont mis en place leur kolkhozes, leurs sovkhozes, et les gens ont été dépossédés. On leur a laissé deux, trois rennes par famille, mais pas plus. Les autres, on les a confisqués. Ma mère en a gardé quelques-uns un temps… mais ils sont tous morts maintenant, ils sont tous morts. Désormais, comme tu le sais, plus personne parmi les nôtres n'a de rennes à soi. Mais à vrai dire, c'est surement encore pire maintenant qu'aux temps du communisme. À cette époque, on pouvait encore avoir l'impression que les rennes étaient à tout le monde, on veillait sur eux collectivement, et il y avait quand même quelque chose de beau là-dedans, même si on ne les montait plus, même si on ne leur parlait plus beaucoup, parce qu'ils étaient trop nombreux. Aujourd'hui, avec cette société contemporaine des actionnaires… c'est fini tout ça. Daria s'interrompt un instant et reprend, essoufflée.

Avant, nous n'étions pas informés. Par exemple, si un avion s'était crashé, ou si un bateau avait coulé, nous n'en savions rien. On ne savait même pas qu'il y avait des pauvres, des SDF dans les villes… on ne savait rien de tout ça. Tu sais, on disait : « Le communisme vaincra ! » Dès que le communisme s'installera, tout sera gratuit ! Nous produirons suffisamment pour tous ! Et c'est vrai qu'on s'est habitués à ce que tout soit aménagé pour nous. Tout était organisé hors de nous, comme si nous étions des enfants. On nous prenait, on nous emmenait là ; on nous enlevait de là, on nous déplaçait ailleurs. On vivait à crédit. Par exemple, quand on allait faire des courses, on n'avait pas d'argent. Le vendeur notait la somme qu'on devait et on payait plus tard. Mais pour le paiement, on n'utilisait pas la valeur monétaire. On calculait en jours de travail. Tvaïan ne marchait que comme ça : à crédit. Après la chute, ils nous ont abandonnés, ils nous ont laissés dériver comme si rien n'avait jamais eu lieu, comme si ça n'avait pas existé, comme si nous n'avions pas pris part au grand projet ni même participé. C'est devenu chacun pour soi, il a fallu survivre.

Daria tourne la tête, pose le regard sur les cousins de ses enfants qui s'occupent des chevaux de l'autre côté de la rivière.

C'est sûr qu'aujourd'hui on sait tout sur tout ce qui se passe partout, mais ça ne change rien. Les actionnaires, les rennes, c'est tout ce qui leur reste, aux jeunes Even. Il n'y a rien d'autre à faire que de travailler pour eux et, même là, les places sont chères parce que les élevages s'effondrent. C'est pour éviter que mes enfants soient obligés de faire ça que j'ai fait les papiers. Mes frères disent que je perds mon temps, que ça ne sert à rien ces démarches. Peut-être qu'ils ont raison, mais je préfère qu'ils aient le choix de ne pas devenir bergers pour actionnaires. Cela dit, c'est compliqué. Les autres jeunes sont quand même mieux aux troupeaux qu'au village. Ils vivent presque comme avant, ils nomadisent encore, ils gardent à skis en hiver, ils dorment auprès des rennes en été pour les protéger des ours et des loups, ils se racontent nos histoires, comme nous l'avons toujours fait. C'est juste qu'au fond plus rien n'est à eux et ils peuvent se faire éjecter à tout moment, par des gens qui n'ont jamais vu un renne de près, qui n'ont même jamais mis les pieds ici.

Nous sommes en février. Sous la yourte le feu crépite dans le poêle, je suis à demi allongée sur les peaux de rennes, le corps tourné vers Chander, berger de rennes d'une quarantaine d'années. Chander d'une douceur sans faille qui perle jusque dans son silence tranquille, Chander que j'essaie de faire parler. Ça fait combien de mois que tu n'as pas vu ta famille à Esso ? Neuf. Et ce n'est pas trop dur pour eux, pour toi ? Non, ils ont l'habitude, et moi aussi. Chander lève les yeux vers l'ouverture sommitale laissant passer le conduit, scrute un instant comme s'il pouvait voir le ciel à travers la tôle et la bâche. Je suis ici tout le temps et depuis toujours, onze mois sur douze. Quand tu vas revenir au village, ils vont te payer ? Ils devraient, ils me doivent une année de travail. Il laisse échapper un rire gêné qui se répand chez tous les occupants de la yourte. Mais je ne sais pas s'ils le feront, ils disent qu'ils sont ruinés, qu'on ne vend pas assez de viande et qu'il ne leur reste plus rien pour les salaires. Le sourire de Chander s'efface. Quelque part peu importe, puisque je ne peux pas vivre ailleurs qu'ici. Pourquoi ? Je ne sais pas, quelque chose me retient. Ici, dans la forêt. Comme si ce lieu coulait dans mon sang. Je ne peux plus vivre sans la forêt. Chander détourne le regard vers l'entrée, s'humidifie les lèvres et avale sa salive. Ici avec les rennes ou à Tvaïan au camp de chasse, au fond c'est pareil. Nous sommes tous ici pour les mêmes raisons.

Un an plus tard, je suis de retour à Icha avec ma fille. Nous sommes au bord de la rivière, à cinq kilomètres de Šanuč, assises avec le vieux Appa près de sa tanière à mâchouiller des herbes en attendant que quelqu'un vienne nous chercher. Je suis surprise de voir sortir Chander d'un fourré. *Zdarova*, lance-t-il timidement. Il me dit qu'il a laissé le bateau en contrebas, qu'il va m'aider à porter nos sacs jusque-là ; il y avait trop de courant et il n'était pas très à l'aise. Je ne savais pas que tu conduisais le bateau, dis-je en le suivant à travers les fougères. Moi non plus ! répond-il en riant. Et qu'est-ce que tu fais là ? Tu n'es pas censé être au troupeau ? Tu te souviens de notre discussion dans la yourte, l'année dernière, me demande-t-il ? Oui, bien sûr. Eh bien ils ne m'ont jamais payé. Finalement, j'ai décidé de faire comme Ivan et les autres. Tant pis pour les rennes, je vais vivre de chasse et de pêche. Où ça ? Dans la famille de Daria. Elle a dit qu'elle me rajouterait, sur les papiers.

Quelle étrangeté, depuis le prisme de notre cosmologie, que la « terre » ne reçoive pas les mêmes attentions que le feu, la rivière et le ciel ! Nous nous attendons toujours à voir débarquer, aux marges de la modernité, des Mother Earth et des Pacha Mama à tout bout de champ pour contrer notre rapport déprimé au monde, nous sommes toujours prêts, même sans se l'avouer, à dévorer avec avidité les versions mythiques et spiritualisantes de Gaïa dès qu'il s'agit de réanimer le cosmos. Comment dès lors saisir qu'à Icha la terre ne soit adressée que par le biais des droits d'usage et de propriété, et qu'elle ne fasse pas l'objet, elle aussi, de formes de rituels, même uniquement verbaux ? Avec le temps, les expériences et les récits tels que ceux-là, j'ai compris qu'il existait à Icha une tension avérée entre deux manières bien différentes d'être attaché à la terre : le nomadisme et la sédentarité. Daria m'a répété cette formule un nombre incalculable de fois : nous, on est des nomades. Aujourd'hui on est là, mais demain ailleurs. Être nomade, me disait encore Daria, c'est être prêt à tout. Être prêt à marcher, à manger, à dormir, à boire, quand cela se présente ; être prêt à l'immobilité, au repos, au jeûne, quand cela est requis. On est là, mais toujours sur le départ ; quand on part, on ne prend rien, on reforme la maison là où on arrive. Je n'ai jamais eu à méditer ces paroles : à les observer se déplacer, c'était si évident. Ils étaient capables de faire advenir un collectif où que ce soit. Ils montaient une yourte ou une tchouma, et le monde s'organisait. En construisant la structure, ils projetaient sur la terre un schéma extraterritorial, intérieur et antérieur ; ils habitaient ainsi immédiatement, collectivement, ils ne préparaient jamais la suite du voyage, mais quand il fallait partir, ils s'en allaient sans se retourner, sans dire au revoir, ils partaient et c'est tout.

Ce qui comptait par le passé, et ce qui domine toujours dans le discours de Daria, c'est tout ce qu'il y a encore de vivant *sur terre* à poursuivre pour survivre, bien plus qu'*une terre* particulière sur laquelle s'installer et prospérer. Et pourtant, dans les faits, demain est ici plutôt qu'ailleurs. Si Daria m'a toujours narré avec passion la nomadisation avec les rennes, le non-attachement à un seul lieu, le déplacement corporel nécessaire à toute compréhension psychique, jusqu'à la vastitude d'une terre à parcourir sans relâche derrière les animaux qui comptent, elle a néanmoins tout fait pour sécuriser leurs usages de *cette* terre particulière, pour faire en sorte qu'elle ne leur soit pas retirée, comme leur langue, leurs rituels et leurs rennes. La raison de cette contradiction apparente est somme toute assez simple : Daria sait pertinemment qu'aujourd'hui être nomade dans le sens présoviétique du terme – en suivant les rennes qui suivent l'herbe et le vent – n'est plus possible, parce que les rennes, appropriés, seront nécessairement placés là où les intérêts des actionnaires sont et pas ailleurs, tant qu'ils gardent le pouvoir. Le vieux Appa a traversé à pied toute la péninsule du Kamtchatka en son temps, tous s'en souviennent, tous narrent ses exploits ; le vieux Appa aujourd'hui est là, juste en aval de Šanuč, dans une tanière d'ours avec son fusil à poudre accroché à l'entrée, il ne bouge plus et il attend, sur le qui-vive.

En devenant chasseurs-pêcheurs, Daria et sa famille sont aujourd'hui plus sédentaires que jamais, et ont en quelque sorte volontairement prolongé les choix étatiques qui avaient présidé à la création du kolkhoze de Tvaïan. Ils fonctionnent en étoile pour aller chasser et pêcher, mais leur camp de base reste toujours le même. Ironie de la situation : un collectif nomade secoué par l'effondrement du régime décide de se sédentariser en forêt pour redevenir indépendant, à l'endroit même où toute liberté leur a été retirée. La difficulté qui perce dans le discours contradictoire de Daria consiste en ce qu'elle pose des actes à l'encontre de la cosmologie qui informe historiquement le collectif dont elle est issue. Plusieurs générations d'aïeux ont traversé la Sibérie pour arriver sur le tard au Kamtchatka. Ils ont rencontré les Russes, puis les soviets, ils ont tout perdu, puis tout reconstruit à l'endroit même où s'est cristallisé, matérialisé l'anéantissement de leurs modes de vie traditionnels : Tvaïan. À la différence près que Tvaïan n'a pas perdu sa qualité de lieu d'ancrage du communisme d'État pour devenir une propriété privée tendue vers la capitalisation des ressources et l'enrichissement ; les ruines de Tvaïan se sont transformées en un espace où il devenait possible de recréer un maillage relationnel particulier avec les êtres perturbés qui traversent le territoire ; ce faisant, Tvaïan est devenu le théâtre-témoin de l'invention d'un nouvel imaginaire politique.

Au bord de la rivière Icha à Manach' en été, Daria clôt son discours enfin un tant soit peu stabilisé. Nous avons surmonté toutes ces choses, nous n'avons rien abandonné. Le plus dur a été de rester unis. Mais voilà le plus important : nous avons réussi à retourner là où nous sommes nés. Peut-être bien que, comme les saumons, nous mourrons ici, à Icha. Mais comme eux nous essaimerons jusqu'à la mer, et tout recommencera. Elle lève les yeux vers moi, son visage change, se fait espiègle. Et puis regarde-toi, toi ici depuis tout ce temps. Et Mike, et Jules, quand vous êtes venus filmer. Tous chez moi, à Tvaïan, même un Américain ! Daria éclate de rire. L'Internationale, c'était pas hier… l'Internationale, c'est maintenant !

CONCLUSION

Les routes qui ne promettent pas le pays de leur destination sont les routes aimées.

Il n'y a plus de peuple-trésor, mais, de proche en proche, il y a le savoir vivre infini de l'éclair pour les survivants de ce peuple.

René Char, *Encart*

Ni, métal du diable

La porte de la région Icha s'appelle Šanuč. Il y a une barrière rouge et blanche. Des gardes dans un algéco blanc. Le bout d'une piste de cent soixante-dix kilomètres. De gros camions qui passent toutes les quelques heures. Un tank rouillé dans un fossé, un autre garé derrière le baraquement. Il y a aussi des mineurs, là où la montagne est toute décharnée, mais je ne les ai jamais vus, car c'est interdit d'y aller. J'ai vu les bulldozers et les excavateurs et les Kamaz rouges avec leurs conducteurs. La « frontière » d'Icha est matérialisée par deux barrières successives en travers de la piste, à quatre-vingts kilomètres d'écart, gardées par des Russes et de très gros chiens. Un barrière dix kilomètres avant Ketatchan, là où nous avions rencontré Andreï la toute première fois ; une barrière à Šanuč, à sept kilomètres de la rivière Icha. Ces barrières pour moi ont été le lieu de tous les sentiments, la joie, la peur et la terreur. La joie d'être passée. Le bonheur de me rendre compte que le Russe cloîtré dans son abri de plastique n'était pas celui que je croyais, que derrière ses yeux bleu délavé, il y avait quelqu'un qui avait compris que les Even, par-delà les arbres, les toundras et la rivière, étaient des gens dont il fallait prendre soin. Alexander offrait l'hospitalité dès qu'il le pouvait. Combien de fois avons-nous dormi à même le sol de l'algéco au retour de la forêt en attendant un hypothétique transport vers la ville ? Et lui qui tentait tant bien que mal de rassembler les quelques casseroles dont il disposait pour nourrir tout le monde. Laisse, je vais le faire ! disait l'une des filles de la famille. Non, c'est à moi de m'en occuper, vous êtes chez moi. Je l'ai vu poser un regard d'une douceur infinie sur le bébé de Julia qui babillait, s'en saisir et le bercer pour soulager sa mère. Alexander n'est pas resté à Šanuč longtemps. Deux ans tout au plus. Chamane son chien est mort, tué par un autre garde, une nuit de beuverie. J'ai appris quelques années après qu'il était rentré en Ukraine, passer le reste de sa retraite « au chaud », comme il le disait.

Plus tard, j'ai senti la peur, quand j'apprenais que le FSB n'était pas loin, à la mine, qu'ils me cherchaient, qu'ils m'attendaient, qu'ils voulaient me parler, les gardes étaient avertis que si je passais, ils devaient les en informer. Sauvée par le réseau téléphonique incertain, le temps qui file et les *buran* d'Artium et d'Ivan qui attendaient pour nous emporter vers la forêt ; sauvée par le regard candide de ma fille encore toute petite, qui ne semblait pas si menaçante. Plus tard encore, j'ai senti la terreur quand nous passions de nuit, et qu'à la deuxième barrière les gardes étaient dans un état d'ébriété si avancé que j'ai bien cru qu'ils nous tueraient. Je me suis retrouvée sous leur toit avec Ivan, j'ai vu le Russe le forcer à boire pour s'assurer qu'il était un « vrai homme », je l'ai vu se saisir du téléphone, appeler une connaissance au FSB, « elle est là » avait-il dit, et je ne sais par quel miracle j'avais encore échappé à la confrontation, ils étaient toujours trop loin, le Russe tombait raide ivre mort, nous nous en allions sans demander notre reste. J'ai encore vu les molosses se jeter sur la voiture aux petites heures encore sombres du matin et lui, le garde, un autre mais tous les mêmes, sortir de l'algéco en titubant et en hurlant des insanités, fusil en bandoulière, jusqu'à ce qu'il ouvre la barrière, jusqu'à ce qu'il préfère retourner vers sa bouteille plutôt que de nous harceler dans les bourrasques de vent et de neige.

Pour traverser le poste-frontière, il faut un laissez-passer. *Propusk*. Que les Even qui vivent par-delà cette frontière peuvent obtenir auprès de l'administration, en qualité d'habitants utilisateurs de ces terres. Les autres « autorisés », pour ceux qui ne sont pas des « officiels » (FSB, policiers, gouverneurs, etc.), sont les employés et directeurs de l'élevage de rennes, les membres du parc national du Bystrinskij, et ceux qui ont monté des entreprises de tourisme de pêche ou d'aventure suffisamment puissantes pour se procurer des laissez-passer auprès des autorités de Petropavlovsk. À Šanuč, il y a une mine de nickel. Possédée par une entreprise russo-suisse. On y extrait le précieux minerai en quantités gigantesques, depuis les années 2000. Avant, il n'y avait pas de piste pour rejoindre la rivière Icha. Les Even partaient à cheval depuis Esso, traversaient les montagnes pour rejoindre le volcan Ichinski, le contournaient et descendaient plus au sud. Maintenant, il arrive fréquemment qu'ils empruntent la piste, c'est le moyen le plus rapide pour rejoindre la rivière ; certainement pas le plus sûr, mais le plus efficace, il permet d'économiser une semaine entière de voyage. J'ai mis du temps à considérer les implications de la mine, par-delà la présence de cette piste forestière somme toute fort pratique, le réseau téléphonique à Šanuč dont nous nous servions tous allègrement, par-delà surtout l'ironie de se dire que le territoire d'Icha et les Even qui y vivent étaient en quelque sorte « préservés » du reste du monde grâce à cette mine, qui y rend l'accès, pour les étrangers comme pour les Russes, extrêmement compliqué. Je n'ai rien pensé de plus jusqu'à ce que je réalise, au fil des annés et des langues qui se délient, ce qui se déversait dans la toundra en amont de la rivière ; jusqu'à ce que je me souvienne de ce qu'était le nickel, et de ce que signifiait cette exploitation à cet endroit précis du monde, comme partout ailleurs.

Si vous voulez vous figurer le nickel dans nos vies quotidiennes, pensez à la machine à laver, aux couverts et aux piles. Pensez à la petite échelle pour descendre dans la piscine, aux aimants et aux écrans cathodiques. Pensez aux contacteurs électriques et aux électrodes, aux bougies des moteurs à explosion. Pensez aux résistances dans les grille-pain, les sèche-cheveux. Pensez aux casques blancs des sapeurs-pompiers, aux bagues d'or blanc sur les doigts. Pensez au matériel chirurgical, prothèses, stents, scalpels et ciseaux. Pensez aux cuves de transport de soude caustique, concentrée ou très pure, sur les navires. Pensez aux navires eux-mêmes. Pensez encore aux pièces de monnaie, aux deux tours Petronas étincelantes à Kuala Lumpur, à la tour Jin Mao à Shanghai. Pensez enfin aux batteries des voitures hybrides ou électriques : dans le cadre d'objectifs climatiques conformes aux ambitions de l'accord de Paris sur le climat, le ministère de la Transition écologique anticipe en 2022 une électrification massive du parc automobile en développant la filière industrielle des « véhicules propres » … Le nickel (dit Ni) a encore des jours florissants devant lui.

Nous connaissons tous la propriété la plus appréciée du nickel : l'anticorrosion. *Ni* ne rouille pas. *Ni* sert à faire de l'acier inoxydable, le précieux *stainless steel*, l'acier « sans taches ». *Ni* en Russie, ça a d'abord été Norilag sur la péninsule du Taïmyr dès 1935. Le Goulag n'existe plus, mais Norilsk Nickel est devenu le premier producteur mondial de nickel, signant le succès de l'oligarchie postsoviétique. *Ni* à Šanuč est gardé par des hommes enfermés dans leurs solitudes de plastique blanc au milieu de forêts peuplées d'ours ; ils noient leur amertume et leur tristesse dans l'alcool de patate.

Dans une tonne de roche extraite, on ne trouve jamais bien plus que trente kilogrammes de nickel. Lieux communs : extraire le nickel nécessite de déforester, d'excaver les sols et les roches. Cela entraîne l'érosion, l'imperméabilisation des terres dénudées et les inondations qui font suite, doublées de la dissémination de poussières riches en métaux toxiques. Les excavations modifient les réseaux aquifères souterrains ; des résidus miniers sont rejetés pendant des années. Pour trouver *Ni*, on creuse, on broie puis on lixivie. Pour lixivier *Ni*, on utilise de l'acide sulfurique ou chlorhydrique. Rien de tout ça ne disparaît dans le processus ; le métal blanc et brillant qu'on obtient *est* le processus ; le processus est la souillure invisible de *Ni*.

Ni, ils l'appellent le métal du diable. *Ni* est inoxydable.

À Šanuč, les résidus de l'exploitation sont rejetés en aval de la mine, dans une toundra humide qui jouxte la rivière, à quelque cinq kilomètres du flot qui suit son cours ; la toundra n'a pas encore lâché. Et Alexander de me dire un jour de pluie, dans l'algéco : combien de temps ça va tenir, avant que tout se déverse dans l'Icha ? Avant que les poissons meurent, que les Even meurent, ou qu'ils soient tous intoxiqués ? La gravité de la situation, qui dépasse le stade de l'ironie, est la suivante : nous vivons dans un monde qui ne rouille pas, qui ne doit pas rouiller. Un monde brillant, sans taches. Nous construisons les objets de notre monde précisément pour qu'ils durent sans que le temps ne semble passer sur eux : à l'image des métaux inoxydables, nous aimerions nous croire immortels. Ce mythe sociétal se construit au détriment des mondes vivants eux-mêmes. Il y a un prix, à vivre dans une société peuplée d'objets inoxydables, lui conférant la teinte de l'éternité. Ce prix, ce sont les mondes vivants tels que celui d'Icha qui le payent, où les êtres sont encore liés dans des réseaux d'interdépendance et des faisceaux de résonances ; ces mondes dont on détruit la fragilité vibrante et animée pour solidifier et immortaliser le nôtre, sans même y penser.

Appa y pense, lui. Il y pense même tous les jours. Appa fils d'Appa le chaman de la naissance de Daria est assis devant sa tanière, il mâchouille une herbe, le regard perdu sur les flots de la rivière en contrebas. Son fusil à poudre est posé à l'entrée contre un arbre. Combien d'heures passées à ses côtés à attendre, à ne rien dire, à ne rien oser dire. Un jour, sept ans après l'avoir rencontré, j'ai pris mon courage à deux mains pour l'interroger. Qu'est-ce que tu fais ici à la fin ? Pourquoi tu ne vis pas à Manach', à Drakoon ou à Tvaïan avec les autres, plutôt que de rester tout seul ici ? Appa a détourné le regard de la rivière, ce beau regard enfoui derrière des rides millénaires, et l'a posé sur moi. J'attends, a-t-il dit. Tu attends quoi ? J'attends la fin. La tienne ? La nôtre, à tous. Tu sais ce qu'ils font à la mine ? a-t-il encore dit. Oui, je sais. Eh bien alors tu as déjà compris. J'attends la catastrophe, parce que quand elle viendra, je veux pouvoir la regarder bien en face, droit dans les yeux. Je serai là où tout commencera, et où tout finira. En attendant, je rêve.

J'ai longuement pleuré à ces mots. Je me suis dit qu'à la fin, tout à la fin, ne resterait peut-être plus que l'ossature étincelante de nos prisons métalliques, sans plus personne pour les peupler. Je me suis dit que le fils du dernier chamane d'Icha avait décidé de s'installer là pour rêver avec la rivière, avec les êtres qui la peuplent, pour les accompagner, tous, dans leur chute. Le monde s'effondrait ? Il ne s'en cacherait pas. Il serait aux premières loges.

Revenir de la nuit

Tu connais la différence entre un Russe et un Tchouktche ? me demande un jour Volodia en ricanant. Non, vas-y. Les deux, quand ils sont perdus, tirent en l'air pour qu'on les retrouve.

Mais, au bout d'un moment, le Tchouktche dit à son camarade : arrête de tirer, on n'a plus qu'une flèche !

Nous sommes à cheval ; seuls nos bustes, les têtes et les croupes de nos montures émergent des herbes hautes. Soudain, un ours se dresse à quelques mètres devant nous. Daria appelle son fils. Volodia ! Allume une clope ! Volodia s'empresse de sortir une cigarette de sa poche, l'allume et tire avidement, puis souffle la fumée en direction de l'ours qui grogne. Doucement nous reculons, les vapeurs de fumée entre nous et l'ours, jusqu'à le perdre de vue. Lorsque nous sommes hors de danger, Daria part d'un long rire. On l'a bien eu ! Je reste circonspecte. La cigarette, c'était pourquoi ? Les ours n'aiment pas la fumée ? Daria rit de plus belle. Je n'en sais rien ! Mais allumer une clope, ça lui montre que ça ne te fait rien, sa présence, que tu te ris de lui… tu es détendu, tu fumes comme quand tu es tranquille… tu ralentis le temps !

Il neige abondamment, le brouillard est épais, nous ne voyons rien, les flocons giflent nos visages et font couler nos yeux. Le *buran* toussote, quelque chose cloche, nous allons devoir nous arrêter. Nous sommes à quelques dizaines de kilomètres de Tvaïan, toutes les traces sont effacées, les bourrasques nous font tanguer. Ivan saute de l'engin, s'enfonce dans la neige jusqu'à la taille et observe le moteur qui fume. Quant à moi, pétrifiée, je pense au retour à pied sans skis pour nous porter, ou aux heures d'attente dans l'œil de la tempête en vue d'une éventuelle réparation. Ivan lève le regard vers moi, éclate de rire. Le ciel nous fait une bonne blague n'est-ce pas ? T'inquiète pas, il va bien rire aussi quand il va voir comment je vais lui répondre ! Il ouvre le capot, déballe ses cordes, noue, sangle et rafistole en chantonnant dans le vent. *Mon père était éleveur de rennes, mais même quand ils partaient très loin, toujours il les retrouvait, mon père était éleveur de rennes...*

Arrêtons de pleurer. Eux, les premiers concernés par la dislocation des formes et/ou par leur sur-structuration, ne pleurent pas. Au contraire, ils ne ratent jamais une occasion de rire, surtout s'ils viennent d'être très sérieux. Volodia, Daria, Ivan, Julia, et même Appa à ses heures loquaces, sont tous des *tricksters* aguerris, experts de cette manière, nettement animiste, consistant à faire vaciller les puissances des autres par l'humour[1]. Plus que la mort encore, le rire destiné aux êtres du dehors est une arme imparable pour désamorcer le tourbillon des métamorphoses, en même temps que les formes figées dans une identité *a priori* stabilisée. À Icha, nous n'avons aucune structure instituée à opposer à l'état de monde dans lequel nous sommes, le rapport de forces économique et politique est indéniablement dissymétrique. Nous n'avons pas de grand système stabilisé à disposition pour contrer la machinerie moderne, experte pour transformer tout ce qu'elle touche en objets inanimés prêts à être marchandés. Nous n'avons pas non plus de ready-made modélisable pour répondre aux dérèglements du climat. Nous

1. Rappelons-nous Pierre Clastres, qui écrivait que les Indiens Chulupi du Chaco paraguayen se servaient de leurs mythes pour rire des puissances du chamane apparentées au jaguar. P. Clastres, « De quoi rient les Indiens ? », *La Société contre l'État*, Paris, Minuit, 1974.

avons bien mieux. Nous avons une manière humaine d'exister en forêt, un style de réponse aux présences les plus dangereuses, aux événements les plus inéluctables, passant par des fragments d'histoires, de vies, en recomposition permanente. Nous avons les rires qui résonnent entre les arbres, sur la rivière et dans la tempête, jusque dans les moments les plus désespérés. Leurs modulations, à elles seules, reconfigurent tout.

Être vivant en forêt, dans un monde largement non préparé et sécurisé pour nous, débordant d'incertitudes liées à la géographie du territoire, à ceux qui le parcourent, au temps qu'il fait – ou plutôt au temps qu'il faisait – et à présent aux facteurs perturbants voire mortifères venus de la modernité, requiert tout un apprentissage des humeurs. Va-t-il neiger, va-t-il pleuvoir, la glace va-t-elle tenir, les oies sauvages vont-elles revenir, les saumons vont-ils remonter, l'ours va-t-il charger, le moteur du bateau va-t-il tenir, va-t-on tous finir intoxiqués ? Être vivant en forêt, à l'instant où le doute se dessine dans un monde où l'instabilité est devenue paroxystique, c'est d'abord avoir de l'humour. Avoir de l'humour en toutes circonstances et surtout dans les situations les plus désespérées, c'est, pour les Even comme pour tous les collectifs du Grand Nord avec lesquels j'ai travaillé, prendre du recul face à l'immédiateté d'une situation, en se donnant les moyens d'être réflexif face à l'hybridité emberlificotée qui brouille l'attention dans les moments de crise. Rire, c'est acter le fait que tout n'est pas si amalgamé et confondu et que chaque être, dans sa complexion singulière, est le gardien de ses propres limites – c'est manifester la conscience de sa propre unité. Rire, c'est encore répondre que non, l'actualité envahissante de ce qui va ou devrait advenir n'est pas inéluctable, et que si nous avons à faire le deuil des *formes* connues jusqu'à présent, nous n'avons certainement pas à faire le deuil du monde.

Laisser mourir les formes

Daria et moi sommes assises à l'arrêt de bus de Milkovo, la petite ville soviétique au bout de la piste de Šanuč, nous attendons. Nous partons à Esso pour qu'elle puisse finaliser les papiers sécurisant ses droits d'usage à Tvaïan. Nous sommes fatiguées, nos habits de grosse toile rêche sont tachés, nos visages, barbouillés. Surgit une femme d'une cinquantaine d'années, parée d'habits traditionnels even, très apprêtée et lourdement maquillée. Elle vient à notre rencontre en nous jetant un regard ne masquant pas un dégoût certain. Daria se lève et la salue, me présente. Elle nous dit, avec une fierté non contenue, qu'elle revient d'un spectacle de danse performé avec son collectif de danseurs dans la ville de Petropavlovsk. Alors que nous nous dirigeons vers le bus, Daria m'arrête d'une main et me montre ses ongles. Tu as vu toute cette terre ? C'est tout noir. Nous sommes sales... j'ai honte. Je la regarde en haussant les épaules, ses yeux pétillent quand le sourire les atteint, nous montons dans le bus.

Le paradoxe sur lequel j'ai trébuché en arrivant à Icha est celui des formes : la peau, les habits ont la teinte de la terre et des troncs d'arbres ; ils diffusent l'odeur du feu. À Esso, les perles de verre chatoyantes sont rangées dans les tiroirs, les habits d'apparat, sous les lits. Pour se réapproprier une manière d'être au monde impliquant des relations quotidiennes avec les êtres et entités de la forêt, Daria et sa famille ont abandonné les formes culturelles qui étaient pourtant censées les définir

« traditionnellement », les singulariser « proprement » aux yeux des étrangers en tant qu'appartenant à un collectif autochtone. Daria à l'arrêt de bus, elle qui est presque intégralement dépendante de son milieu de vie, des animaux, des plantes et des éléments qui le traversent, n'a pas les atours extérieurs des Even qui continuent d'exprimer leurs formes culturelles. Ses habits, sa parure ne produisent plus aucun effet de distinction ; ils sont au contraire vecteurs d'un sentiment de honte sociale lorsqu'elle retourne au village.

Un *norgeli*[2] sur une scène de danse à Esso ou en ville est une forme culturelle purifiée, c'est-à-dire décontextualisée : elle est à même de fonctionner sans les relations interspécifiques entre les êtres ; elle a néanmoins besoin de structures économiques et politiques pour exister. À Tvaïan, ces dernières sont lointaines et la représentation culturelle s'est délitée. Les chants de gorge ne se donnent à entendre que dans l'espace confiné de réunions familiales restreintes autour du feu. Les danses quant à elles existent dans des registres et des dispositifs encore plus intimes : Daria danse en forêt pour les êtres qui la peuplent, imite leurs attitudes et module les sons de leurs voix lorsque ses propres enfants ne la voient pas. De la même manière que la femme apprêtée a eu un mouvement de rejet face à nos habits de forêt, les fils de Daria sont gênés lorsqu'elle danse publiquement. Pour eux, choisir la forêt a littéralement voulu dire descendre des planches de la scène qu'ils ont parcourue petits lorsqu'ils allaient encore à l'école, et arrêter de danser. La honte de Daria et de ses enfants face au regard des Even d'Esso ou d'Anavgaï exprime, plus que tout autre sentiment, la difficulté du choix qu'ils ont

2. Danses en ronde, dans le sens solaire, qui étaient destinées aux âmes des animaux que l'on poursuivait pendant le pistage diurne ou lors des transes chamaniques.

fait : leur courage a consisté à sortir du cadre de référence au sein duquel ils se mouvaient. C'est avec ce paradoxe inconfortable qu'il leur faut vivre au quotidien, c'est à ce prix qu'ils recouvrent leur liberté et qu'ils la restituent, simultanément, aux êtres avec lesquels ils renouent le dialogue.

Tout ce qui se manifeste de la cosmologie animiste à Tvaïan se donne ainsi à penser de manière non immédiate, vulnérable : les *formes* ont cédé la place au *fond*, et ce fond animé n'est qu'une constellation de fragments. Que faire de cette constatation ? Tout. Les contours du monde que j'ai cherché à définir ne sont pas seulement cosmologiques, ils sont politiques. Ils témoignent d'une résistance qui se fait dans et par la renaissance d'une cosmologie *par-delà les formes* qui lui étaient connues. Daria et sa famille ont eux aussi trébuché sur ce constat : danser et chanter pour les Russes et les étrangers ne change rien à leurs vies, si ce n'est la possibilité de s'exprimer *a minima*. Se lier quotidiennement avec les êtres du dehors, rêver avec et s'adresser à eux, redistribue non seulement les possibles des existences humaines, mais donne aussi une autre texture aux êtres et éléments eux-mêmes ; leur complexion s'en trouve augmentée. Nous venons d'une humanité qui commence tout juste à reconnaître péniblement qu'on puisse s'adresser aux animaux et aux plantes, mais qui conçoit difficilement qu'on puisse vraiment parler à une rivière, au feu, au ciel. Comme le dit Ailton Krenak, lorsque nous enlevons leur âme aux rivières et aux montagnes, celle que leur prêtent nombre de peuples autochtones qui vivent encore à leurs côtés et avec leurs puissances, nous « libérons des forces qui n'ont d'autre issue que de transformer ces lieux en déchets de l'activité industrielle et extractiviste[3] ».

3. A. Krenak, *Idées pour retarder la fin du monde*, Paris, Éditions Dehors, 2020, p. 42.

C'est fou ce qu'un regard, une certaine lumière dans la prunelle peuvent changer du monde ; ce que les mots, l'intention posée dans les mots ajustés aux êtres, aux entités, aux lieux, leur font. Il existe à Icha une gratitude, une joie de regarder et d'être regardé, de s'adresser et d'être adressé. Ce qu'ils disent, eux comme tant d'autres collectifs qui repeuplent les montagnes, les toundras et les forêts, c'est que cette gratitude est partagée.

Ce qu'il reste

En traversant le détroit, ai-je remonté le temps ? Après toutes ces années, je crois que non. J'ai plutôt vécu une accélération vers le monde d'après, où les structures, toutes les structures, se sont effritées, et où il a bien fallu tout recomposer.

À Icha, c'est la chose la plus invisible, la plus impalpable, qui a recommencé à faire système : le rêve animique s'est fait institution dans la dislocation des formes usitées par le passé. En dissolvant temporairement les dispositions corporelles, la vie onirique autorise l'établissement d'une communication et, surtout, la possibilité de revenir chargés d'une compréhension plus fine au sujet des puissances des autres. Le temps du rêve est une porte qui s'entr'ouvre, chaque nuit, vers le temps du mythe. Se réveiller au matin c'est reprendre, partie par partie, fil par fil, ce qui a été déposé *en nous* la nuit. Comme au temps du mythe, en se réajustant au corps l'âme métamorphosée le transforme, ses limites se recomposent. Chaque aube présente potentiellement à l'être humain de nouvelles coordonnées de départ, son orientation peut s'en trouver transformée, et tout ce qu'il tenait pour vrai le jour d'avant peut changer. C'est Daria, un matin d'hiver en 1989, alors que les lumières ne s'allument plus, qui voit Tvaïan et la rivière Icha comme le lieu qui l'attend ; elle fait le choix de se libérer de la servitude des formes connues pour s'identifier à son âme telle qu'elle est revenue vers elle au matin. L'injonction de l'incarnation *en relation* aux rêves animiques consista pour les Even d'Icha à laisser mourir une certaine idée d'eux-mêmes : c'est en abandonnant successivement toutes les formes qu'ils connaissaient – les rituels de communication interspécifique médiés par les chamans, les vies nomades tendues par les rennes, leur collectivisation pendant l'époque soviétique, la sédentarisation et le travail par et pour le kolkhoze, la représentation culturelle – qu'ils sont devenus ce qu'ils sont.

Cela pose une question d'importance à tous ceux à qui un droit de traduction de ces formes de vie a été *prêté*. Je te parle car tu vas raconter mon histoire ; je raconte ton histoire parce que je peux la faire dialoguer avec d'autres histoires, et que, agencées les unes aux autres, leur constellation forme un monde à défendre. Qu'on se l'avoue ou non, il y a toujours quelque chose qu'on cherche à sauver en consignant les cosmologies des autres dans nos livres. Mettons-nous en mots leurs existences pour les « conserver » ? Leurs mondes pour les « préserver » ? Que cherche-t-on à « sauvegarder » coûte que coûte, quelles formes veut-on *sauver-garder* arrimées au corps à tel point que, parfois, la liminarité de la posture confine à la folie ? Si l'essentiel se trouve véritablement du côté des formes stabilisées, « sauver » devient une réponse à la peur de perdre. Or Daria et sa famille ont, plusieurs fois, tout perdu. Nous aussi sommes à l'orée d'une perte si abyssale que nous en restons stupéfaits. Alors ? Reposons la question : vers quoi œuvrons-nous ? Le maintien de leurs formes et des nôtres ? Le maintien de nos structures et des leurs ? À quel prix ? Les Even d'Icha répondraient : au prix des relations. Nos livres et toutes nos restitutions sont-ils appelés à devenir autant de musées où sont conservés les formes stables – et donc rassurantes – des traditions autochtones ? Si la réponse est négative, alors leurs manières de vivre recomposées, qui déboussolent les nôtres face aux métamorphoses systémiques actuelles, doivent absolument être repolitisées en même temps que défolklorisées. Il faut entendre les rencontres interspécifiques, les mythes, les rêves et les adresses aux éléments comme autant de façons de dire que le monde pourrait être autre.

Aujourd'hui, comme au temps mythique de la spéciation, la forme reste séparante ; l'âme, elle, ne l'est pas. C'est ce que nous rappellent tous les collectifs animistes, lorsqu'ils cherchent à voir au fond des yeux, sous les habits et sous la peau, ce qui nous lie encore les uns aux autres. Survivre dans un monde incertain, c'est décider de cesser de s'arc-bouter sur les formes, sans pour autant y renoncer, car cela s'appellerait le chaos ou la mort ; c'est œuvrer vers l'expérience d'une méta-forme, à même de rouvrir les corps comme les pensées. Daria m'a souvent répété cette phrase lorsqu'elle évoquait les animaux qui nous entouraient ou le temps qu'il faisait : nous les humains, sommes *entre les deux*, comme des ponts. Honorer notre humanité en ce sens, c'est se placer à cet endroit précis, au point de jonction entre ciel et terre, entre animaux et flux, *en conscience* des intentions, du regard et des mots posés dans le monde.

À l'est, il y avait les rêves politiques effondrés, les rêves culturels déchus, les rêves théoriques disloqués. À l'est, il y a le soleil qui se lève et les yeux qui s'ouvrent sur un autre monde ; il y a l'éveil. À l'est, il y a tous les mots qu'on cherche encore pour le dire.

Dans chaque camp de chasse, il y a une radio. On s'y parle de manière fragmentaire, on fait comme on peut. Nous sommes là, tous ensemble, plongés dans une profonde forêt, reliés par une radio qui grésille. On ne se comprend pas toujours. On essaie. On fait passer le message, on répète et répète encore, jusqu'à ce que le message passe, jusqu'à ce que les quelques informations qui font la différence traversent les ondes. Êtes-vous prêts à écouter les mots qui comptent à travers les fritures de la ligne ?

La 3, il fait quel temps chez vous ?
Partiellement couvert.
Grrrrrrrr, grrrrrrrrr, grrrrrrrr
La 2, ils ont dit quoi ?
Partiellement couvert !
Sergueï, demande si Liouda a préparé le paquet pour Pacha.
Liouda !
Grrrrrrrr, grrrrrrrr, grrrrrrrr
Je n'ai pas compris.
Vous êtes là ?
Oui, on est là.
Ça fait un moment qu'il est parti en motoneige.
Tu peux répéter ?
Je dis que ça fait un moment qu'il est parti !
Liouda !
On va y aller.
Grrrrrrrr, grrrrrrrr, grrrrrrrr
Vous m'entendez ?
Il est parti depuis une heure. Ils ont pris le colis et tout le reste.
Tu peux répéter ?
Elle dit qu'ils ont tout pris !
D'accord, bien reçu.
La 1 est en ligne !

Quel temps il fait chez eux ?
Toujours couvert, la tempête se prépare.
Maman a appelé, tout va bien.
Grrrrrrrr, grrrrrrrr, grrrrrrrr
Liouda, répète !
Maman a appelé tout va bien !
Je vois.
Ils ont compris !
Grrrrrrrr, grrrrrrrr, grrrrrrrr
Je ne sais pas. Quand je l'ai appelé, il a dit qu'il ne savait pas.
Ils n'ont pas leur propre fréquence là-bas ? Tu te souviens quand on nous a dit : « Chers citoyens du Nord, vous avez votre créneau, utilisez la fréquence pendant ce créneau ! »
La 2, la neige arrive, on va devoir y aller.
Grrrrrrrr, grrrrrrrr, grrrrrrrr
La 3, demandez-leur où ils sont !
La 5, la 5 ! Ils ont dû se déconnecter.

BIBLIOGRAPHIE

AMERICAN MUSEUM OF NATURAL HISTORY, *Publications of the Jesup North Pacific Expedition*, 1898-1903, Leyde, E. J. Brill, G. E. Stechert, 1905-1930.

ANDERSON David G. et MARK Nuttall, *Cultivating Arctic landscapes: Knowing and Managing Animals in the Circumpolar North*, New York, Berghahn Books, 2004.

ARMISEN-MARCHETTI Mireille, « La notion d'imagination chez les anciens. I : Les philosophes », *Pallas*, 26, 1979.

ATRAN Scott, MEDIN Douglas, ROSS Norbert, LYNCH Elizabeth, VAPNARSKY Valentina, EK Edilberto Ucan, COLEY John, TIMURA Christopher et BARAN Michael, « Folkecology, cultural epidemiology, and the spirit of the commons: a garden experiment in the Maya lowlands, 1991-2001 », *Current Anthropology*, 43 (3), 2002, p. 421-50.

AYKUT Stefan et AMY Dahan, *Gouverner le climat. Quels futurs posibles ? Vingt années de négociations internationales*, Paris, Presses de Sciences Po, 2015.

BAHUCHET Serge, « Du Jatba-Revue d'ethnobiologie à la Revue d'ethnoécologie ». *Revue d'ethnoécologie*, 12, 2012, <journals.openedition.org/ethnoecologie/689>.

BASTIDE Roger, « Le rire et les courts-circuits de la pensée », *in* Jean Pouillon et Pierre Maranda (dir.), *Échanges et communications, Mélanges offerts à C. Lévi-Strauss*, Berlin, De Gruyter Mouton, 1970.

BATESON Gregory, *Steps to an Ecology of Mind: Collected Essays in Anthropology, Psychiatry, Evolution, and Epistemology*, Chicago, University of Chicago Press, 1972.

BEAU Rémi et LARRÈRE Catherine, *Penser l'anthropocène*, Paris, Presses de Sciences Po, 2018.

BECK Ulrich, *La Société du risque. Sur la voie d'une autre modernité*, Paris, Flammarion, 2001.

BERTRAND Frédéric, *L'Anthropologie soviétique des années 20-30. Configuration d'une rupture*, Bordeaux, Presses universitaires de Bordeaux, 2002.

BLACK Elk et DEMALLIE R. J., *Le Sixième Grand-Père*, Monaco, Éditions du Rocher, 1999.

BLANC Guillaume, DEMEULENAERE Élise et FEUERHAHN Wolf, *Humanités environnementales*, Paris, Publications de la Sorbonne, 2017.

BOAS Franz, *Tsimshian Mythology (based on texts recorded by Henry W. Tate)*, Thirty-first Annual Report of the Bureau of American Anthropology 1909-1910, Government Printing Office, 1916.

—, « Introduction à James Teit, "Traditions of the Thompson River Indians of British Columbia" », *Memoirs of the American Folklore Society*, VI, 1898.

BONNEUIL Christophe et FRESSOZ Jean-Baptiste, *L'Événement anthropocène*, Paris, Seuil, 2013.

BOURGEOIS-GIRONDE Sasha, *Être la rivière*, Paris, PUF, 2020.

BRIGHTMAN Marc et LEWIS J., *The Anthropology of Sustainability: Beyond Development and Progress*, New York, Springer, 2017.

BURCH Jr. ERNEST S., « Boundaries and borders in early contact north-central Alaska », *Arctic Anthropology*, 1998, p. 19-48.

CAMPBELL Robert, *In Darkest Alaska: Travels and Empire Along the Inside Passage*, Philadelphie, University of Pennsylvania Press, 2007.

CHAKRABARTY Dipesh, « The climate of history: Four theses », *Critical Inquiry*, 35 (2), 2009, p. 197-222.

CHARBONNIER Pierre, *La Fin d'un grand partage. Nature et société de Durkheim à Descola*, Paris, CNRS Éditions, 2015.

—, « Généalogie de l'Anthropocène. La fin du risque et des limites », *Annales. Histoire, Sciences Sociales*, 72 (2), 2017, p. 301-328.

—, *Abondance et liberté. Une histoire environnementale des idées politiques*, Paris, La Découverte, 2020.

Charleux Isabelle, « Les symboles du pouvoir en Mongolie. La référence aux ancêtres, xve-xxe siècles », *in* Ma Li (dir.), *Cité interdite, palais impériaux et cours royales. Comparaison entre les symboles du pouvoir impérial et monarchique en Orient et en Occident*, Boulogne-sur-Mer, Université du Littoral Côte d'Opale.

Charleux Isabelle, Delaplace Grégory et Hamayon Roberte, « Introduction », *Representing Power in Ancient Inner Asia: Legitimacy, Transmission and the Sacred*, Bellingham, Western Washington University, Center for East Asian Studies, 2010, p. 1-35.

Charuty Giordana, « Destins anthropologiques du rêve », *Terrain*, avril 1996.

Coccia Emanuele, *La Vie des plantes. Une métaphysique du mélange*, Paris, Rivages, 2018.

Cometti Geremia, *Lorsque le brouillard a cessé de nous écouter*, Berne, Peter Lang, 2016.

Cometti Geremia, Le Roux Pierre, Manicone Tiziana et Martin Nastassja, *Au seuil de la forêt. Hommage à Philippe Descola, l'anthropologue de la nature*, Paris, Tautem, 2019.

Crate Susan A. et Mark Nuttall, *Anthropology and Climate Change: From Actions to Transformations*, Walnut Creek, Left Coast Press, 2009, <routledge.com/Anthropology-and-Climate-Change-From-Actions-to-Transformations/Crate-Nuttall/p/book/9781629580012>.

Cronon William, « A place for stories: Nature, history, and narrative », *The Journal of American History*, 78 (4), 1992, p. 1347-1376, <doi.org/10.2307/2079346>.

—, « Le problème de la wilderness, ou le retour vers une mauvaise nature », *Écologie & politique*, 38 (1), 2009, p. 173-199; <doi.org/10.3917/ecopo.038.0173>.

CRUIKSHANK Julie, *Do Glaciers Listen? Local Knowledge, Colonial Encounters, and Social Imagination*, Vancouver, University of British Columbia University Press, 2006.

CRUTZEN Paul J., « Albedo enhancement by stratospheric sulfur injections: a contribution to resolve a policy dilemma? », *Climatic Change*, 77 (3), 2006, p. 211-220.

CUISINER Jeanne, *Sumangat. L'âme et son culte en Indochine et en Indonésie*, Paris, Gallimard, 1951.

DAMIENS Carole, *Le Cinéma d'animation d'agit-prop et le monde enchanté de la modernité. Projeter* Le Petit Samoyède *aux confins du nord de l'URSS*, Paris, Slovo, Presses de l'Inalco, 2019.

DEBAENE Vincent, « Les chroniques éthiopiennes de Marcel Griaule », *Gradhiva*, 6, 2007.

—, *L'Adieu au voyage. L'ethnologie française entre science et littérature*, Paris, Gallimard, 2010.

DEMEULENAERE Élise, « L'anthropologie au-delà de l'anthropos. Un récit par les marges de la discipline », *in* Wolf Feuerhahn, Guillaume Blanc et Élise Demeulenaere (dir.), *Humanités environnementales. Enquêtes et contre-enquêtes*, Paris, Éditions de la Sorbonne, 2017.

DESCOLA Philippe, *Les Lances du crépuscule*, Paris, Plon, 1993.

—, *Par-delà nature et culture*, Paris, Gallimard, 2005.

—, *L'Écologie des autres. L'anthropologie et la question de la nature*, Paris, Éditions Quae, coll. « Sciences en questions », 2011.

—, *La Composition des mondes. Entretiens avec Pierre Charbonnier*, Paris, Flammarion, 2014.

—, Cours du Collège de France, Anthropologie de la nature, *La Composition des collectifs. Formes d'hybridation*, compte rendu, 2018.

—, *La Nature domestique. Symbolisme et praxis dans l'écologie des Achuar*, Paris, FMSH, 2019.

DESPRET Vinciane, *Habiter en oiseau*, Arles, Actes Sud, 2019.

DETIENNE Marcel et VERNANT Jean-Pierre, *Les Ruses de l'intelligence. La* mētis *des Grecs*, Paris, Champs Flammarion, 2018.

DOEL Ronald E., « Constituting the postwar earth sciences: the military's influence on the environmental sciences in the USA after 1945 », *Social Studies of Science*, 33 (5), 2003, p. 635-666.

DURKHEIM Émile, *Les Formes élémentaires de la vie religieuse*, Paris, PUF, 1968.

DUTREUIL Sébastien et POCHEVILLE Arnaud, « Les organismes et leur environnement. La construction de niche, l'hypothèse Gaïa et la sélection naturelle », *Bulletin d'histoire et d'épistémologie des sciences de la vie*, 22 (1), 2015, p. 27-56.

EDWARDS Paul N., *A Vast Machine: Computer Models, Climate Data, and the Politics of Global Warming*, Cambridge, The MIT Press, 2010.

EVANS-PRITCHARD Edward Evan, *The Zande Trickster*, Oxford, Clarendon Press Oxford, 1967.

FABRE Daniel, « Rêver. Le mot, la chose, l'histoire », *Terrain*, 26, 1996, p. 69-82.

FIENUP-RIORDAN Ann, *Hunting Tradition in a Changing World: Yup'ik Lives in Alaska Today*, New Brunswick, Rutgers University Press, 2000.

—, *Eskimos Essays: Yup'ik Lives and how We See Them*, New Brunswick, Rutgers University Press, 2003.

FOUCAULT Michel, *Les Mots et les Choses*, Paris, Gallimard, 1966.

—, *Histoire de la sexualité*, t. III, Paris, Gallimard, 1984.

FRESSOZ Jean-Baptiste, GRABER Frédéric, LOCHER Fabien et QUENET Grégory, *Introduction à l'histoire environnementale*, Paris, La Découverte, 2014.

FRESSOZ Jean-Baptiste et LOCHER Fabien, *Les Révoltes du ciel. Une histoire du changement climatique* XVe-XXe *siècle*, Paris, Seuil, 2020.

FREUD Sigmund, « Une difficulté de la psychanalyse », *in idem*, *L'Inquiétante Étrangeté et autres essais*, Paris, Gallimard, 1985, p. 182.

—, *Psychopathologie de la vie quotidienne*, Paris, Petite bibliothèque Payot, 1975.

Frolova-Walker Marina, « "National in form, socialist in content": Musical nation-building in the Soviet Republics », *Journal of the American Musicological Society*, 51 (2). 1998.

Geertz Clifford, « La description dense », *Enquête. Archives de la revue Enquête*, 6, octobre 1998, p. 73-105.

—, « A strange romance: Literature and anthropology », *Profession*, Modern Language Association, 2003, p. 28-36.

Ghosh Amitav, *Le Grand dérangement*, Marseille, Wild project, 2021.

Gibson James, *The Ecological Approach to Visual Perception*, Hillsdale, Lawrence Erlbaum, 1979.

Ginzburg Carlos, *Le Sabbat des sorcières*, Paris, Gallimard, 1992.

—, *Les Batailles nocturnes. Sorcellerie et rituels agraires aux XVIe et XVIIe siècles*, Paris, Flammarion, 2019.

Glowczewski Barbara, *Réveiller les esprits de la Terre*, Paris, Éditions Dehors, 2021.

Graber Frédéric et Locher Fabien, *Posséder la nature*, Paris, Éditions Amsterdam, 2018.

Guédon Marie-Françoise, *Le Rêve et la Forêt. Histoires de chamanes nabesna*, Québec, Presses Université Laval, 2005.

Gutierrez Choquevilca et Andrea-Luz, « Face-à-face interspécifiques et pièges à pensée des Quechua de Haute Amazonie (Pastaza) », *Cahiers d'anthropologie sociale*, 9 (1), 2013, p. 33-47, <doi.org/10.3917/cas.009.0033>.

Hallowell Alfred Irving, « Ojibwa ontology, behavior and world view », *in* Stanley Diamond (dir.), *Culture in History: Essays in Honor of Paul Radin*, New York, Columbia University Press, 1960.

—, « The Ojibwa self and its behavioral environment », *in* B. J. Good, M. M. J. Fisher, S. S. Willen et M.-J. DelVeccio Good (dir.), *A Reader of Medical Anthropology, Theoretical Trajectories, Emergent Realities*, Hoboken, Wiley Blackwell, 2010.

Hamayon Roberte, *La Chasse à l'âme. Esquisse d'une théorie du chamanisme sibérien*. Nanterre, Société d'ethnologie, 1990.

—, « Une figure pour le Ciel ? Ou De la difficulté de construire une "religion nationale" », *in* Monique Jeudy-Ballini (dir.), *Le Monde en mélanges. Textes offerts à Maurice Godelier*, Paris, CNTS éditions, 2016, p. 95-116.

Hamblin Jacob Darwin, *Arming Mother Nature: The Birth of Catastrophic Environmentalism*, Oxford, Oxford University Press, 2013.

Hamilton Clive, Bonneuil Christophe et Gemenne François, *The Anthropocene and the Global Environmental Crisis*, Londres, Routledge, 2015.

Haraway Donna, *Staying With the Trouble: Making Kin in the Chthulucene*, Durham, Duke University Press, 2016.

—, *Manifeste des espèces compagnes*, Paris, Climats, 2019.

Heilbron Johan, *Naissance de la sociologie*, Marseille, Agone, 2006.

Heilbron Johan et Gingras Yves, « La résilience des disciplines », *Actes de la recherche en sciences sociales*, 210 (5), 2015, p. 4-9, <doi.org/10.3917/arss.210.0004>.

Hermitte Marie-Angèle, « La nature, sujet de droit ? », *Annales. Histoire, sciences sociales*, 66, 2011, p. 173-212.

Hirsch Francine, *Empire of Nations: Ethnographic Knowledge and the Making of the Soviet Union*, Ithaca, Cornell University Press, 2005.

Hiyama Tetsuya et Hiroki Takakura, *Global Warming and Human: Nature Dimension in Northern Eurasia*, Singapour, Springer, 2018.

Howard L. Harrod, *Renewing the World: Plains Indian Religion and Morality*, Tucson, University of Arizona Press, 1992.

Huneman Philippe, *Métaphysique et biologie. Kant et la constitution du concept d'organisme*, Paris, Kimé, 2008.

Ingold Tim, *The Perception of the Environment: Essays on Livelihood, Dwelling and Skill*, Londres, Routledge, 2000.

Journet Nicolas, « La fonction mythique selon Lévi-Strauss », *in idem* (dir.), *Les Grands Mythes. Origine, Histoire, Interprétation*, Paris, Éditions Sciences humaines, 2017.

King Alexander D., « Reindeer herders' culturescapes in the Koryak Autonomous Okrug », *in* E. Kasten (dir.), *People and the Land: Pathways to Reform in Post-Soviet Siberia*, Berlin, Dietrich Reimer Verlag, 2002, p. 63-80.

—, « Dancing in the house of Koryak culture », *Folklore: Electronic Journal of Folklore*, 41, 2009, p. 143-162.

Kohn Eduardo, *Comment pensent les forêts. Vers une anthropologie au-delà de l'humain*, Paris, Zones Sensibles, 2017.

Kracheninkov Stepan, *Histoire et description du Kamtchatka*, Amsterdam, Rey, 1770.

Krenak Ailton, *Idées pour retarder la fin du monde*, Paris, Éditions Dehors, 2020.

Larrère Catherine et Larrère Raphaël, *Du bon usage de la nature. Pour une philosophie de l'environnement*, Paris, Flammarion, 1997.

—, *Penser et agir avec la nature*, Paris, La Découverte, 2015.

Latour Bruno, *Nous n'avons jamais été modernes. Essai d'anthropologie symétrique*, Paris, La Découverte, 1991.

—, *Politiques de la nature. Comment faire entrer les sciences en démocratie*, Paris, La Déouverte, 1999.

—, *Enquête sur les modes d'existence*, Paris, La Découverte, 2012.

Latour Bruno et Schultz Nikolaj, *Mémo sur la nouvelle classe écologique. Comment faire émerger une classe écologique consciente et fière d'elle-même*, Paris, La Découverte, coll. « Les Empêcheurs de penser en rond », 2022.

Lévi-Strauss Claude, *Anthropologie structurale*, Paris, Plon, 1958.

—, *Mythologiques. Le Cru et le Cuit*, Paris, Plon, 1964.

—, « Réponses à quelques questions. La pensée sauvage et le structuralisme », *Esprit*, 39, 1963, p. 628-653.

Locher Fabien et Quenet Gregory, « L'histoire environnementale. Origines, enjeux et perspectives d'un nouveau chantier », *Revue d'histoire moderne et contemporaine*, 56 (4), 2009, p. 7-38.

Malebranche Nicolas, *De la recherche de la vérité, livre II (De l'imagination), parties 2 et 3*, Paris, Garnier-Flammarion, 2006.

Mann Michael, *The Hockey Stick and the Climate Wars: Dispatches from the Front Lines*, New York, Columbia University Press, 2013.

Marcus George E., « Ethnography in/of the world system: the emergence of multi-sited ethnography », *Annual Review of Anthropology*, 24 (1), 1995, p. 95-117.

Makarius Laura, « Le mythe du trickster », *Revue de l'histoire des religions*, 175, 1, 1969, p. 17-46.

Martin Michael, « Geertz and the interpretive approach in anthropology », *Synthese*, 97 (2), 1993, p. 269-286.

Martin Nastassja, *Les Âmes sauvages*, Paris, La Découverte, 2016.

—, « Préface » *in* Anna Tsing, *Frictions. Délires et faux-semblants de la modernité*, Paris, La Découverte, coll. « Les Empêcheurs de penser en rond », 2020.

—, « Dire la fragilité des mondes », *Le Crieur*, 1, 2021, p. 4-19.

Martin Nastassja et Cometti Geremia, « Indigenous responses to climate change in extreme environments: The cases of the Q'eros (Peruvian Andes) and the Gwich'in (Alaska) », *in* Paul Sillitoe (dir.), *The Anthroposcene of Weather and Climate: Ethnographic Contributions to the Climate Change Debate*, Londres, Berghahn Books, 2021, p. 71-86.

Martin Nastassja et Morizot Baptiste, « Retour du temps du Mythe. Sur un destin commun des animistes et des naturalistes face au changement climatique à l'Anthropocène », *Journal of Art and Design*, HEAD, 2018.

Mauss Marcel, « Essai sur le don. Forme et raison de l'échange dans les sociétés archaïques », *L'Année sociologique (1896/1897-1924/1925)*, 1, 1923, p. 30-186.

MORIZOT Baptiste, *Manières d'être vivant. Enquêtes sur la vie à travers nous*, Arles, Actes Sud, 2020.

NASH Roderick, « American environmental history: A new teaching frontier », *Pacific Historical Review*, 41 (3), 1972, p. 362-372, <doi.org/10.2307/3637864>.

NELSON Richard K., *Make Prayers to the Raven: A Koyukon view of the northern forest*, Chicago, The University of Chicago Press, 1983.

OLIVER-SMITH A., *The Martyred City: Death and Rebirth in the Andes*, Albuquerque, University of New Mexico Press, 1986.

PEDERSEN Morten Axel, *Not Quite Shamans*, Ithaca, Cornell University Press, 2011.

PERKINS Ellavina, « The role of word order and scope in the interpretation of Navajo sentences », University of Arizona, 1978.

POIRIER Sylvie, « Une anthropologie du rêve est-elle possible ? », *Anthropologie et sociétés*, « L'ethnolinguistique », 23, 3, 1999.

POSEY Darrell Addison, *Indigenous Knowledge and Ethics*, New York, Routledge Harwood Anthropology, 2004.

POTTIER Antonin, *Comment les économistes réchauffent la planète*, Paris, Seuil, 2016.

POVINELLI Elizabeth A., Geontologies, *A Requiem to Late Liberalism*, Durham, Duke University Press, 2016.

RADIN Paul, « Religion of the North American Indians », *The Journal of American Folklore*, octobre-décembre 1914, 27, 106, p. 335-373.

RADIN Paul, KERENYI Charles et JUNG Carl Gustav, *Le Fripon divin*, Genève, Georg éditeur, 1958.

REID Bill et BRINGHURST Robert, *Corbeau vole la lumière. Essai autochtone*, Saint-Boniface, Éditions des Plaines, 2011.

ROBERT-LAMBLIN Joëlle, « Ethno-histoire récente et situation contemporaine des Évènes de la région Bystrinskij (Kamtchatka central, Extrême-Orient russe, 2004) », *Revue d'études comparatives Est-Ouest*, 4, 42, 2011, p. 107-147.

RÓHEIM Géza, *Psychanalyse et anthropologie. Culture, personnalité, inconscient*, Paris, Gallimard, 1950.

ROSE Deborah Bird, *Le Rêve du chien sauvage. Amour et extinction*, Paris, La Découverte, coll. « Les Empêcheuirs de penser en rond », 2020.

ROUÉ Marie, « Histoire et épistémologie des savoirs locaux et autochtones. De la tradition à la mode », *Revue d'ethnoécologie*, 1, 2012, p. 2-11.

SAFONOVA Tatiana et SÁNTHA István, *Culture Contact in Evenki Land: A Cybernetic Anthropology of the Baikal Region*, Leyde, Brill, 2013.

SERVIGNE Pablo et STEVENS Raphaël, *Comment tout peut s'effondrer. Petit manuel de collapsologie à l'usage des générations présentes*, Paris, Seuil, 2015.

SHAY Anthony, *Choreographic Politics: State Folk Dance Companies, Representation and Power*, Middletown, Wesleyan University Press, 2002.

SLEZKINE Yuri, « The USSR as a communal apartment, or how a socialist state promoted ethnic particularism », *Slavic Review*, 53, 2, 1994, p. 414-452.

SMITH Shirleen et VUNTUT GWICH'IN FIRST NATION, *People of the Lakes, Stories of Van Tat Gwich'in Elders*, Edmonton, The University of Alberta Press, 2009.

STÉPANOFF Charles, « Human-animal "joint commitment" in a reindeer herding system », *HAU: Journal of Ethnographic Theory*, 2 (2), p. 287-312, 2012.

—, *Chamanisme, rituel et cognition. Chez les Touvas de Sibérie du Sud*, Paris, Les éditions de la MSH, 2014.

—, *Voyager dans l'invisible. Techniques chamaniques de l'imagination*, Paris, La Découverte, coll. « Les Empêcheurs de penser en rond », 2019.

STONE Christopher D., « Should trees have standing: Toward legal rights for natural objects », *S. CAl. l. rev.*, 45, 1972, p. 450.

Strong Pauline Turner, « Irving Hallowell and the ontological turn », *HAU: Journal of Ethnographic Theory*, 7 (1), 2017, p. 468-472.

Swanton John, *Tlingit Myths and Texts*, Washington, Smithsonian Institution, Bureau of American Ethnology, Government Printing Office, 1909.

Swanton John et Boas Franz, *Haida Songs & Tsimshian Texts*, vol. III, Publications of the American Ethological Society, Leyde, Brill, 1912.

Taylan Ferhat, « La rationalité mésologique, connaissance et gouvernement des milieux de vie (1750-1900) », thèse, université Bordeaux-Montaigne, 2014.

Tsing Anna Lowenhaupt, *Le Champignon de la fin du monde. Sur la possibilité de vie dans les ruines du capitalisme*, Paris, La Découverte, coll. « Les Empêcheurs de penser en rond », 2017.

—, *Frictions. Délires et faux-semblants de la modernité*, Paris, La Découverte, coll. « Les Empêcheurs de penser en rond », 2020.

—, « On nonscalability: The living world is not amenable to precision-nested scales », *Common Knowledge*, 1, août 2012.

Tylor Edward B., *La Civilisation primitive*, t. 1, Paris, Alfred Costes, 1920.

Uexküll Jakob von, *Milieu animal et milieu humain*, Paris, Rivages, 2010.

Vallier Gilles-Félix, « Le concept du héros imprévisible », *Cahiers d'études africaines*, 204, Varia, 2011, p. 811-845.

Vanuxem Sarah, *La Propriété de la terre*, Marseille, Wildproject, 2018.

Vernant Jean-Pierre, *La Mort dans les yeux. Figures de l'Autre en Grèce ancienne*, Paris, Hachette-Pluriel, 2011.

Viveiros de Castro Eduardo, « Cosmological deixis and Amerindian perspectivism », *The Journal of the Royal Anthropological Institute*, 4 (3), 1998, p. 469-488, <doi.org/10.2307/3034157>.

Watt-Cloutier Sheila, *Le Droit au froid*, Montréal, Écosociété, 2019.

White Richard, « "Are you an environmentalist or do you work for a living?": Work and nature », *in* William Cronon (dir.), *Uncommon Ground: Rethinking the Human Place in Nature*, New York, Norton, 1996.

Willerslev Rane, *Soul Hunters: Hunting, Animism, and Personhood among the Siberian Yukaghirs*, Berkeley, University of California Press, 2007.

Witherspoon Gary, *Language and Art in the Navajo Universe*, Ann Arbor, University of Michigan Press, 1977.

Worster Donald, *Nature's Economy: The Roots of Ecology*, San Francisco, Sierra Club Books, 1977.

—, « History as natural history: an essay on theory and method », *Pacific Historical Review*, 53 (1), 1984, p. 1-19, <doi.org/10.2307/3639376>.

TABLE DES MATIÈRES

Troisième partie
Cosmologies accidentelles

Quatrième partie
Composer avec l'économisation du monde

Cinquième partie
Tempête

BUSSIÈRE

Composition DVAG, La Rochelle.
Achevé d'imprimer par CPI Bussière à
Saint-Amand-Montrond (Cher).

Dépôt légal du 1er tirage : septembre 2022
Suite du 1er tirage (3) : octobre 2022
Numéro d'imprimeur : 2067948
Imprimé en France